T0246213

Lama Yeshe Losal Rinpoche

Desde las montañas del Tíbet

La odisea de un lama tibetano

Traducción del inglés de Agustín Araque

editorial Kairós

Título original: FROM A MOUNTAIN IN TIBET

© Rokpa Trust, 2020
Publicado originalmente como *From a Mountain in Tibet* en el año 2020
por Penguin General que es parte del grupo Penguin Random House.

© de la edición en castellano:
2022 Editorial Kairós, S.A.
www.editorialkairos.com

Imagen cubierta: © Alamy and © Millenium Images
Diseño cubierta: Editorial Kairós

Fotocomposición: Florence Carreté
Impresión y encuadernación: Romanyà-Valls. 08786 Capellades

Primera edición: Marzo 2023
ISBN: 978-84-1121-131-4
Depósito legal: B 2.261-2023

Sumario

1. Un niño del Tíbet

El primer recuerdo que tengo es de estar jugando con mis amigos. Jugábamos a matar pájaros.

No recuerdo de quién había sido la idea, ni si competíamos para ver quién tenía más habilidad como cazador. Probablemente estaríamos aburridos, con ganas de hacer algo, víctimas de la excitación incansable típica de todos los niños del mundo. No teníamos juguetes, eso era algo desconocido en nuestra sociedad, y no había maestros que dirigieran nuestras energías. Nuestros padres estaban en los campos, trabajando con dureza, y nosotros no teníamos nada que hacer, salvo ir en busca de diversión. Recuerdo la sensación de la honda en mi mano y el orgullo por mi habilidad cuando la piedra lanzada hirió a un pájaro y cayó al suelo.

Todos sabíamos que eso no estaba bien. Claro que lo sabíamos. «No matar» es uno de los cinco preceptos que todo budista debe cumplir. Esos preceptos –abstenerse de matar a cualquier ser vivo, de robar, de conductas sexuales incorrectas, de mentir y de intoxicarse– eran un hecho incontrovertible. Ninguna persona mayor en mi pueblo mataba animales, ni siquiera para comer. De modo que una parte de la aventura consistía en la transgresión. Nos habíamos apartado hasta las afueras del pueblo, a la orilla del río, donde era imposible que nos vieran. Uno de nosotros golpeó las cañas para que los pájaros se asustaran y echaran a volar, y otro apuntó con su honda para derribar a su presa. Todos gritamos alborozados cuando alguien dio en el blanco. No creo que, ni por un segundo, ninguno de nosotros considerara cómo se sentirían los pájaros. Sé que yo no lo hice. No recuerdo haber tenido en ese momento ni más tarde ningún tipo de remordimiento. Si hubiéramos sido descubiertos, habríamos sido castigados; pero nadie se enteró.

No es agradable este recuerdo. Ni tampoco fue la última vez que rompí el precepto de no matar. Reconozco que no he tenido una vida libre de errores. Al contrario. Y eso es lo que hace, creo, que mi vida sea potencialmente instructiva.

Nací y crecí en una aldea de montaña llamada Darak. Estaba ubicada en la confluencia de dos de los mayores ríos del Tíbet, el Ngom-chu y el Dza-chu, que pasan a convertirse en el Mekong. Nuestra provincia era Kham, en el Tíbet oriental. Ya de niño sabía que Chamdo, la capital de la provincia, estaba a un día de caballo y que el monasterio de Dolma Lhakang estaba a tres días hacia el oeste. Más allá, a una distancia inabarcable, estaba Lhasa, la capital de la nación. Ni yo ni nadie de mi familia habíamos estado nunca allí, y las noticias que nos llegaban las traían los mercaderes que llegaban para vender sus productos y los lamas que ocasionalmente pasaban por el pueblo de camino a sus monasterios. Me era difícil imaginar el gran palacio del Dalái Lama o los espléndidos templos, porque mi pueblo consistía a duras penas en una docena de casas, desperdigadas arriba y abajo por las verdes laderas de la montaña, conectadas por los caminos trazados por nuestros pies y las pisadas de nuestro ganado. No teníamos ayuntamiento, ni edificios religiosos ni institucionales de ningún tipo. Lhasa me parecía un lugar tan remoto como la Luna, y casi tan misterioso.

El nombre que me pusieron al nacer fue Jampal Drakpa, Jamdrak era la versión breve, y crecí sin falta de nada, rodeado en abundancia de amor, relaciones de solidaridad y devoción. Nací el año del Cordero de Agua, el año 1943 del calendario occidental, y creo que fue en septiembre. No lo sé con exactitud, porque carecíamos de relojes y de calendarios en el pueblo. Tampoco los necesitábamos. El único tiempo que importaba era el cambio de las estaciones, que marcaban cuándo plantar, cuándo subir a los animales a los altos pastos y cuándo era el tiempo de la cosecha. El día exacto en que alguien nacía no nos preocupaba en absoluto, porque los días no contaban. Para nosotros, uno era joven hasta que se hacía viejo.

Yo era el más pequeño de los cuatro hermanos que habíamos sobrevivido (había habido otro chico nacido antes que yo, pero murió sin siquiera llegar a recibir nombre): Jamyang Chogyal, Palden Drakpa y Karma Shetrup Chochi Nyima. Y había dos niñas más pequeñas: Yangchen Lhamo y Zimey. Yo vivía con mi madre, mi padre, una prima mayor a la que llamaba Tía y mis dos hermanas. Mi madre era infinitamente amorosa, una mujer grande cuyos abrazos me envolvían por completo. Como yo era el chico más pequeño, ella, y todo el mundo, me lo consentían todo.

Todas las familias del pueblo estaban vinculadas por lazos de matrimonio, si no de sangre. Todo el mundo era tía o tío, o primo o familia. Todos los adultos a los que conocía podían darme una colleja si acudía despacio cuando me llamaban, darme de comer si tenía hambre o abrazarme si lloraba porque me había hecho daño con algo. Mi mundo se hallaba contenido en el familiar paisaje por el que los niños deambulábamos en nuestros juegos y por el cuidado de los mayores, que me conocían desde el día en que vine al mundo.

Las montañas de Kham tienen unas formas puntiagudas que alcanzan los 5.400 metros de altura, y en mi infancia todavía albergaban místicos en sus cuevas, meditando durante meses, en ermitas con vistas panorámicas de águila. Kham había sido el centro de un gran poder militar en el Tíbet prebudista, y había estado defendiéndose durante siglos de los ataques mongoles y chinos; siempre había sido política y económicamente una región poderosa. Es uno de los lugares habitados de mayor altitud del planeta y aún a día de hoy sigue siendo un lugar sobrecogedoramente remoto, aunque sus valles son ricos y fértiles, en comparación con las yermas tierras altas. Era una tierra virgen primordial que nos daba todo lo que necesitábamos, pero exigía nuestro respeto.

Los occidentales se sorprenden a veces al enterarse de que el Tíbet no es un país completamente cubierto por la nieve, a pesar de su elevada altitud. Con frecuencia hace demasiado frío para que nieve, contando además con que la lluvia queda bloqueada por las montañas del Himalaya. Durante los meses de invierno, el frío se agarra a la garganta a pesar del fiero resplandor del omnipresente sol (¡se puede sufrir congelación e insolación en un mismo día!).

En Kham, la población sedentaria, como mi familia, convive con los nómadas, que residen en tiendas hechas de piel de yak. Todos nosotros, los khampas, los oriundos de Kham, ya seamos nómadas o sedentarios, ocupamos un lugar en el orden espiritual gobernado por la cultura monástica de los monjes, las monjas, los lamas y los *tulkus*, como se llama a los lamas reencarnados, a quienes se da el título honorífico de Rinpoche, «precioso maestro», y que son los rectores de los monasterios. Veneramos a los *tulkus* y respetamos los rangos de una sociedad altamente jerarquizada, aunque recibimos mucho más de las autoridades religiosas de lo que contribuimos, ya sea en dinero o en devoción. El budismo se basa en la búsqueda de la sabiduría y la bondad, que es la naturaleza íntima de cada uno de nosotros. Las enseñanzas del Buda, que han pasado de generación en generación, son nuestra guía para encontrar esa sabiduría y esa bondad que hay en nuestro interior. En el budismo hablamos de las Tres Joyas: el Buda, el Dharma (las enseñanzas) y el *Sangha* (la comunidad monástica que encarna y transmite el Dharma). En el Tíbet de mi infancia, nadie cuestionaba nada de todo ello. Era el telón de fondo de nuestras vidas, arraigado y al mismo tiempo inadvertido, y objeto de nuestra absoluta devoción.

El carácter de nuestra cultura budista tibetana ha sido descrito a veces por los occidentales como mágico y místico, y ahora que resido en Occidente puedo entender por qué. Sin embargo para nosotros los actos de clarividencia y los sueños proféticos que se utilizaban, por ejemplo, para identificar el próximo renacimiento de un determinado *tulku*, no eran más mágicos o místicos que la luz que enciendo al darle al interruptor cuando entro ahora al baño. Nuestro modo de estar en el mundo y de relacionarnos entre nosotros y con el resto de los seres vivos estaba regido por una comprensión particular de la realidad, y por los poderes de la mente. El eje central de nuestra visión del mundo era la cultura religiosa, que había concebido la exquisita decoración de los templos, con sus delicados frescos al pastel de las vidas de santos y sus altares* revestidos de pátinas de oro. Cada uno de nosotros, ya fuera monje, *tulku*, meditador altamente realizado habitante de una cueva, madre de diez hijos en una tienda de piel de yak, o por supuesto un pequeño y mimado niño desobediente, éramos parte de un mundo donde todo estaba interconectado.

---

* El autor utiliza la palabra inglesa *shrine* (que aparece veintiséis veces a lo largo del texto) para referirse a realidades tan diversas como un altar privado, una sala de meditación, una capilla o un templo. La traducción al español se ha adaptado al imaginario de nuestra propia cultura en cada caso. Puntualmente, se ha preferido la palabra tibetana *gompa*, que aúna los sentidos de lugar de meditación y de ceremonias. (*N. del T.*)

No es que nada de todo ello me importara cuando era niño, ni sentía ninguna resonancia espiritual particular en mi vida diaria. El budismo estaba tan presente como el aire que respiraba, el agua del río o la boñiga de yak sobre la que resbalaba mientras jugaba al escondite.

La vida de mi familia había sido moldeada por el orden religioso, al igual que la de todo el mundo. Mi hermano mayor, Jamyang Chogyal, era monje en Riwoche, un bellísimo monasterio bastante cercano a casa, situado en uno de los lugares más maravillosos de Kham. Era siete años mayor que yo, y se había ido al monasterio antes de que yo naciera, y por tanto no lo conocía. Se trataba de una situación bastante frecuente. De cada familia, un chico o una chica, normalmente el mayor, entraba en el monasterio como monje o monja.

Tampoco conocía a mi segundo hermano, Palden Drakpa. Cuando nació, mi madre no tenía leche suficiente para amamantarlo, y para que sobreviviera se lo llevó su hermana a su pueblo para criarlo ella. No lo conocí hasta muchos años más tarde, justo antes de dejar yo la aldea, y solo coincidí con él brevemente. Mis padres lo habían elegido para que los sucediera como cabeza de familia. Estaba destinado a ser el heredero de la casa y el cuidador de nuestros padres en su vejez.

De nuevo, esa era la costumbre. El Tíbet no solo era una cultura monástica, sino también patriarcal. El cabeza de la casa era un hombre, y debía elegirse a un hijo varón para suceder al padre al mando de los negocios familiares. Las mujeres mandaban en el ámbito doméstico y eran respetadas como madres, pero sus vidas estaban más constreñidas. Muchas se hacían monjas, por ejemplo, aunque no tenían acceso a los niveles de ordenación más elevados, que estaban reservados para los hombres.

Y luego estaba mi tercer hermano, a quien toda la vida conocí como Akong, nacido en 1940, el año del Dragón de Hierro, y que era el más especial. El nombre que le pusieron al nacer fue Karma Shetrup Chochi Nyima, pero pronto, a los dos años de edad, fue reconocido como la segunda reencarnación del linaje de los Akong *tulkus*, y a los cuatro se lo llevaron a su monasterio de Dolma Lhakang, del que estaba destinado a ser abad.

Los *tulkus* son una figura propia del budismo tibetano. Es nuestra creencia que los maestros espirituales iluminados pueden renacer de forma voluntaria para continuar con sus obras en la vida siguiente. Cuando esto sucede, los lamas de alto rango y los maestros espirituales pueden detectar su presencia a través de sueños, de rituales de adivinación y consultando los textos sagrados, y a continuación parten en busca del niño. Cuando lo encuentran, el niño es sometido a una serie de pruebas para determinar si es un *tulku* auténtico o no. Es una gran alegría cuando un maestro espiritual del pasado es reconocido, porque puede dedicarse a retomar su labor en la vida presente. Para las familias tibetanas, que uno de sus hijos sea reconocido como *tulku* es un gran honor, de modo que entregan al niño de mil amores. Históricamente, la gran mayoría de los *tulkus* han sido niños y hombres, aunque hay excepciones. Las Samding Dorje Phagmo *tulkus*, por ejemplo, que tienen su sede en el monasterio de Samding, son mujeres. Su primera encarnación tuvo lugar en el siglo xv, y la encarnación actual, la XII, vive aún en Lhasa.

Yo nací un poco después de la partida de Akong a su monasterio, de manera que, al igual que con mis otros hermanos, no lo conocía. Lo que sabía, desde tan pequeño como soy capaz de recordar, era que se esperaba que yo me reuniera con él sobre los doce años, para servirle como asistente.

La nuestra era la única familia en el pueblo con un hijo reconocido como *tulku*. De hecho, el caso de Akong era incluso más excepcional, porque su lugar de nacimiento había sido descubierto por el mismísimo Gyalwa Karmapa, cabeza del linaje Kagyu. Al que nuestra familia servía lealmente.

Hay cuatro escuelas, o linajes, en el budismo tibetano. La más antigua es la escuela Nyingma, luego están la Kagyu, la Sakya y la Gelug. Cada una de ellas posee sus propios líderes e instituciones monásticas, y cada tibetano pertenece a alguna de ellas en concreto. La línea de los *tulkus* conocidos como los Karmapas es la de los líderes supremos de la escuela Kagyu, cuyos orígenes se remontan a los maestros indios del siglo XI Tilopa y Naropa. Fue un discípulo de Naropa, Marpa, quien estableció el linaje Kagyu en el Tíbet.

Durante más de mil años ha habido una cierta rivalidad entre las cuatro escuelas, pero desde el siglo XVII los *tulkus* del Dalái Lama, que son los líderes de la escuela más joven, la Gelug, han ostentado el liderazgo general sobre el budismo tibetano. Hasta que China asumió el control político completo en 1959, habían sido además los líderes temporales del Tíbet. Existe una jerarquía perfectamente definida entre los cabezas de las escuelas y el resto de los lamas de alto rango. Su Santidad el Dalái Lama ocupa la posición más elevada y los Karmapas están solo un escalón por debajo. El linaje Kagyu, y la institución de los Karmapas que está a su cabeza, eran el foco de devoción de mi familia y del monasterio de mi hermano. Reconocíamos a Su Santidad el Dalái Lama como nuestra autoridad espiritual suprema, pero teníamos con él una relación menos emotiva y devota que con Karmapa. Para nosotros, Su Santidad el XVI Karmapa, era una especie de monarca-sacerdote. Además, era un hombre excepcionalmente brillante y de gran poder místico, como yo mismo acabaría descubriendo.

Las cualidades de Akong le convertían en una persona de gran relevancia en nuestra sociedad, pero a mí todo ese asunto del *tulku* me era muy ajeno. No pensaba en el momento en que me tocaría trasladarme a la lejana Dolma Lhakang y perdía poco tiempo haciéndome preguntas sobre Akong. Tenía bastante ocupándome de mi afortunada vida de hijo único, *de facto*, de la familia.

Durante los meses más calurosos del año, mi pueblo aparecía verde y exuberante, y crecían las cosechas de trigo y cebada en los campos más próximos a nuestras casas. Cada primavera, al tiempo que las flores silvestres estallaban en montículos de colores y aromas, uno de los ancianos convocaba al resto de los vecinos a una reunión en la que explicaba y dejaba por escrito el plan de quién plantaría qué, cuándo y dónde. Los animales entonces tenían que ser llevados a la montaña, a los pastos de verano, para dejar el terreno libre para las cosechas. Y ese era el cometido de los niños más mayores. No había escuela ni nada parecido; y durante mi primera infancia no hice otra cosa que jugar; sin embargo, al llegar a los ocho años, se suponía que debía unirme al grupo de chicos que llevaban el ganado a los pastos de alta montaña.

Mis padres tenían muchas tierras y un rebaño considerable de yaks y cabras. Al inicio de la primavera lo llevábamos hasta la zona arbolada, que no estaba lejos de casa. Luego, a medida que el suelo se descongelaba por completo y los animales necesitaban más para comer, los trasladábamos hacia zonas más altas, donde teníamos una tienda estilo tipi, hecha de pelo de yak, que llamamos una *baa*. Estaba levantada en torno a un enorme tronco de pino que permanecía allí todo el año. Dentro había una chimenea adecuada y sitio para dormir para todos nosotros. Montábamos lechos mullidos cortando ramas de los arbustos de anís más tiernos que crecían silvestres en la zona. Fuera de la tienda había un gran cercado en el que dormía el ganado, excepto las crías, que metíamos dentro de la tienda con nosotros por la noche para protegerlas. Nos acurrucábamos lo bastante cerca como para patearnos mientras bromeábamos somnolientos, con la barriga llena de *tsampa* y de leche de dri.

Pasábamos muchos días seguidos acampados en la montaña con la Tía (mi prima mayor), que estaba a cargo de nosotros. Al amanecer y por la tarde, ella ordeñaba a las cabras y las dri, las hembras del yak, dejándoles lo justo para sus crías. Con la leche hacía yogur y queso fresco, y batía la nata para hacer mantequilla, que era empaquetada en cajas de madera. A nosotros nos daba cada día una ración de mantequilla recién batida para comer con *tsampa*, y era algo delicioso. También comíamos queso y yogur, y tomábamos tanta leche como nos apeteciera. Mi padre subía todos los días para traernos otras provisiones, recogía la leche y la mantequilla que la Tía hubiera empaquetado en cajas, y se lo llevaba todo montaña abajo hasta el pueblo.

Nos quedábamos en torno a un mes allá arriba en los altos pastos y, aunque echaba de menos a mi madre, me encantaba estar allí. El paisaje era impresionante incluso para un niño que en lo que más pensaba (me avergüenza admitirlo) era en su honda. Era incapaz de resistirme a disparar a cualquier cosa que se moviera. En cierta ocasión le rompí una pata a una dzomo (un cruce de yak y vaca) de nuestro vecino al lanzarle una piedra. Mis padres se pusieron furiosos conmigo. Mi castigo consistió en dar de comer a la dzomo durante todo el invierno. Pero nada podía apartarme de salir de caza con mis amigos. Tras ocuparnos del ganado por la mañana, ya no teníamos nada que hacer hasta el final del día, el momento de recogerlo. Era un movimiento tan natural como el de la respiración, subir y bajar las laderas de la montaña dos veces al día. Al llegar el final del verano, bajábamos en tropel hasta el pueblo, al fondo del valle, y volvía a reencontrarme con mi madre y sus familiares abrazos.

Aparte de los yaks y las cabras, había mulas, caballos, algo de ganado, y muchos dzo y dzomos en el pueblo y en los alrededores. Las hembras cruzadas, las dzomo, daban más leche que las dri puras (la hembra del yak); y los machos, los dzo, eran más fuertes, y se utilizaban para arar los campos. Pero estos animales eran menos ágiles y resistentes en altura que los yaks, que eran la fuente de energía para el trabajo en nuestras vidas. Los yaks arrastraban los carros cargados de trigo y cebada. Llevaban a los mercados cargas de cualquier cosa amarradas a sus lomos a través de los pasos de montaña. Dependíamos de ellos totalmente, puesto que utilizábamos también su pelo tejido para hacer tiendas, hacíamos zapatos y bolsos con su piel, y usábamos la mantequilla elaborada con su leche como combustible para las candelas. Sin mencionar que comíamos su carne y con su leche elaborábamos yogur y queso.

Los caballos eran nuestro único medio de transporte, y para todos los niños tibetanos era tan natural aprender a montar como aprender a caminar. Los hombres se enorgullecían particularmente de su destreza para montar. Cepillaban a sus caballos y los adornaban con borlas, y los tenían siempre listos para las carreras y las demostraciones de habilidad. Los hombres tibetanos sentían por sus caballos lo que muchos occidentales sienten por sus coches. Cuando llegué a Occidente, yo mismo desarrollé enseguida el amor por los coches.

Había, sin duda, un gozo especial en el vínculo entre un hombre y su caballo, y respetábamos a los animales como parte integral del tranquilo discurrir de nuestro mundo, aunque yo no guardo un recuerdo demasiado sentimental de todo ello. Algunas personas tenían un perro doméstico de compañía y en todas las casas había un *drog-khyi*, un perro nómada, que en Occidente se conoce como mastín tibetano. Eran perros gigantes, de largo y denso pelo, y se decía que eran tan fuertes que podían matar a un oso. El perro permanecía atado a la puerta de la casa por el día y por la noche se lo dejaba suelto para proteger el ganado. El nuestro era blanco y negro, un magnífico animal que llevaba un collar rojo alrededor del cuello.

Durante los meses de invierno hacía un frío glacial, incluso por el día. Yo iba rodando por todas las casas del pueblo, uno más de la chiquillería, corriendo de un hogar caliente a otro. Jugábamos como cachorros salvajes en las cuadras de la planta baja de nuestras grandes casas de piedra, donde nuestros rebaños de yaks y cabras permanecían estabulados para pasar el invierno. Me acuerdo de jugar al escondite y de hurgar bajo la paja, buscando a mis compañeros, esquivando a los yaks mientras masticaban y tratando de no resbalar en sus boñigas. Inevitablemente, calculábamos mal algún salto y aterrizábamos chapoteando en alguna boñiga de yak, pero todo ello formaba parte de la diversión.

Una de las tareas de los adultos era amontonar fuera de los establos la porquería del suelo, que se secaba formando grandes montones que servían en primavera como fertilizante. Esas pilas de estiércol eran otro escondite irresistible, dado que siempre estaban calentitas y secas. Debíamos de parecer mugrientas criaturillas, con paja en el pelo y estiércol seco pegado a las piernas, pero el aire era tan frío y seco que no recuerdo ningún olor y no nos sentíamos sucios, solo despreocupados. No había servicios, por supuesto, ni agua corriente. En la esquina de la casa había un agujero que servía de letrina y desembocaba en un pozo ciego hundido en la tierra. Nos lavábamos utilizando barreños de agua enfrente del fuego.

La planta superior de la casa servía de granero para almacenar las cosechas, sobre todo el centeno, y tener reservas para el invierno. El piso intermedio estaba dividido en diferentes espacios destinados a dormitorios, sala de estar, cocina y guardarropa para las prendas y los objetos de los mayores embalados en baúles. Había una habitación especial de invitados, para los lamas que venían de visita, que se cuidaba al máximo, con muebles cómodos y paredes decoradas. En el resto de la casa, el humo del hogar oscurecía las paredes sin remedio, de manera que se forraban de madera sin más. La habitación de invitados era la única en la que las paredes estaban enlucidas y pintadas, y la ventana cubierta con papel fino para que pudiera entrar algo de luz y aislarla del frío exterior. Yo solía entrar a veces a hurtadillas, solo para contemplar el azul y el amarillo brillantes de las paredes, las volutas de color rosa, azul y verde de las alfombras tejidas a mano.

Al lado de la habitación de invitados estaba la capilla familiar, donde nos reuníamos todos, en las ocasiones especiales, para hacer plegarias y meditar. Los niños dormíamos en una habitación y mis padres tenían su propio cuarto, pegado al nuestro. En la práctica, sin embargo, solíamos llevar nuestro respectivo colchón al lugar más apropiado según la estación. A veces, en verano, mis hermanas y yo agarrábamos una manta y nos íbamos a dormir al porche de la cocina, que daba al exterior. Me encantaba mirar las estrellas y sentir la brisa en la piel.

Los tres solíamos hablar mientras nos quedábamos dormidos. Yangchen Lhamo y Zimey eran más pequeñas, y yo jugaba más con los otros cuatro chicos del pueblo que con ellas, aunque un juego que me gustaba compartir con mis hermanas era echar a navegar flores al agua. A medida que nos hacíamos mayores, ellas pasaban más tiempo que yo dentro de la casa haciendo tareas, de manera que a menudo estábamos todo el día separados. Esa era la forma de vida del Tíbet en aquel tiempo. Era una sociedad tradicional preindustrial. Nunca sentí que se tuviera a los hombres como superiores a las mujeres y jamás vi a nadie abusar de una mujer, pero los sexos tenían roles distintos muy marcados.

La cocina tenía estantes abarrotados de utensilios y numerosas ollas llenas de agua potable. Era trabajo de las mujeres de la casa ir cada día al río a por agua. Había un gran fuego central para cocinar en el que mi madre, la Tía y mis hermanas preparaban la comida. El hogar era enorme, cabían en él troncos enteros. El fuego era tan intenso que las cosas se cocinaban en un momento. Había hornacinas dentro de la chimenea para hornear el pan. Teníamos también un comedor, aunque la mayor parte de las veces comíamos de manera informal alrededor del fuego. A mediodía tomábamos *tsampa*, que es el alimento base de los tibetanos, una mezcla de harina de trigo o cebada tostada y té con mantequilla salada, amasado todo en bolas. Lo acompañábamos de más mantequilla, queso, yogur y verduras, a veces con un poco de carne, aunque no en las comidas del diario. Y en esto consistía sobre todo nuestra dieta. No tuvimos arroz hasta que llegaron los chinos, ni patatas, ni fruta. Tampoco teníamos nada dulce.

Algunas personas se sorprenden de que los tibetanos comamos carne. Los budistas tienen prohibido matar a cualquier ser vivo y, en muchos países en los que se practica el budismo, los budistas son vegetarianos. En la mayor parte del Tíbet, sin embargo, las condiciones no permiten el cultivo agrícola y dependíamos para nuestra alimentación de la carne, y sobre todo de los productos lácteos.

Asimismo, dependíamos de los carniceros que llegaban en otoño para matar los animales por nosotros. Eran musulmanes, e iban de pueblo en pueblo sacrificando y despiezando corderos, cabras y yaks.

Por la noche tomábamos sopa caliente, de nuevo con *tsampa*, y a continuación recitábamos las veintiuna alabanzas a Tara Verde. Todos las conocíamos de memoria. Tara Verde es una deidad muy popular e importante en la tradición budista tibetana, y se la tiene por una protectora que acude inmediatamente en nuestra ayuda cuando estamos luchando contra los obstáculos y el miedo. Tara es una *bodhisattva* femenina estrechamente asociada con la compasión, la salud y la protección. Tiene veintiuna manifestaciones, cada una de las cuales se relaciona con determinadas cualidades y actividades. Igualmente, cada una tiene su propio color. Tara Blanca, por ejemplo, es también muy popular, y se la asocia con la sanación y la longevidad.

Durante el invierno, normalmente, dormíamos todos junto al fuego. Recuerdo quedarme dormido más de una vez observando a mi madre y a la Tía untándose mutuamente el pelo con mantequilla de yak para mantenerlo brillante, con la luz del fuego aleteando en sus rostros, mientras sus manos torcían el pelo en trenzas y tirabuzones que enganchaban en sus cabezas. No hablaban mientras lo hacían, y el movimiento de sus dedos y las sombras de sus rostros me arrullaban hasta dormirme.

Si todo esto suena a un mundo bastante primitivo, supongo que es porque en algunos aspectos lo era. Teníamos una economía de subsistencia en la que comíamos lo que producíamos, usábamos leña como combustible y fabricábamos nuestra propia ropa y nuestras alfombras con la lana y las pieles de los animales. Los escasos excedentes los intercambiábamos por bienes como cazuelas o zapatos. No era exactamente una economía de trueque, ya que usábamos dinero para comprar objetos más refinados, como ropa de vestir, objetos religiosos para nuestra capilla y tapices para la habitación de los invitados. Pero era un mundo de tal simplicidad material que es difícil, para quienes han crecido entre supermercados y oficinas, tarjetas de crédito y salarios, imaginar qué podía sentirse. Nuestras obligaciones procedían del hecho de ser mutuamente dependientes y de la necesidad de sacar adelante las tareas esenciales, antes que de seguir las órdenes de un empresario o la necesidad de tener facturas que pagar. El tiempo venía marcado por la salida y la puesta del sol, el creciente o el menguante de la luna y el paso de las estaciones.

En todo lo que yo considero importante de verdad, era una sociedad de la abundancia. Había una firme tradición monástica de estudio y reflexión. Los monjes eran maestros y, a la vez, guías espirituales, y en cada familia de mi pueblo había al menos una persona que sabía leer. Era una sociedad construida en torno a los valores de la fe y la devoción, la expectativa de la compasión hacia todos los seres vivos y la creencia de que cada cosa y cada persona eran valiosas.

Siempre había tiempo de sobra para hablar, para escuchar y para comunicarse con los demás. Durante los largos meses de invierno, los animales no requerían otra atención que ser ordeñados y las tormentas aullaban en el exterior, de manera que era imposible aventurarse fuera. Pasábamos horas comiendo y hablando. Solíamos hacer seis pequeñas comidas al día, acompañadas de historias y bromas. La vida fluía entre risas y amor. No me faltaba de nada en ningún sentido. Si sentía hambre, todo lo que tenía que hacer era quejarme y dar un poco la lata, y mi madre me traía algo de comer. Si ella estaba ocupada o de mal humor, salía a la calle y allí había algún otro adulto que me atendía como si fuera su propio hijo.

Existía la fuerte sensación de estar seguro y a salvo; y esa es, para mí, la característica más definitoria de mi infancia, que me ha acompañado a lo largo de toda mi vida. Muchos de los occidentales que vienen a verme en la actualidad son víctimas de un gran sufrimiento emocional, y para la mayor parte de ellos el problema tiene su origen en la infancia. Me cuentan que no se sienten nada bien. Que no se sienten dignos de amor. Crecieron con un sentimiento de soledad, o faltos de afecto, y ya de adultos siguen sintiéndose inseguros y amenazados. Y esto me hace preguntarme por qué tanta gente crece en un mundo materialmente confortable y de libertad individual, con personas cultas y educadas a su alrededor que se hacen cargo de ellos, y aun así sienten una permanente carencia en su corazón.

No juzgo a nadie y animo a todos los que vienen a verme a que abandonen su arraigada tendencia a culpar a los demás, especialmente a los padres, de sus sufrimientos. La sociedad moderna les pone muy difícil a los padres dar a sus hijos todo el apoyo emocional y la seguridad que necesitan. Hay demasiadas presiones y exigencias contradictorias sobre la gente hoy en día. Y, por si fuera poco, muchos padres tampoco recibieron la educación apropiada ellos mismos. Los tibetanos aprecian mucho la familia y los valores recibidos de sus antepasados, y me extraña sobremanera que muchos padres en Occidente no hayan heredado el sentido de lo que supone ser un ser humano emocionalmente integrado. Y para empeorar las cosas, los niños están sometidos a la continua presión de sacar buenas notas y tener éxito. De modo que su única salida es suprimir el dolor emocional y entregarse a la implacable rutina del éxito. Cuando, ya de mayores, comienzan a meditar, su dolor emocional resurge –como habría de descubrir más tarde, cuando comencé a instruir y guiar a estudiantes de budismo occidentales–. Mis muchas conversaciones a lo largo de los años me han hecho valorar incluso más aún mi propia experiencia de un mundo en el que los adultos y los niños convivían a todas horas, capaces de escucharse y de prestarse atención mutua. A los niños, se nos veía, se nos escuchaba, se nos tenía en cuenta y se nos educaba. Sabíamos a qué pertenecíamos.

Más allá del reino de la familia en sentido extenso, más allá de la dimensión social, la comunidad en su conjunto se sentía interconectada con el vasto ecosistema de los seres vivos y de la Tierra de la que dependíamos. Y, por supuesto, también nos sentíamos conectados por nuestras creencias en las enseñanzas budistas y en la fe que procedía de ellas.

Tener el fuerte sentimiento de que estamos conectados con los demás seres humanos y de que somos valorados por ellos es de vital importancia para todos, en especial para los niños. E incluso, si hemos crecido sin ese sentimiento, nunca es tarde para crear lazos con los demás en nuestras vidas, en nuestras familias y en nuestras comunidades. Toda relación comienza por un impulso de apertura a los demás. Cuando somos generosos con nuestra atención y nuestros servicios, la empatía fluye y la compasión se vuelve posible. Muchas de las ideas budistas fundamentales sobre la alegría y la compasión tienen su raíz en la comprensión de que nadie existe de forma aislada. La interrelación es esencial para nuestro ser; el aislamiento es una ilusión errónea. Os ofrezco esta idea como punto de partida para vuestro propio viaje de cambio positivo.

2. Ritual y resistencia

De niño me intrigaban en particular los buitres, a los que en el Tíbet se considera sagrados a causa del papel crucial que tienen en el destino de los cuerpos tras la muerte. Dado que la tierra está congelada la mayor parte del año y es casi imposible de cavar, nuestra comunidad practicaba los entierros celestes. Cuando alguien moría, el lama que residía valle abajo, en el monasterio local, acudía para hacer plegarias. Era una especie de sacerdote del pueblo, disponible para las ceremonias y el consuelo cuando se le requería. Todos lo conocíamos y confiábamos en él.

Una vez recitadas las plegarias por el muerto, el cuerpo era amortajado y llevado al vertedero de cadáveres, donde se le retiraban los vendajes y se lo descuartizaba. Los pájaros que andaban planeando se lanzaban en picado y devoraban todo, excepto los huesos que no podían romper, como el cráneo. Los quebrantahuesos, nativos del Tíbet, son los más grandes del mundo en su especie, y a menudo alcanzan una envergadura superior a los dos metros y medio, de modo que son inmensamente poderosos. Los familiares que se ocupaban del cadáver volvían al cabo de varios días, machacaban los huesos que habían quedado y los mezclaban con el cerebro, para que los buitres pudieran comérselo todo.

El objetivo era que acabara por no quedar ni un solo resto de carne. De hecho, si un cuerpo no era consumido totalmente, se tomaba como un signo adverso, que auguraba un karma negativo para el muerto. La doctrina del karma es un punto esencial del budismo. Nosotros creemos que todos nuestros pensamientos, palabras y acciones, así como las emociones que impulsan dichas acciones, dan forma tanto a la vida actual como a todas nuestras vidas venideras. Al morir, el karma que hayamos acumulado en esta vida, ya sea bueno o malo, determina si renaceremos una vez más como seres humanos, o como animales o seres de los otros reinos de la existencia, ya se trate de un reino inferior o superior. Si los buitres eran incapaces de consumir un cadáver concreto, era un signo adverso para las expectativas kármicas del individuo. En esos casos, se requería la realización de ulteriores rituales de purificación, hechos por otro lama; de modo que se tomaban todas las precauciones para asegurar que los buitres cumplieran con su papel.

El modo tibetano de enterramiento choca a algunos occidentales y les parece repugnante. Tras visitar los cementerios ingleses, tapizados de césped, puedo comprender el motivo. Nosotros, sin embargo, no consideramos que el método sea tan horrible ni irrespetuoso. De entrada, es, de lejos, el más eficiente y salubre. Representa, además, un acto de generosidad hacia las aves y hacia el mundo interconectado de mutuo apoyo en el cual vivimos. Y, por supuesto, todos nosotros creemos en la reencarnación, de manera que el cuerpo no es sino un cascarón vacío. En el budismo tibetano se considera a los buitres como *dakinis*, o ángeles, que vienen a ayudar a la persona muerta para que tenga un rápido renacimiento. Así que creemos que ser consumido por ellos es una forma sagrada de finalizar el tiempo de encarnación en la Tierra.

Como chiquillo, estaba loco por capturar un buitre. No para matarlo, solo quería sentir en mis manos el ímpetu de ese poder angélico enorme. Era una idea absurda, poco probable que acabara bien para mí, pero se convirtió en una auténtica obsesión. Cuando tenía unos siete años, murió un perro en el pueblo, vi mi oportunidad y recluté a mis amigos como ayudantes. Decidimos que podíamos atar una cuerda al cuerpo del perro y, cuando el buitre se acercara a comer, iríamos arrastrando el cadáver más y más hacia nosotros, atrayendo al buitre hasta que lo tuviéramos tan cerca que pudiéramos atraparlo. Nos sentíamos muy inteligentes por haber tramado ese plan, pero en cuanto el buitre nos vio simplemente agarró al perro y echó a volar con él. El ave era tan poderosa que no fuimos capaces entre todos juntos de sujetar la cuerda.

Sin embargo, no abandoné. Seguí con la determinación de atrapar por mí mismo un buitre. Un día me di cuenta de que había un caballo muerto río abajo y de que se acercaban muchos buitres al festín. Siempre empiezan por los órganos internos, que son blandos y son la parte más nutritiva y fácil de comer. En un animal grande, eso crea una jaula natural formada por las costillas. Observé a los buitres yendo cada vez más adentro de la carcasa, y noté que para hacerlo tenían que plegar bien las alas. Me dirigí hacia allí con la brillante idea de que mientras uno de los buitres estuviera dentro del caballo, comiendo su carne, yo sería capaz de inmovilizarlo con mis brazos y sujetarlo por las alas. Me sorprende que llegara a considerar este plan siquiera por un segundo, dada la experiencia previa, que me había mostrado la inmensa fuerza de esas criaturas. Incluso a los siete años, siempre he confiado en mi valor y jamás he tenido miedo.

Me tumbé al acecho y, cuando vi que uno de los buitres se metía dentro de la cavidad del pecho del caballo, salté sobre él y traté de agarrarlo por las alas. ¡El buitre no iba a tolerar eso! Era tan grande que no tuvo dificultad en despegar del suelo conmigo aún agarrado a su espalda. Aterrorizado, traté de seguir agarrado, pero se libró de mí y caí al suelo. Y así acabó mi caza del buitre, aunque fue el inicio de mi pasión por el riesgo.

Cuando tenía diez años, experimenté el primer gran cambio en las rutinas de mi vida. Mi padre anunció que mi hermano Akong Rinpoche había enviado una carta citándonos en Dolma Lhakang. Mi hermano, el *tulku*, del que yo había oído hablar tanto, ¡quería conocerme! La visita serviría para la preparación de mi incorporación, dos años más tarde, como asistente suyo. Yo estaba emocionado. Nunca había estado más allá de las tierras de pastoreo que había arriba de mi pueblo, así que el mero hecho de ensillar un caballo y hacer un viaje de cuatro días se me hacía una aventura.

Mi padre tenía algunos asuntos de los que ocuparse cerca del monasterio. Iba a cambiar sal, que era difícil de encontrar en aquella zona, por cebada blanca, que es especialmente buena para hacer *tsampa*. Partimos hacia el oeste, con una caravana de doce yaks cargados de sacos de sal. La primera noche que pasamos fuera acampamos con una familia nómada en el área de la que mi madre era originaria. Al día siguiente tuvimos que atravesar un espeso bosque y cruzar un río. Yo no sabía nadar y recuerdo el miedo que pasé cuando nuestro caballo, al cual mi padre me había atado, empezó a ser arrastrado por la corriente desde el estrecho vado. Mi padre logró controlar a la bestia y conducirla hasta la otra orilla, pero cuando conseguimos salir del agua yo estaba empapado, congelado y muerto de miedo. La segunda y tercera noches las pasamos con otras familias a las que yo conocía vagamente, y el cuarto día empezamos el ascenso hacia la meseta desértica en la que Dolma Lhakang estaba ubicado, a 4.500 metros de altura sobre el nivel del mar. Dejamos muy abajo el límite del bosque y yo comencé a sentirme abrumado por el escalofriante estéril paisaje. Nunca había visto nada similar, y me sentí pequeño y fuera de lugar. Hubimos de cruzar un profundo lago completamente helado, y recuerdo cómo nuestros yaks agachaban la cabeza y arañaban el hielo con sus cuernos, mugiendo como si estuvieran llamando a algún compañero extraviado bajo la superficie.

La primera visión que tuve del monasterio la llevo grabada en la mente. El edificio central del templo era la mayor construcción que yo había visto en mi vida, era un edificio de adobe enlucido de yeso rosado que se elevaba sobre fuertes muros de piedra, de superficie rugosa y con el tejado de madera. Tenía una gran puerta de madera de doble hoja justo en medio del edificio. A medida que nos acercábamos, a través del canchal de roca gris, los muros rosados parecían resplandecer.

Yo me sentía algo atemorizado y no tenía ni idea de lo que podía esperarme tras aquella reunión. Pero cuando llegamos, tras las bienvenidas, los monjes nos comunicaron que Akong Rinpoche no estaba. Había salido de viaje con otro joven lama, llamado Trungpa Rinpoche, para recibir enseñanzas de su lama, Shechen Kongtrül Rinpoche, y no sabían cuándo regresaría. A mí no me importó, pero vi que mi padre se quedó decepcionado. Estas cosas eran inevitables en una sociedad en la que no había otro modo de comunicación a larga distancia más que las cartas entregadas en mano.

Mi padre me dejó al cuidado del tutor de Akong Rinpoche durante dos noches para ir a ocuparse de sus negocios. El hombre era muy amable conmigo, pero yo no me sentía a gusto solo en ese nuevo entorno. No había nadie con quien jugar, ya que yo era el único niño allí, y echaba de menos los abrazos de mi madre. No tenía sentido esperar más allá del tiempo requerido para los negocios de mi padre, dado que mi hermano podía tardar semanas o incluso meses en presentarse; de manera que, cuando mi padre volvió a recogerme, regresamos a casa. El viaje de vuelta no fue ni mucho menos tan emocionante.

Ya en el pueblo me dispuse a olvidar por completo todo lo relativo a mi aventura. Viajar y ver el mundo no había sido tan divertido, a mi parecer, y me sentía contento de volver a estar en casa con mi familia y mis amigos. No esperaba otra cosa sino retomar mi vida feliz y olvidarme por completo de Dolma Lhakang. Sin embargo, mi padre veía las cosas de otra forma. Me organizó clases de lectura y escritura de tibetano, ya que iba a necesitar tener una formación básica cuando mi hermano volviera a llamarme para ir con él. La educación en la forma de vida y las materias del monasterio iba a ser intensa, me dijo, y necesitaba llevar una buena preparación.

Seguía sin poder imaginarme la vida que se suponía que me estaba esperando allí. Haber estado fuera, incluso por tan poco tiempo, me había dejado claro que yo pertenecía a Darak. Así que ¿qué necesidad tenía de aprender a leer y escribir? Mi padre me había preparado el papel de arroz, la tinta con su tintero de cobre y los plumines, hechos de bambú, con su afilada punta. Yo estudiaba de mala gana hasta que se presentaba la primera ocasión para escaparme –mi padre tenía que salir de la habitación porque lo llamaba mi madre para algo, por ejemplo–. Entonces me escabullía discretamente y me iba en busca de mis amigos. Yo quería complacer a mis padres, pero quería mucho más hacer lo que me gustaba.

Este rasgo de rebeldía fue característico de toda la primera mitad de mi vida. Durante esas tediosas tardes en Darak, descubrí que tenía un don para escaquearme de lo que se suponía que debía estar haciendo. Me pasé los siguientes treinta años como artista del escapismo de cualquier situación o expectativa que no me conviniera.

Como era de esperar, mi padre se enfadaba por tener que ir a buscarme a los campos o las cuadras de las casas de los vecinos. Un día, cansado ya de arrastrarme hasta la habitación de estudio, me golpeó en la cabeza con una vara. En general, los padres tibetanos procuran un entorno protector para sus hijos, pero entonces los castigos corporales seguían siendo la norma para los malos comportamientos. Por desgracia, en esa ocasión mi padre no apuntó bien y me dio de forma accidental en un ojo, que se me hinchó de forma alarmante; y esto provocó la ira de mi madre. Se enfadó tanto que decidió que se habían acabado las clases. Yo quedé encantado, aunque eso hizo mi vida más difícil cuando más tarde llegué a Dolma Lhakang y comencé mis estudios allí, para los que no estaba preparado en absoluto.

Poco después de verme liberado de la carga del estudio, comenzaron los preparativos para el *Losar*, el Año Nuevo tibetano, que es nuestra fiesta más importante del año. Esta festividad cae normalmente en febrero o a principios de marzo, según el calendario occidental, y puede durar más de dos semanas. Me encantaba y la esperaba con antelación durante meses. Todas las rutinas habituales se relajaban, las personas mayores estaban de buen humor, y nos poníamos nuestra ropa más elegante, utilizábamos los objetos más preciados y tomábamos las mejores comidas del año. Yo tenía un sombrerito mongol adornado de coral del que estaba muy orgulloso y un bol de plata para comer que solo usaba en Año Nuevo.

Antes del inicio de las fiestas limpiábamos la casa de arriba abajo y traíamos maderas aromáticas para hacer ofrendas de humo. Mi madre, la Tía y mis hermanas empezaban a preparar comida días antes. La costumbre era comer *momos* fritos, hechos de harina de trigo mezclada con queso rallado y mantequilla de yak, en forma de cuadritos. Era la comida que más me gustaba del mundo entero. Se servían con carne de cabeza de yak, que era una exquisitez que solo comíamos en *Losar*. Las cabezas de yak se conservaban aparte durante el invierno hasta que llegaba el tiempo de prepararlas. El pelo se quemaba a la orilla del río y las cabezas se volvían a traer a casa, y la carne se cortaba en finos filetes que se cocinaban para las festividades. Hacíamos muchos tipos de *krapse*, galletas con formas artísticas, muy fritas. Y para los mayores había *chang*, cerveza de cebada, que solo se bebía en *Losar*. Como budistas, el consumo de alcohol no era frecuente. En Año Nuevo se bebía, pero raramente en otras fechas.

El día de Año Nuevo toda la familia se levantaba temprano, y nos vestíamos con nuestra mejor ropa. A continuación, preparábamos la casa sacando los cojines más cómodos y las alfombras de las ocasiones especiales y de recibir invitados. Una vez que todo estaba listo, comenzaba la celebración. Los primeros dos días los pasábamos con los familiares más próximos. Luego nos visitaban las demás familias del pueblo, una por una, para festejar con nosotros. Cada día una familia diferente, y las celebraciones duraban hasta bien entrada la noche. Los mayores acababan algo achispados, hacíamos música con flautas, harpas de boca y guitarras, y todo el mundo bailaba en nuestra amplia sala de estar. Cuando acababa la fiesta, se le daba a todo el mundo una ración de *momos* y de la rica carne de yak, para que se llevaran a casa. Mientras tanto, el resto de las familias del pueblo hacían los mismo. Era un torbellino de socialización, con todo el mundo yendo a las casas de todos. Cuando echo la vista atrás, pienso que debía de ser una hazaña programar todas aquellas visitas y que no quedaran unas casas vacías y otras en las que se amontonaran cuatro familias.

Los festejos concluían con una ceremonia religiosa en la que participaba todo el pueblo. Plantábamos una *baa* gigante, una tienda de piel de yak, e invitábamos a nuestro lama local, a todo el *Sangha* local (monjes y monjas) de las aldeas vecinas, y a toda persona con estudios que tuviera la habilidad de leer con rapidez. Todos ellos venían para colaborar en la lectura del *Kangyur* (el conjunto de los textos sagrados canónicos que contienen las enseñanzas del Buda), para beneficio de los vecinos del pueblo. A cambio, todas las familias los agasajaban con los manjares más exquisitos que pudieran aportar. Cuando se completaba la lectura y se hacía la última comida, estábamos preparados para comenzar un nuevo año.

Este era el ritmo de la existencia en mi infancia. Nuestra comunidad cultivaba y cosechaba, descansaba y festejaba. Yo sentía que era una parte viva del entramado del mundo, y era feliz. Y a ello atribuyo el sentimiento de un núcleo interno de estabilidad y fe que nunca me ha fallado, ni siquiera en los momentos más duros o confusos.

Es mi convicción que los seres humanos crecemos sanos cuando nos sentimos parte de un todo mayor. El momento en que tomamos conciencia de que formamos parte del aire que respiramos, de la tierra que nos sustenta, es un descubrimiento que crea una oleada espontánea de compasión y respeto por todos los seres vivos y por la naturaleza que nos mantiene. Nada ni nadie está solo. Esta oleada de bondad amorosa hacia todos los seres retorna hacia nosotros y nos envuelve, y nos produce un sentimiento de profunda gratitud. La vida humana es preciosa, para nosotros los budistas en particular, porque los seres humanos somos capaces de captar estas verdades, que nos dan la oportunidad única de aprender algo sobre la naturaleza de la realidad y sobre el ciclo sin fin del nacimiento, la muerte y el renacimiento que llamamos samsara. Y esto, a su vez, es el fundamento para escapar del poder que el sufrimiento tiene sobre nosotros, y dar pasos hacia la liberación. Una parte importante de este proceso es aprender a apreciar el momento presente en todas sus posibilidades. Bebe a fondo de la copa cuando los tiempos sean buenos y aprovecha esos momentos para fomentar hábitos de conciencia y positividad, porque los tiempos fáciles no duran para siempre.

Cuando tenía siete u ocho años, presencié algo tan extraño, tan sin precedentes, que me quedé allí plantado mirando. Una columna de soldados chinos venía en formación a través del valle hacia nuestro pueblo. Vestían brillantes uniformes con botones metálicos que resplandecían a la luz del sol, y sus brazos y sus piernas se movían coordinadamente al avanzar. Me quedé impresionado por su distinción. Cuando pensé en nuestras ropas, vi que en comparación eran andrajosas, y me sentí un desharrapado por primera vez en mi vida. ¿Quiénes eran esas gentes y qué venían a hacer allí? Nunca antes había visto a un extranjero y no sentí miedo, solo fascinación.

Los adultos resultaron menos sorprendidos. Debían de haber recibido noticias de que el Ejército Popular de Liberación chino había lanzado un ataque militar contra la región de Chamdo en octubre de 1950, aunque no hubieran hablado de ello delante de los niños. Los comunistas habían accedido al poder en China el año anterior y la liberación del Tíbet era una de las prioridades del nuevo régimen. No tardarían mucho en iniciar una invasión. Yo no tenía ni idea, pero el mal equipado ejército tibetano había sido dejado ya fuera de combate y aquellos soldados se dirigían a Lhasa, con órdenes de Pekín de no usar la fuerza militar por el momento. Estaban poniéndose en marcha las negociaciones con el Dalái Lama.

Los adultos se pusieron a preparar un ritual para ahuyentar a los chinos. Normalmente, cuando algún personaje público visitaba nuestro pueblo, los ancianos realizaban un *sang*, una ofrenda de humo fragante, cuyo propósito era atraer todo tipo de bendiciones sobre el invitado. Esta vez, en cambio, los quemadores de barro se llenaron de estiércol seco. Recuerdo que el hedor invadió todo el pueblo, de manera que pensé que nuestros distinguidos visitantes se retirarían disgustados. Pero se quedaron allí impertérritos. Aparentemente, no se daban cuenta de que estaban siendo insultados, y debían de pensar que nuestros rituales eran apestosos.

A continuación, uno de mis vecinos comenzó un ritual tradicional de expulsión llamado *dogpa*, que consiste en batir palmas vigorosa-mente y cantar un mantra de invocación a las deidades protectoras. Nos sumamos todos, dando ruidosas palmadas contra los soldados. Yo no sabía por qué era necesario alejar a esa gente, pero de todas formas palmoteaba. Para nuestra consternación, los chinos rompie-ron a reír y empezaron a aplaudirnos a nosotros. Como supe luego, dar palmadas es un signo de acogida en la cultura china. Recuerdo la confusión entre mi familia y mis vecinos. Esos extranjeros pare-cían impermeables a nuestros rituales de rechazo. Debieron de ser momentos de absoluta impotencia para nuestros mayores, aunque a mí la escena me dejó más bien desconcertado.

Los soldados reiniciaron su marcha cuando los aplausos acabaron extinguiéndose y, por lo que a mí respecta, la vida recuperó su nor-malidad. En retrospectiva, este fue el primer signo de que mi mundo, aparentemente eterno e inmutable, estaba a punto de desaparecer.

3. El regreso al monasterio

Aún tuve otros cuatro años de vida idílica en Darak, después de ese primer encuentro con los chinos, pero a duras penas recuerdo nada de ese período de tiempo. Ha quedado desplazado por los recuerdos de los tres años que pasé en el monasterio, que siguen estando muy presentes en mi memoria cuando echo la vista atrás. Algo que no hago a menudo. Hace tiempo que aprendí a enfocar mi mente en el momento presente y dejar cualquier malestar del pasado allí, que es el lugar al que pertenece. Durante toda la primera mitad de mi vida me sentí profundamente resentido cada vez que recordaba haber sido llevado a Dolma Lhakang y haber sido obligado a estar allí, a la edad de doce años. Aquel lugar era una prisión para mí. E incluso después de dejarlo atrás bien lejos seguí aferrado a mi enfado y mi resentimiento. De esa manera continué recreando sus muros de piedra y su régimen de castigo en mi propia mente.

Conseguí evitar los estudios de preparación para el monasterio, e incluso pensar en lo que allí me esperaba; pero irremediablemente llegó el día en que Akong Rinpoche me hizo llamar. Toda mi oposición se acabó cuando mi padre abrió aquella carta. De nuevo él y yo partimos hacia Dolma Lhakang a caballo. Esta vez él no llevaba nada con lo que comerciar, así que íbamos sin yaks. Yo no tenía más que mi ropa, un par de mantas y mi bol de plata. El sombrerito mongol que tanto apreciaba se me había quedado ya pequeño, y lo dejé en casa.

No recuerdo el último abrazo de mi madre, aunque debió de ser más largo y caluroso de lo normal, dado que ambos sabíamos que sería el último en muchos años. Si las cosas hubieran sido normales, yo habría regresado a casa por *Losar* en algún momento; tal vez no antes de tres o cuatro años, pero no mucho más. Las personas que habitan en los monasterios suelen volver a visitar a sus familias en Año Nuevo, de la misma forma en que los occidentales vuelven por Navidad.

Pero eso no sucedió. La vida normal se desvaneció cuando los chinos invadieron el Tíbet en 1959, tres años después de que yo ingresara en el monasterio. Durante esos tres años no volví a casa, y luego me vi forzado a huir para ponerme a salvo de la invasión, de manera que nunca volví a ver a mi madre después de aquel día en que ella salió a despedirnos a mí y a mi padre. Solía tratar de recuperar el recuerdo de nuestro último abrazo, pero ya he aceptado que no puedo.

El viaje transcurrió preñado de presentimientos. Yo no quería ir, pero no había forma de evitarlo. Era impensable que un niño tibetano desafiara los deseos de su padre o de su madre. Para colmo, estaba la voluntad de mi hermano, Akong Rinpoche, que era incluso más firme y más difícil de ignorar. El camino de mi vida estaba trazado, o eso pensaba yo. Me convertiría en monje y pasaría el resto de mi vida en un monasterio. Veía la vida alargarse ante mí en un panorama sombrío e inalterable. Irónico, visto en retrospectiva, ya que faltaban solo tres breves años para que la invasión china destruyera ese modo de vida junto con todo lo demás.

Sin embargo, aunque los chinos no hubieran llegado, en algún momento yo habría aprendido que, en realidad, nada dura para siempre. Esta idea clave del budismo está resumida en el famoso aforismo del Buda: «Esto también pasará». Darak se había acabado; mi infancia había llegado a su fin, pero ello no me había traído la comprensión de la impermanencia. Yo era un niño abrumado por el melodrama de la infancia. Y me sentía injustamente tratado, por no decir «sentenciado».

La primera noche en Dolma Lhakang apenas puede reunir el ánimo suficiente para comportarme de forma educada con el tutor de mi hermano, ni con el resto de los monjes ni los sirvientes. En verdad, yo no iba con una buena predisposición hacia Akong Rinpoche, que tenía dieciséis años cuando al fin nos reunimos. Me recibió con amabilidad, pero sin afecto fraterno. Nuestra relación era puramente la de maestro y discípulo. Era una persona con un estricto sentido del deber hacia la comunidad de la que era responsable y hacia el ideal del *bodhisattva*, que literalmente encarnaba. Consideraba que su rol era ser un guía para el *Sangha* y para los laicos que lo tenían como referente.

Akong Rinpoche no era una persona efusiva, pero poseía una profunda compasión. Una extraña mezcla para los occidentales, acostumbrados a confiar en la importancia de su vida emocional y en las demostraciones de afecto. A menudo parecía tan inconmovible como una montaña, pero como acabé apreciando había un manantial inagotable de compasión y bondad amorosa en él. Mi hermano fue, y ha seguido siendo a través de toda mi vida, una fuerza estable y compasiva que ha actuado siempre buscando mi propio interés. Pero el día aquel en que me recibió, y durante muchos años, no hubo signos de una consideración especial, y por supuesto ningún afecto físico. No lo esperaba, ya que sabía que su papel no era proveérmelo. Pero, aun así, no podía evitar culparle de haberme sacado de Darak. Mi resentimiento hacia él había echado hondas raíces en mi corazón y no dejó de dar frutos durante décadas.

El mayor consuelo de mis días en Dolma Lhakang fue mi otro hermano, al que conocí a la vez que a Akong. Jamyang, el herma-

no mayor, había recibido la ordenación de monje antes de que yo
naciera, y durante mi primera infancia residió en el monasterio de
Riwoche. En cuanto Akong Rinpoche fue entronizado como abad de
Dolma Lhakang, a los cuatro años, el superior de Jamyang lo envió
como ayudante de su joven hermano. Fue Jamyang la persona que
me trató con amabilidad durante mis primeros días de confusión en
Dolma Lhakang. Jamyang fue quien me consoló cuando la partida
de mi padre, a las dos semanas de llegar, me dejó desconsolado. Mi
padre se tomaba la vida de forma estoica, así era como funcionaban
las cosas, pero cuando yo lo vi partir sentí que mi último vínculo con
el mundo protector y fiable de Darak se iba perdiendo de vista con él,
balanceándose al trote de su caballo, hasta no ser más que un punto
en la gris y fría llanura.

Mi nueva vivienda, el lugar donde Jamyang y yo vivíamos junto
a Akong Rinpoche y los monjes que nos atendían, era el *labrang*,
un pequeño edificio accesorio contiguo al principal. Un *labrang* es
la residencia que se construye para albergar y proteger los bienes
y los objetos de culto de un maestro espiritual entre su muerte y
el reconocimiento de su siguiente renacimiento, que puede tardar
años. A nivel práctico, es además el lugar en el que el maestro vive
y guarda sus objetos de valor y los textos sagrados que forman parte
de su línea de transmisión.

El edificio del *labrang* estaba compuesto por las habitaciones del
abad, las dependencias para los invitados, la cocina, los almacenes
y los depósitos de objetos antiguos. Había un patio muy grande,
con los establos para los caballos de Akong Rinpoche. Unos altos
escalones daban paso a la capilla del *labrang*, en la que había una
magnífica estatua de Padmasambhava o, como es conocido en el
Tíbet, Gurú Rinpoche.

Para la mayoría de los tibetanos, Gurú Rinpoche es una especie de segundo Buda. *Guru* es un término sánscrito que significa «maestro», y Padmasambhava, aunque no se sabe mucho sobre el personaje histórico, fue un maestro budista indio del siglo VIII. Él fue el responsable de la introducción de las enseñanzas tántricas del budismo en el Tíbet, a petición del rey que gobernaba el país, que tenía una predisposición favorable hacia ellas. Antes de eso, la religión del Tíbet era el *bon*, un antiguo culto panteísta que reflejaba la reverencia de los tibetanos hacia las fuerzas de la naturaleza. Ku Lha, la montaña en la que se construyó Dolma Lhakang, por ejemplo, había sido un lugar sagrado desde los tiempos de la religión *bon*. El mismo Padmasambhava había visitado el lugar, y en la ladera opuesta de la montaña en la que se levantaba el monasterio se había levantado una ermita sobre la cueva en la que él estuvo meditando.

A pesar de los años transcurridos, todavía recuerdo lo cálido y acogedor que era el *labrang*. En general, el monasterio era un lugar frío e inhóspito, debido a su ubicación en las altas montañas. Sus condiciones eran muy duras. Había que traer el agua del río más cercano. Durante el largo invierno había que romper el hielo y llenar cubos con él, que luego se fundía al fuego en la cocina del monasterio.

La cocina era realmente un remanso de confort. El fuego permanecía encendido día y noche en el hogar durante todo el invierno, y tenía un ingenioso sistema de calefacción que canalizaba el calor por conductos internos de las paredes. El cocinero del *labrang* me proveía de té con mantequilla y *tsampa* siempre que me apetecía, y todo allí era cálido y acogedor. Dado que sentía que me habían arrancado violentamente de mi casa y exiliado a un lugar gélido y ajeno, agradecía mucho todas estas comodidades.

Eso sí, me hallaba inconsciente de lo afortunado que era al tener una vida material tan fácil. Una vez más, ser el hermano del *tulku* me beneficiaba de muchas maneras, aunque a la vez me aislaba, por el hecho de no encajar en ningún lugar. No era monje, de modo que no podía estar en el monasterio ni participar con los monjes en sus rituales cotidianos y sus relaciones sociales habituales. Los laicos que venían por el *labrang* eran sirvientes, de manera que se suponía que tampoco debía relacionarme con ellos. Recuerdo que uno de los cocineros, que también nos servía la comida, tendría sobre los quince años; no era mucho más mayor que yo. Sin embargo, no podíamos ser amigos. Yo no era monje, ni mucho menos un *tulku*, y existía una distancia insuperable entre nosotros en aquel estricto sistema jerárquico.

El cocinero me dijo que había oído que Akong Rinpoche tenía un perrito que llevaba consigo a todas partes. Me preguntó si era verdad. Me di cuenta de que cada detalle de la vida de Rinpoche suscitaba interés. «No, –le contesté–, Akong no tiene ningún perro.»

Mientras le daba esa respuesta me dije a mí mismo que en realidad yo era el perrito de Akong. O, mejor, era como una avecilla que se hubiera quedado muda. En todo caso, me sentía como un prisionero, encerrado en la jaula dorada del *labrang*.

El edificio era muy confortable, porque había pertenecido a una familia noble que gobernaba sobre unos cuantos centenares de otras familias; el equivalente del vasallaje feudal europeo. Cuando el primer Akong *Tulku* fue reconocido, la familia ofreció una parcela de tierra lindante con Dolma Lhakang, con todos sus edificios, al linaje de Akong, para incrementar el prestigio del monasterio.

Las sociedades occidentales están construidas sobre el principio de transmitir las propiedades a los descendientes, y en el Tíbet existe la misma costumbre entre los laicos. En la tradición de los *tulkus*, la tierra, la riqueza y los títulos religiosos pasan al siguiente renacimiento del maestro espiritual. En muchos casos, el individuo que renace pertenece a una familia diferente, e incluso a una clase social distinta a la de su predecesor. Muchos grandes maestros que pertenecieron a una familia noble renacen en la vida siguiente como campesinos o nómadas.

Mi hermano fue reconocido como el renacimiento de Karma Miyo Zangpo, un gran maestro y especialista en medicina tibetana, que fue el primer Akong. El primer Akong había nacido muy cerca de Dolma Lhakang y había pasado allí su vida entera, hasta su muerte en 1938, en cuyo momento se inició la búsqueda de su sucesor. Cuando el lugar de nacimiento de mi hermano fue averiguado por el cabeza de nuestro linaje, Su Santidad el XVI Karmapa, un equipo de búsqueda formado por lamas fue enviado hasta nuestra pequeña aldea para identificarlo y reclamarlo. Fue sometido a una serie de pruebas, para verificar que, en efecto, se trataba del auténtico niño. Se le puso delante un número determinado de objetos rituales que habían pertenecido a su predecesor, mezclados con otros objetos insignificantes. Mi hermano, que a la sazón tenía solo dos años, escogió sin dudarlo la copa, el libro y el bol de medicina correctos, y de esa forma fue reconocido como el auténtico renacimiento de la línea de los *tulkus* Akong.

Me consta que el renacimiento es un concepto ajeno a la mentalidad occidental, pero se trata de una idea clave para el pensamiento budista tradicional. Según las enseñanzas del Buda, todos los seres se mueven a lo largo de un ciclo sin fin de nacimientos, muertes y renacimientos, sin principio ni término. Este ciclo de renacimientos, o samsara (como el Buda lo llamaba), está dirigido por el karma.

De acuerdo con esta doctrina central, todos nuestros pensamientos, palabras y acciones, así como las emociones que impulsan dichas acciones, dan forma tanto a la vida actual como a todas nuestras vidas venideras. Lo único que puede romper este ciclo de renacimientos es el logro del nirvana, la iluminación. En la tradición del budismo Mahayana, que es el corazón del budismo tibetano, los que alcanzan la iluminación y desean volver para ayudar al resto de los seres vivos a liberarse del ciclo de los renacimientos son conocidos como *bodhisattvas*. Los *bodhisattvas* deciden de forma voluntaria renacer, con la intención de continuar su tarea compasiva de ayudar a liberarse del samsara a los demás seres. En el Tíbet, quienes regresan de esta forma son llamados *tulkus*.

La idea del renacimiento puede resultar difícil para los occidentales (y, por tanto, el renacimiento consciente, que diferencia a un *bodhisattva* o un *tulku*, lo será doblemente), pero mucha gente acepta con facilidad la idea básica del karma, que yo a veces explico con el dicho: «Se recoge lo que se siembra». Toda acción produce una reacción, para uno mismo y para los demás. Nuestros pensamientos y emociones aderezan nuestra existencia. Cuando son negativos, nos incitan a palabras y acciones negativas. La suma total de nuestra infelicidad, ira, resentimiento, envidia, codicia y autocompasión crece. El resto de la gente, naturalmente, nos trata como nosotros la tratamos a ella, refleja y nos devuelve nuestra conducta negativa. La vida se convierte en un círculo vicioso, de consecuencias perjudiciales para nosotros mismos y para los demás. Esto, confío, es comprensible para cualquiera que haya reflexionado siquiera un poco sobre su propia vida. Siempre le digo a la gente que está empezando a explorar el budismo que trate de incorporar a su pensamiento la idea del karma, que es de sentido común, y que tengan fe en que ello les aportará al cabo del tiempo una visión más profunda.

Si tan solo hubiera sido capaz de abrir mi mente a cualquiera de las enseñanzas, de sentido común o de cualquier tipo, que mis hermanos trataban de inculcarme en Dolma Lhakang… Pero desde el principio de mi estancia allí mi mente estuvo cerrada: sellada por el resentimiento, la autocompasión y una ingenua convicción de que mi vida se había acabado.

Akong Rinpoche me puso a estudiar desde el mismo momento de mi llegada y, como era de esperar, la predicción de mi padre sobre lo riguroso del programa resultó cierta. Mi hermano acababa de terminar un período de estudio extenso en el monasterio de Sechen con el muy estimado maestro Jamgön Kongtrül Rinpoche, y había vuelto lleno de inspiración para dirigir Dolma Lhakang con mano firme y vigorosa. Solo tenía dieciséis años y ya estaba al frente de un monasterio con trescientos monjes y cuatro monasterios de mujeres más afiliados (uno por cada punto cardinal, emplazados en la base de la montaña Ku Lha), donde residían muchos cientos de monjas. Nunca se le veía agitado por tanta responsabilidad, a pesar de su inexperiencia. Había nacido para desempeñar ese rol, y tanto él como el resto de la gente lo aceptaban.

Me maravilla ahora su ecuanimidad, ya que además del período de estudio había tenido ocasión de atestiguar que nuestra cultura y nuestra forma de vida estaban en peligro. Desde Sechen había viajado con su amigo íntimo Chögyam Trungpa Rinpoche, otro joven lama de la escuela Kagyu, al monasterio de Palpung. Habían sido convocados para escuchar el informe de Su Santidad el XVI Karmapa del reciente viaje del Dalái Lama a China.

Su Santidad el Karmapa, escoltado por oficiales comunistas, informó de que el Dalái Lama había sido recibido calurosamente.

Explicó que el Dalái Lama había sido puesto al corriente de todo el progreso material logrado en China y en el Tíbet. Leyó informes sobre nuevas carreteras, comercios, hospitales y escuelas. Pero Akong no oyó que se hiciera mención alguna de la religión de la población ni de las libertades individuales. Era patente que Su Santidad el Karmapa no podía expresar sus propias opiniones, ni las del Dalái Lama, desde el momento en que los oficiales chinos supervisaban cada palabra que pronunciaba; pero leyendo entre líneas, estaba claro que el régimen era cada día más hostil a nuestra forma de vida budista.

Un mes más tarde, Akong había estado presente en la breve visita personal que el Dalái Lama hizo al monasterio de Derge Gonchen, pero el placer de tener con ellos a Su Santidad se vio empañado inmediatamente cuando las autoridades comunistas le obligaron a marchar apenas al cabo de dos horas. Cuando Akong finalmente regresó a Dolma Lhakang, llegó con una pesada carga de preocupación y de renovado celo.

Solo mucho más tarde fui consciente de esta crisis. No puedo sino sentir admiración por el hecho de que mi hermano, al igual que otros muchos lamas, fuera capaz de mantener la vida comunitaria de practica espiritual en momentos de una presión tan extrema.

Es posible que fuera capaz de ocultar sus preocupaciones, pero en ningún momento dejó de manifestar su determinación de transmitirme tantas preciosas enseñanzas del Buda como fuera posible, y no solo a mí, sino también al resto de la comunidad. Él fue mi tutor personal, excepto cuando los asuntos del monasterio, sus estudios o las visitas de los laicos de la zona reclamaban su atención. Me tutelaba de forma implacable y, si yo me comportaba de manera torpe o descuidada, me golpeaba. No lo hacía con crueldad; era lo habitual entonces, especialmente en los monasterios. Quería darme la mejor educación posible, de manera que pudiera acabar siendo su mano derecha. Ahora, incluso me pregunto si parte de su severidad sería una reacción a la escalada de la amenaza con la que él tuvo que batallar durante aquellos años.

Con él no había posibilidad de escape como la había habido con mi padre. El estudio comenzaba en el momento en que había luz suficiente como para verse las líneas de la palma de la mano. El primer objetivo era dominar el alfabeto tibetano. Podéis estar seguros de que lamenté mi anterior pereza cuando mi hermano, asombrado de que no hubiera aprendido ni lo básico, me hacía repetir cada letra una y otra vez hasta que las pronunciaba a la perfección.

El aprendizaje oral era el fundamento del reconocimiento y la lectura de las letras para, en última instancia, realizar su escritura con mi propia mano, pero yo era incapaz de superar el nivel elemental. Me dolía la garganta a todas horas y mi voz se fue poniendo ronca, hasta que no pude ni siquiera graznar cualquier sonido. Al final, mi hermano tuvo que llamar a un médico para que me tratara. Ya en aquellos días sus métodos podrían haber sido tildados de medievales, tanto aquí en Occidente como en el mismo Tíbet. El médico me echó hacia atrás la lengua y me cortó el frenillo. Fue una sangría, y la boca se me llenó de sangre. El procedimiento se repitió tres o cuatro veces. Una de ellas, pensé que me iba a ahogar con mi propia sangre. Naturalmente, el tratamiento, instigado por Akong Rinpoche, no disminuyó mi resentimiento hacia él.

Cuando mi hermano estaba fuera u ocupado, dejaba a Jamyang encargado de mí, y mi estudio, al cuidado del maestro de retiros de tres años. La vida entonces se volvía más soportable. Mi relación con el maestro de retiros, que era un hombre amable, estaba mucho menos cargada de obligaciones que con Akong. El régimen seguía siendo duro, como supondréis. Ya no hubo más cortes de frenillo, pero las horas se me hacían largas y los deberes inacabables. Poco a poco, fui aprendiendo a leer y escribir. Cuando dejé el monasterio, era capaz de leer plegarias en voz alta muy deprisa, aunque nunca nada era suficiente para Akong Rinpoche.

La tarea principal del maestro de retiros era el trabajo, mucho más gratificante, de enseñar a la flor y nata de los monjes. Los «retirantes» eran aquellos monjes que habían mostrado aptitudes excepcionales para el estudio de los textos budistas y que habían sido seleccionados para someterse al largo retiro que los prepararía para ser lamas. Esos retiros, que tradicionalmente duran tres años, tres meses y tres días, son únicos en el budismo tibetano. Los monjes eran recluidos, sin contacto con nadie del exterior, excepto con los maestros y los sirvientes, ¡y, desafortunadamente, con alguna criatura como yo, que resultaba ser el hermano del *tulku*!

De esta forma, tuve mi primera aproximación a un modo de vida que, finalmente, sería el mío propio, y pude observar cómo era la vida en una casa de retiros. El régimen era estricto e intenso. Los monjes se levantaban antes de las cuatro de la madrugada y practicaban en soledad durante todo el día, excepto para algunas *pujas* grupales (plegarias rituales), hasta que se acostaban alrededor de las diez de la noche. En vez de cama, dormían en una «caja», con las piernas cruzadas. La idea era que continuaran sentados en la postura de meditación y mantuvieran cierto nivel de consciencia incluso mientras dormían.

En una fase posterior de mi vida, me implicaría de buena gana – gozosamente, de hecho– en largos períodos de retiro solitario, aunque tras haber hecho un cambio radical y haberme comprometido con el camino de la iluminación. Pero, como adolescente de alrededor de trece años, estar en la casa de retiros simplemente reforzaba mi sensación de haber sido encarcelado y torturado.

Todo el tiempo que estuve en Dolma Lhakang no hice otra cosa sino pensar en escaparme. Pero ¿dónde podía ir? No sería como cuando estaba en Darak, donde conocía los alrededores como la palma de mi mano, y donde todo el mundo era o un compañero de juegos o un familiar de confianza. No podía escabullirme a jugar en el bosque o la orilla del río con mis hermanas. Ya no había ni bosque, ni amigos, ni hermanas. Ni siquiera había ya un pueblo tras los muros del monasterio, solo un desierto glacial. La gente que vivía cerca del monasterio eran nómadas que iban y venían con sus animales. Solo un pequeño grupo de ellos se quedaba a pasar los meses de invierno, en casas de piedra construidas al abrigo de la ladera de la montaña. Y solían ser hombres jóvenes. No había familias con chavales. Yo echaba de menos tomar el sol durante los meses de calor. Echaba de menos pastorear el ganado y dormir bajo las estrellas o en nuestro porche. Allí arriba, el verano podía llegar e irse en apenas poco más de una semana.

Mi único contacto real con otro chico sucedía, de forma periódica, cuando la familia del primer Akong venía de visita con su hijo de doce años. Durante los pocos días que duraba su estancia, jugábamos por todo el *labrang* y yo me sentía de nuevo un chico normal. Pero cuando se iban, mi soledad era mucho más intensa aún. Echaba de menos a mi madre mucho más de lo habitual. Culpaba a mis estudios con amargura. Ni siquiera había vistas al exterior mientras trabajaba, porque las ventanas, cubiertas con un grueso papel opaco estirado sobre las rejas, estaban en las paredes mucho más arriba de mi cabeza. Yo sentía que lo había perdido todo y a todas las personas a las que amaba.

Jamyang era el que me levantaba el ánimo cuando estaba hundido. Todos los días acudía a él buscando consuelo, y él siempre estaba ahí con su sonrisa y su abrazo. Trataba de interceder cuando Akong me castigaba. A veces me protegía con su propio cuerpo. Pero él también estaba deslumbrado por Akong Rinpoche, por supuesto. Recuerdo que, cuando Akong estaba fuera y lo dejaba a mi cuidado, me rogaba que estuviera más centrado. «Ponte a estudiar solo un poquito más», me pedía Jamyang, casi suplicándomelo. Pero por entonces lo que yo deseaba era olvidarme de los estudios. Brincaba a su alrededor como un cachorro, tratando de correr y saltar y tirarlo al suelo para luchar. Él me consentía, y nos reíamos y jugábamos juntos.

Cuando llevaba ya dos años en Dolma Lhakang, nos llegó el primer informe de que el Ejército de Liberación Popular chino había atacado un monasterio. Yo sabía que había habido levantamientos contra la cada vez más autoritaria presencia comunista. Esa resistencia armada había sido contestada con una agresividad mayor por parte del ejército chino. Se me había protegido de la mayoría de las discusiones sobre lo que estaba pasando a lo largo y ancho de nuestro país, pero ya no pude evitar escuchar fragmentos de las conversaciones entre mi hermano y sus consejeros.

Al principio, me sentía más confuso que asustado. No podía reconciliar las noticias de que los chinos andaban saqueando monasterios e insultando a los monjes y las monjas con mi impresión de aquellos extranjeros distinguidamente uniformados que había visto atravesando Darak. Me habían parecido tan disciplinados, para nada desordenados ni agresivos. De nuevo, no nos habían entendido en absoluto: estaba claro por su reacción a nuestros aplausos y nuestras apestosas ofrendas de humo. ¿Era posible que no se dieran cuenta de lo que hacían cuando lanzaban al suelo textos y reliquias? Aunque poner las manos encima de otra persona con violencia estaba siempre mal. Seguro que eso lo sabían.

La atmósfera en el monasterio se hizo cada vez más tensa. Yo tenía mis propios motivos para ser infeliz, pero aun así me daba cuenta de que los demás estaban inquietos. Jamyang se mostraba menos propenso a reírse conmigo. Akong parecía preocupado. El cocinero del *labrang* estaba de mal humor.

Se sucedían las visitas de lamas que tenían monasterios en otras partes del país, y las noticias que traían eran todas malas. Algunos de ellos comenzaron a hablar abiertamente sobre la necesidad de huir del Tíbet. Aun así, era difícil poder interpretar lo que estaba pasando. Nuestro gobierno tibetano había firmado en 1951 un acuerdo con los comunistas en el que se reconocía que el Tíbet era una parte integral de China. A cambio, los chinos accedían a que el Dalái Lama permaneciera en el gobierno y a respetar el orden social y las estructuras religiosas existentes. A corto plazo. El ominoso subtexto implicaba que, en cierto momento, el Tíbet tendría que transformarse en un «estado democrático popular», con el completo desmantelamiento de sus formas propias de vida. La petición de apoyo internacional de los tibetanos había caído en oídos sordos, y el gobierno del Dalái Lama no tenía más opción que capitular frente a un poder que era inmensamente superior.

Los tibetanos nos habíamos acostumbrado a la incómoda sensación de ir saliendo del paso en ese intervalo, pero ¿estaba llegando a su fin ese período de compromiso? Si ese era el caso, ¿qué iba a pasar ahora? Era difícil imaginar que los chinos pudieran destruir nuestra sociedad. Los vínculos culturales y religiosos entre China y el Tíbet se remontaban a siglos atrás. En mi propio linaje Kagyu existía una conexión entre nuestros líderes, los Karmapas, y los emperadores de China. Los Karmapas habían sido maestros budistas de los emperadores desde los tiempos del II Karmapa, Karma Pakshi, en el siglo XIII. Toda esa historia compartida hacía imposible concebir que hubiéramos entrado en una era completamente distinta.

Los nuevos dirigentes de China creían en la lucha de clases y en la victoria inevitable del proletariado; creían en el progreso material. No creían en el budismo. Veían a los monjes y los lamas como enemigos del pueblo, explotadores de los campesinos, a los que mantenían en la ignorancia de forma deliberada. Para nosotros, los tibetanos, el progreso material (como las nuevas escuelas y carreteras que los chinos habían construido en los últimos años) no era sino un cambio de la apariencia externa de las cosas. Estábamos completamente entregados a una forma distinta de ver la existencia: la transformación de la mente en su viaje cíclico a través del encadenamiento de las vidas. De manera que el concepto marxista de «liberación» no nos decía nada a la mayoría de nosotros. Para nosotros «liberación» significaba sacar la mente de la prisión del egocentrismo. Este choque de mentalidades, combinado con el vasto poder militar de China, hacía presumir que el choque era inevitable. Yo aún no lo sabía, pero estábamos asistiendo ya a la destrucción del Tíbet.

Pasó más o menos otro año antes de que Akong recibiera la confirmación de que la situación se había vuelto tan desesperada que su vida y la del *Sangha* estaban realmente en peligro. Comenzaron a llegar refugiados desde la provincia de Derge a la de Kham. Ellos confirmaban que los monasterios estaban siendo saqueados. Los lamas estaban siendo apresados y masacrados. La gente estaba yéndose de los pueblos y estaba hambrienta; cualquiera que fuera sospechoso de ser simpatizante de la resistencia era ajusticiado. Había informantes por todas partes y el sentimiento de pánico dominaba en cada pueblo. Y entonces llegó el rumor de que Su Santidad el Dalái Lama, temiendo por su vida, había huido de Lhasa.

Lo primero que escuché con mis propios oídos de todo esto fue de labios de Chögyam Trungpa Rinpoche. Conocí a Trungpa, que posteriormente tendría una gran influencia en mi vida, en pleno verano de 1958. Llegó a Dolma Lhakang con las ya malas noticias habituales, esta vez sobre tropas armadas en Chamdo y combates cada vez más encarnizados entre la resistencia y los comunistas. Yo había oído hablar mucho ya de él, por supuesto. El XI Trungpa Rinpoche era un lama de gran prestigio, abad de un famoso complejo monástico, Surmang, ubicado a una distancia de varios días a caballo de Dolma Lhakang. Trungpa era además gran amigo de Akong. Había pasado seis meses en Dolma Lhakang, dos años antes de mi llegada, dando el *wangkur* (iniciaciones) de *El Tesoro de la Mina de las Preciosas Enseñanzas*, una enseñanza extensísima y compleja que atrajo a centenares de personas al monasterio para recibirla.* Él y Akong habían pasado además muchos meses juntos en Sechen, recibiendo enseñanzas de su maestro común, Jamgön Kongtrül Rinpoche, antes de viajar a Palpung para escuchar el informe de Su Santidad el Karmapa sobre Pekín y de reunirse con Su Santidad el Dalái Lama en Derge. Trungpa era de la misma edad que Akong y ya era un erudito notable y un carismático líder espiritual. Yo no era más que un chiquillo deslumbrado en su presencia, pero él me trataba de forma afectuosa y amigable. Inmediatamente establecí un vínculo con él, que duraría hasta su muerte en los años ochenta.

---

* *El Tesoro de la Mina de las Preciosas Enseñanzas* (*Rinchen Terdzo*, en tibetano), es un compendio de enseñanzas recibidas a través de *termas* que contiene alrededor de 900 iniciaciones, y cuya publicación en forma de libro abarca 111 volúmenes. (*N. del T.*)

Desde el día en que Trungpa y su pequeña comitiva llegaron, supe que habíamos entrado en un estado de crisis. Mi hermano le pidió que realizara varias ceremonias, y recuerdo que en una charla Trungpa afirmó que nuestro estilo de vida iba a cambiar hasta llegar a ser desconocido. Todo aquello en lo que confiábamos y de lo que dependíamos iba a desmoronarse bajo nuestros pies. Él había recibido esta revelación a través de un ritual de adivinación, y el impacto de sus palabras en todos nosotros fue espantoso.

Me senté en el templo y me esforcé en comprender lo que había oído. Estaba consternado por las historias de muerte y destrucción, y asustado ante la perspectiva de lo que faltaba por venir; pero a la vez sentía una secreta excitación, porque esa ola de destrucción contenía en su seno la posibilidad de mi fuga del monasterio.

Trungpa recibió peticiones de enseñanzas de todo el distrito. Antes de dejar Dolma Lhakang envió un mensaje a Su Santidad el Karmapa, pidiéndole consejo sobre cómo actuar. ¿Debía regresar a su monasterio, haciendo caso a Tsethar, el administrador de Surmang, que era uno de sus consejeros, que insistía en que era lo mejor? ¿O era preferible buscar un lugar seguro en el Tíbet Central, o incluso escapar a través del Himalaya hacia la India? Para su decepción, Karmapa le contestó que debía tomar su propia decisión. A continuación, Trungpa se dirigió a otro gran lama, Dilgo Khyentse, del que obtuvo una respuesta similar.

No mucho después de la partida de Trungpa hacia el monasterio de Yag, donde iba a dar enseñanzas, llegó un mensajero a Dolma Lhakang con la trágica noticia de que el querido maestro Jamgön Kongtrül Rinpoche había sido capturado por los chinos y había muerto en prisión. A continuación, Akong recibió otro mensaje, este de Trungpa, en el que le decía que había buscado un lugar en el que esconderse a causa de la persecución de los comunistas. ¿Querría Akong unírsele en el remoto valle en el que estaba refugiado, para meditar juntos sobre la línea correcta de acción a seguir? Y al poco tiempo oímos que los guerrilleros de la resistencia se habían refugiado en el monasterio de Trungpa y que los comunistas lo habían tomado y destruido. Habían profanado el mausoleo de los Trungpa previos y habían destruido la librería de los textos sagrados. Muchos de los lamas ancianos habían sido muertos a tiros, y la mayoría de los monjes habían sido tomados prisioneros y llevados a trabajos forzosos.

Trungpa abandonó el valle en el que había estado escondido y, con la ayuda de Akong, hizo un retiro de unas cuantas semanas en una cueva solitaria. Estaba determinado a tomar una decisión definitiva sobre qué hacer. Él y Akong estaban dispuestos a morir en defensa de sus monasterios, pero además tenían la preocupación de que, como *tulkus* que eran, todas las personas que estaban a su alrededor corrían un peligro adicional. Y aún había otra consideración: ambos habían recibido una vastísima cantidad de enseñanzas de sus gurús, y si morían todo ese conocimiento y esa sabiduría se perderían. Por lo demás, su compromiso con la no violencia estaba fuera de toda duda.

Mientras Trungpa estaba de retiro en su cueva, las tropas comunistas se dirigían hacia Dolma Lhakang desde todas las direcciones. Parecía que la única alternativa era escapar o dejarse capturar y morir.

El corazón y la mente de Trungpa estaban resueltos. No podía haber más demora. Eligió el día de la luna llena de abril de 1959 para nuestra marcha; era una fecha auspiciosa en nuestro calendario. Akong había analizado a fondo el asunto con sus propios consejeros, mientras tanto, y no dudaba en unirse a Trungpa. La tarde del 22 de abril me informó de que yo formaría parte del grupo, así como mi otro hermano, Jamyang, y una pequeña partida de monjes y asistentes. Nos pondríamos en marcha al día siguiente, tan pronto como fuera posible, con las mulas imprescindibles para cargar lo esencial. Akong y Trungpa eran conscientes de que cuanto más grande fuera el grupo, más dificultades tendrían para no llamar la atención. Llegados a este punto, Trungpa había estado escondido durante muchos meses y sabía por experiencia que su éxito en esquivar a las autoridades comunistas se debía a que había viajado acompañado solo de uno o dos asistentes, de noche y en secreto. Akong era una de las pocas personas a las que había tenido puntualmente informadas de sus movimientos.

Cuando me comunicaron que nos estábamos preparando para dejar el monasterio y marchar hacia Lhasa, sentí una sobrecarga de excitación. ¡Finalmente, iba a poder escapar de mi infierno personal! Mi simplicidad me produce ahora vergüenza. ¿Cómo podía estar tan atado a mi propio sufrimiento para tomar la invasión de mi país poco más que como una liberación personal? Porque tenía quince años, por eso. Era tan egocéntrico como cualquier adolescente, y a la vez estaba cargado de orgullo y de resentimiento. ¡El cambio había llegado para mí, por fin!

Toda vida está llena de fluctuaciones, por supuesto. Mis compañeros de Dolma Lhakang y yo habíamos estado viviendo en un mundo ostensiblemente inamovible durante cientos de años. Y todos teníamos asumido que permanecería igual durante muchos siglos más. Pero de hecho desapareció en cuestión de meses. En el momento a momento, sin embargo, cada uno de nosotros –desde los monjes preparados, hasta los sirvientes del *labrang*– experimentaba el constante cambio interno. Nuestros pensamientos y humores se movían sin fin a través de nuestras mentes. Incluso yo, con mi historia de cómo mi vida se había visto inmovilizada en un molde predecible, tenía una vida interior dinámica. Las emociones iban y venían. Yo añoraba el pasado y soñaba con el futuro. Experimentaba destellos de satisfacción cuando lograba algo en mis estudios. Echaba chispas contra Akong Rinpoche. Me preguntaba qué estaría haciendo mi madre. Todo ello era evidencia directa de la impermanencia, si hubiera estado prestando atención, pero no lo estaba. Y, por supuesto, es difícil hacer la conexión entre el cambio a este nivel y el tipo de cambio que implica perder todo lo que se ama.

Me pasaba la mayor parte del tiempo sintiéndome amargado por estar en el monasterio, lo que hacía imposible que lo viera como una oportunidad para aprender sobre la sabiduría del Buda y sobre mi propio potencial. Si hubiera sido capaz de estar agradecido por esa oportunidad, habría podido madurar. En cambio, me dedicaba a añorar el pasado y resistirme al presente. Estaba atascado: era un prisionero de mis circunstancias. ¡Tanto es así que interpreté la invasión china de mi país como mi liberación personal!

En resumen, yo era un típico ser humano.

La mayoría vivimos como si estuviéramos medio dormidos. Estamos distraídos y atrapados en nuestros pensamientos, y en consecuencia nos perdemos un montón de oportunidades. Damos por hecho que todo mañana seguirá siendo igual que hoy. Y nos hacemos los sorprendidos cuando surgen los cambios, ya sean negativos (enfermamos o enferman nuestros padres) o positivos (de pronto somos mayores o nos enamoramos). Ignoramos el hecho de que cada instante está siempre desvaneciéndose, y con ello nuestra oportunidad de despertar.

Muchas de las personas con las que hablo tienen tendencia a la nostalgia, son propensas a la melancolía. Experimentan la impermanencia –cuando comienzan a reflexionar sobre ella– como algo triste. «Los buenos tiempos no duran.» Es verdad. Debemos atesorarlos, aprender de ellos y guardarles gratitud cuando se hayan ido. Pero los malos tiempos tampoco duran. Nada dura para siempre. La impermanencia puede ser vista como una vía de escape del sufrimiento. Es interesante tomarse un tiempo para reflexionar sobre esto. Y, bueno o malo, al final cualquier cambio es simplemente parte de nuestro camino, el material que tenemos para trabajar. En el budismo decimos que los obstáculos forman parte del camino.

«Ten cuidado con lo que deseas», me siento tentado de decirle a mi yo de quince años mientras baja los escalones del patio del *labrang* el 23 de abril de 1959, y cuando se balancea en la silla de su caballo como parte del pequeño convoy que marcha hacia lo que presumen que será un lugar seguro en Lhasa. Y lo miro también con divertido afecto. No es más que un chiquillo sobrexcitado, ansioso de ponerse en marcha. No ha aprendido nada aún sobre la impermanencia ni sobre la forma en que nuestra mente modela la propia realidad, esa libertad que está siempre en nuestro poder.

4. La huida

El 23 de abril abandonamos Dolma Lhakang sin un plan concreto. Todo lo que Trungpa y Akong sabían era que quedarse allí era muy peligroso. En los viajes que habían realizado en los últimos años, habían visto lo suficiente como para comprender que los comunistas continuarían cercando nuestro país sin descanso. Sospecho que el día que partimos hacia Lhasa ellos tenían que saber que en cierto momento la capital caería también bajo el poder comunista, porque el régimen chino no iba a parar hasta haber asegurado su objetivo de integrar el Tíbet en sus territorios. ¿Por qué, entonces, trataban de llegar allí? No hice la pregunta en aquel momento. Yo no hacía preguntas. Simplemente me hallaba encantado de haber escapado de Dolma Lhakang. Más tarde, cuando los demás comenzaron a cuestionar las decisiones de Trungpa y Akong, no me sumé a ellos. Era demasiado inexperto. No tenía opiniones propias en esa etapa de mi vida. Y estaba demasiado concentrado en sobrevivir. A día de hoy, pienso que nos dirigíamos hacia Lhasa por la simple razón de que era imposible imaginar otro lugar al que ir. La capital era un símbolo del Tíbet eterno. Ella dirigía nuestros corazones hacia allí. No estábamos en un mundo en el que viajar fuera algo corriente. Más bien lo contrario. La mayoría de los tibetanos pasaban sus vidas sin alejarse de los pueblos de su vecindad. Bután, Nepal, incluso la India, eran lugares remotos a los que nadie, excepto algún importante lama o algún peregrino ocasional, viajaba.

Éramos una docena de personas y llevábamos unos treinta caballos y alrededor de cincuenta mulas en el momento de comenzar a caminar montaña abajo desde el monasterio. Éramos relativamente un grupo pequeño, pero aun así la cantidad de animales nos hacía llamativos. Habíamos prescindido de los lentos yaks, pero las mulas iban bien cargadas de textos y objetos sagrados, así como de provisiones para el viaje. Nuestro destino inmediato era el monasterio de mujeres emplazado en la base de la cara norte de la montaña, donde pasaríamos la primera noche. Desde allí nos encaminaríamos hacia el puente Shabye, que cruzaba sobre el río que separaba los territorios bajo poder comunista del área que estaba bajo el control de las fuerzas de la resistencia. Eso supondría una semana de viaje aproximadamente.

No podía evitar sentirme emocionado, a la vez que nervioso. No me había apartado del monasterio en tres años y de pronto estaba ahí, montando un bonito caballo sobre una preciosa silla dorada que Akong me había permitido usar, lanzado a la aventura. Era primavera, mi estación favorita del año. Sentía que mi corazón iba a estallar de alegría a cada paso que daba mi caballo.

El momento concreto de la salida había sido difícil para todos los componentes del grupo, especialmente para Akong. Cada paso que nos apartaba de las tierras del monasterio yo iba viendo a los monjes y a los laicos deshacerse en lágrimas. Akong Rinpoche, su abad, el corazón de la comunidad, los abandonaba. En su porte exterior, mi hermano mantenía la calma que lo caracterizaba; hubiera sido inconcebible que dejara ver a nadie su malestar. Pero sé que debió de ser terrible para él. Su alejamiento de la comunidad, en esas problemáticas circunstancias, fue una brutal amputación del sistema social y espiritual que lo había alimentado desde la infancia, que le había estado dando a su vida sentido y propósito.

La emoción de los habitantes de Dolma Lhakang perforó hasta mi egocentrismo y por unos momentos puse cuidado en que mi rostro reflejara la seriedad del momento. No obstante, cuando empezamos a descender hacia el valle, ya no pude evitar sentir que planeaba en vuelo. Me había liberado de mi cárcel personal, o eso pensaba en ese instante.

Habíamos dicho a todo el mundo en Dolma Lhakang que íbamos en peregrinación a Lhasa, aunque la gente entendía perfectamente que no era el caso. Había espías e informadores por todas partes, y Akong y Trungpa sentían que la gente que quedaba atrás estaría un poco más protegida si podían afirmar con convicción que no sabían nada de ningún plan de escape. Los comunistas empezarían a buscarnos, en concreto a Akong y a Trungpa.

El tercer día, Trungpa y Akong se quitaron las vestimentas de monje y se pusieron ropas civiles. Incluso a mi habitualmente estoico hermano se le notaba afligido al deslizar sus brazos dentro de una túnica, ajustársela con un cinturón y plantarse un sombrero en la cabeza. Trungpa nos dijo que se sentía desnudo sin sus vestiduras. Había sido monje desde niño, al igual que mi hermano Akong. Este cambio en su aspecto no nos afectaba a los demás, por supuesto. Se habría necesitado algo más que un cambio de vestuario para que los viéramos de manera diferente, pero el simbolismo de aquellas ropas era inmensamente poderoso, en especial para ellos.

Al día siguiente, fuimos recibidos por el *tulku* y los monjes del monasterio de Kino con toda la pompa acostumbrada. Trungpa, que dejaba siempre entrever más que Akong sus sentimientos, parecía incómodo ante ellos sin su atuendo de monje.

Nos detuvimos allí tres días y fue estupendo poder descansar y prepararnos para la siguiente etapa del viaje. Entre el grupo, el sentimiento predominante era la preocupación. No teníamos ni idea de si al salir caeríamos directamente en las redes de alguna patrulla comunista. Habíamos oído suficientes historias como para saber que, si sucedía eso, Akong y Trungpa serían ejecutados sobre la marcha. Yo estaba aterrorizado pensando que sería el tercero de la lista, pero mis miedos seguían mezclados con la descarga de adrenalina de la liberación.

El hito siguiente en nuestro viaje era Shabye, el puente sobre el río Gyelmo Ngulchu. Nuestro anfitrión, el abad del monasterio de Kino, pidió a algunos vecinos del pueblo que se organizaran para reconocer el camino e informarnos de cualquier presencia comunista. Así lo hicieron y, mientras avanzábamos hacia el puente, nos sentíamos protegidos por una cadena de aldeanos que jalonaba el camino, y eran nuestros ojos y nuestros oídos colectivos.

A medida que nos aproximábamos al río desde las tierras altas, todo parecía tranquilo abajo en el paso. Acometimos con cuidado el descenso, una fuerte pendiente de 600 metros de desnivel, por una senda abierta en la escarpada pared de la montaña. Cruzamos el puente sin contratiempos, pero en la otra orilla nos detuvo un guardia de la resistencia cuyo cometido era controlar que no lleváramos armas escondidas. Llevaba un rifle colgado a la espalda y tenía un aspecto agresivo y marcial, aunque no pude evitar observar que su uniforme no estaba tan limpio ni lustroso como los que recordaba haberles visto a los soldados chinos en Darak.

Todos los miembros de la partida íbamos vestidos con ropas civiles y nada hacía suponer que hubiera *tulkus* o monjes entre nosotros. Uno del grupo iba cargado con una pintura religiosa enrollada y el guardia sospechó que pudiera tratarse de un rifle, de modo que insistió en que lo desenvolviera. Cuando vio lo que era, se sintió avergonzado y se dio cuenta de que la persona que tenía enfrente era un monje. Hizo un gesto de súplica con sus manos y pidió perdón. Creo que el error fue más molesto para él mismo que para ninguno de nosotros, aunque a mí me hizo reflexionar de nuevo sobre los tiempos de cambio que estábamos viviendo.

«Lo que necesitamos –dijo Trungpa en respuesta a la oferta del pobre guardia de ayudar como pudiera– es información actualizada de la situación sobre el terreno, tanto en territorio rebelde como en Lhasa.»

El guardia confiaba en que la región estaba a salvo de cualquier ataque, y yo me sentí mucho más tranquilo. Trungpa mencionó los rumores de que Su Santidad el Dalái Lama había sido forzado a exiliarse en la India y que Lhasa se hallaba bajo control comunista. «Nosotros no lo creemos», recuerdo que dijo Trungpa, y el guardia estuvo de acuerdo en que se trataba solo de propaganda china.

Miré a todos a mi alrededor, ahora sonrientes y con cabeceos de asentimiento. Yo era el más joven y estaba acostumbrado a ver a mis mayores, en particular a los lamas, como todopoderosos y omniscientes. No me di cuenta de lo preocupados que habían estado hasta que vi la oleada de alivio que se apoderaba de todos.

El paradero del Dalái Lama continuaría siendo una fuente de inquietud para nosotros durante los meses por venir. Su Santidad es venerado por todos los tibetanos como encarnación divina de la sabiduría y la compasión, la brillante joya del País de las Nieves. Él es la fuente verdadera de nuestra fe y nuestra devoción, de manera que la mera posibilidad de que hubiera podido huir era demasiado horrible para ser siquiera contemplada.

Con las garantías del guardia todos nos sentimos mejor. Nuestra ansiedad fue reemplazada por un cauto optimismo. ¿Sería posible que los aires hubieran girado a nuestro favor y las cosas no estuvieran tan mal como habíamos oído? Nos relajamos algo y empezamos a disfrutar del maravilloso tiempo de la primavera y del placer de viajar por paisajes desconocidos. Ahora pienso que medio nos convencimos a nosotros mismos de que íbamos en peregrinación. Lo único que nos desconcertaba era que no nos encontrábamos con nadie que volviera de Lhasa, solo con gente que también iba hacia allí.

Dos días después de cruzar el río llegamos al pequeño pueblo de Lhodzong, donde encontramos a más grupos de la resistencia, todos los cuales pensaban que no era necesario que huyéramos. Trungpa y Akong parecían meditabundos.

La primera vez que vi una carretera fue cuando llevábamos más o menos una semana de camino hacia Lhasa. Estaba todavía encantado de verme rodeado de árboles y vegetación, y me sentía perdido en la contemplación de ese hermoso mundo. Y de pronto nos topamos con la carretera. Pensé que era algo irreal, como si una infinita bufanda negra hubiera sido extendida sobre las montañas por algún ser gigantesco. Tan completamente diferente al resto del paisaje era. Los cascos de mi caballo se veían fuera de lugar sobre esa extraña materia, y el mismo caballo parecía confuso.

Miré a Akong, pero parecía imperturbable como siempre. Los últimos dos años había estado viajando por toda la provincia. Él debía de haber visto ya carreteras asfaltadas. Probablemente también había visto coches. Yo apenas podía imaginar qué era eso. Trungpa me contó que él incluso había montado en uno de ellos. Él y su asistente habían hecho autostop y habían subido a un *jeep* comunista, en la carretera de Chamdo, cuando viajaron a Dolma Lhakang un año antes. Había sido divertido ir disfrazado junto a soldados del mismo ejército que andaba buscándolo por los alrededores de su monasterio, en Surmang. El nauseabundo olor del combustible era, por lo visto, peor que la sensación de viajar a alta velocidad. Aquí, ahora, no había ni rastro de ningún vehículo, gracias a dios. El ejército de la resistencia solo tenía caballos y mulas, como nosotros.

Desde el momento en que tomamos la carretera principal hacia Lhasa, las cosas se pusieron más difíciles. Adelantamos a grupos de gentes desesperadas que iban cargadas de todas sus pertenencias amarradas sobre mulas y yaks, abandonando las tierras en las que habían vivido durante incontables generaciones y encaminándose a no sabían dónde. Había tantos soldados de la resistencia transitando en ambas direcciones que no quedaba pasto para nuestros animales. La comida era cara. Trungpa y Akong acordaron que debíamos de abandonar la carretera y continuar el viaje por una ruta menos concurrida.

Progresamos lentamente, aunque de manera continua, hacia el oeste a través de pasos de montaña, hasta que al final el camino desapareció y tuvimos que dar marcha atrás para retomar la carretera principal. Continuamos avanzando hacia Lhasa, ascendiendo a través de la cadena montañosa de Sharkong-La. El camino era difícil y resbaladizo, el tiempo se volvió tormentoso, pero finalmente alcanzamos el puerto, a 5.500 metros de altitud.

Al acampar al día siguiente, Trungpa, que tenía unos prismáticos rusos, avistó a un grupo de gente que estaba cruzando el puerto detrás de nosotros. Nuestra inquietud crecía a cada instante, ya que desde aquella distancia era difícil saber de quién se trataba. Cuando el líder del grupo estuvo bien a la vista, Trungpa se llevó la sorpresa de que era Yag Rinpoche, el abad del monasterio de Yag, donde Trungpa había estado dando enseñanzas justo antes de la huida. Hubo un gran alborozo al enterarnos de que tanto Yag como Dolma Lhakang seguían a salvo de los comunistas, a pesar de que no existía certeza de que eso fuera a durar, puesto que Yag Rinpoche nos comentó que la batalla en Kham continuaba siendo encarnizada.

La inquietud aumentó cuando Yag Rinpoche nos dijo que su pequeño grupo no era sino la avanzadilla de otro mucho mayor, con cientos de mulas y gran cantidad de yaks. Me di cuenta de que Akong y Trungpa se quedaron preocupados por todo ello. Ya otros lamas les habían avisado de que viajaran solos o con el menor número posible de asistentes y con no más de un par de animales. Ahora seríamos parte de una multitudinaria y lenta caravana, imposible de camuflarse entre las montañas. El resto del grupo llevaba varios días de retraso, Yag Rinpoche nos rogó que lo esperáramos y, por supuesto, Akong y Trungpa accedieron. Pero, cuando nos alcanzaron, hasta yo mismo me angustié. El grupo de los recién llegados estaba compuesto por unas ciento cincuenta personas, entre ellas, familias enteras con niños y ancianos. Ahora sí que íbamos a ir lentos, y gracias al llanto de los pequeños seríamos bien ruidosos. Había cientos de animales, todos los cuales necesitarían pasto. La supervivencia de todos y cada uno dependía de pasar desapercibidos, y eso ahora iba a ser imposible.

No se podía hacer otra cosa sino apretar el paso, y al cabo de unos pocos días llegamos a un pueblo llamado Langtso-Kha, donde acampamos junto a un pequeño lago rodeado de peñascos. Conservo el vívido recuerdo de andar dando largos paseos con Trungpa y con Akong por valles en plena floración primaveral. Estábamos a principios de junio y el paisaje era una explosión de colorido que me recordaba los veranos en los altos puertos de Darak. Me encantaba que Trungpa y Akong me invitaran a pasar tiempo con ellos, y experimentaba una intensa sensación de paz y bienestar, a pesar del contexto de temor e incertidumbre. El terrateniente local fue extremadamente hospitalario con nosotros e invitó a Akong Rinpoche, a

Trungpa Rinpoche, a Yag Rinpoche y a otros cuantos miembros de la partida, yo incluido, a comer con él. También nos permitió que nuestros animales pastaran en sus tierras. Esos fueron los últimos días de paz que yo conocería en muchos meses. Nuestra lucha estaba por volverse mucho más dramática.

Nos topamos con un gran obstáculo. El camino que llevábamos pasaba necesariamente por un desfiladero sobre el río Tsangpo, donde los viajeros debían cruzar el torrente de agua a través de un puente primitivo. Era apenas una ancha tabla sin barandillas. A los ancianos y los niños se les podía convencer, o llevarlos a cuestas, por peligroso que fuera. Sin embargo, los animales, ¿podrían cruzarlo? ¿Aguantaría el puente el peso de los yaks con sus gravosas cargas?

Pero ni siquiera estas consideraciones eran nuestro mayor problema. El puente debía ser cruzado en fila de a uno y sin sobrecargarlo. Tras unos días de estar acampados, una cola de centenares de refugiados y combatientes empezó a formarse al otro lado. Cuando comenzaron a llegar, nos confirmaron que Lhasa había caído en poder de los comunistas, aunque nadie sabía si Su Santidad el Dalái Lama había sido capturado o había podido escapar. Miles de personas bajaban por el valle, y no iba a ser posible que nuestra enorme caravana avanzara contracorriente. ¿Por qué, además, íbamos a insistir, cuando nuestro destino, Lhasa, estaba en manos de los enemigos y el paradero del Dalái Lama era desconocido?

Nuestro estado de ánimo se ennegreció. Ese fue el momento en que tomé conciencia de que el futuro era incierto. Hasta entonces me había dejado llevar por mi pertinaz sensación de alivio y excitación por haberme librado de Dolma Lhakang. Confiaba en que mi hermano y Trungpa continuaran guiándonos, como siempre hacían. Y cuando me permitía a mí mismo pensar con algo más de amplitud de miras, simplemente era incapaz de imaginar que estaba viviendo los días de la destrucción de mi mundo. Era imposible. Toda esa complacencia se vino abajo cuando oí que Lhasa había sido tomada. ¿Y ahora dónde íbamos a ir? No podíamos seguir adelante, ni tampoco continuar por mucho tiempo donde estábamos. El angosto valle no podía alimentar a nuestro numeroso grupo, a pesar de la generosidad del terrateniente. Además, él había empezado a ponerse nervioso a medida que las noticias empeoraban. Debíamos encontrar una ruta alternativa; pero, sin un destino en mente, era difícil saber qué camino tomar.

Esa noche me acordé de Darak. Por primera vez caí en la cuenta de que ya nunca volvería allí, ni vería de nuevo a mis padres ni a mis hermanas. Ellos, junto con mi otro hermano, Palden Drakpa, habían quedado apartados y no había forma de volver a conectar. ¿Cuál sería su destino? Por primera vez Jamyang no pudo ofrecerme consuelo. Se limitó a sacudir la cabeza cuando le pregunté qué pensaba que le pasaría a nuestra familia.

Trungpa era el jefe indiscutible de nuestro grupo, y Akong y Yag le apoyaban en cada decisión que tomaba. Tanto él como Akong contaban apenas veinte años, pero Trungpa era el lama de mayor jerarquía, con grandes dotes de adivinación, y un líder carismático e inspirador. Para él era natural asumir el mando. Decidió que debíamos desandar nuestros pasos y tomar una ruta diferente, hacia el noroeste, cruzando altos pasos de montaña. Lhasa podía haber caído, pero no estaba claro a qué otro lugar podíamos dirigirnos.

Echando la vista atrás, puedo ver que debió de ser una situación de tremenda presión para Trungpa. Era un hombre brillante; su intuición y su resolución habían sido reforzadas por el intenso adiestramiento que había recibido a través de la formación monástica, pero era joven y ahora debía cargar con la responsabilidad de cientos de vidas. No es de extrañar que aún no pudiera pensar en otro destino que no fuera Lhasa.

La ruta por encima de las montañas era mucho más difícil que el camino a través del valle que nos habíamos visto forzados a abandonar, y nos llevó una semana de duro esfuerzo por las tierras altas volver a encontrar otro valle que nos permitiera cambiar de orientación y dirigirnos hacia el noroeste de nuevo.

Y entonces recibimos dos noticias devastadoras en rápida sucesión. Los viajeros que venían del este nos confirmaron que los comunistas tenían bajo control la carretera principal a Lhasa y que, si continuábamos, sin duda seríamos capturados, ya que íbamos directos hacia la boca del lobo. Todos nuestros plausibles motivos para seguir caminando en esa dirección se agotaron. Cada hora, más y más refugiados llegaban y se detenían para asumir el impacto de esas noticias. La confusión era total. Trungpa y Akong hablaron con varios otros lamas, pero no hubo consenso sobre qué hacer ni adónde ir.

Fue uno de esos momentos que a todos nos ocurren en la vida, en diferentes contextos, en que te das cuenta de que aquellos en los que confías como guías o responsables no tienen ni idea de qué hacer en esa difícil situación. Para la mayoría de nosotros, la primera vez es cuando nos damos cuenta de que nuestros padres no son infalibles. En tiempos de crisis políticas, sentimos que vamos dando tumbos a cada instante. Mientras estaba atento al debate entre los lamas, cada uno de los cuales tenía una opinión divergente, sentía como si los contornos de mi mundo se fueran desmoronando.

Trungpa y Akong no se entregaron al pánico. Al contrario, echaron mano de sus reservas de conocimiento y entereza, y mantuvieron la calma incluso ante la más inesperada de las noticias. Al parecer, Su Santidad el Karmapa, el cabeza de nuestro linaje espiritual, al que Trungpa había escrito pidiendo consejo unos meses antes, había abandonado el Tíbet. Había huido a la India a través de Bután, acompañado de varios lamas, entre los que estaban Dzogchen Ponlop Rinpoche y Sangye Nyenpa Rinpoche. Había abandonado su monasterio de Tsurpu varias semanas antes de la caída de Lhasa. Estas noticias provocaron consternación y añadieron más confusión. Su Santidad era famoso por sus excepcionales poderes de clarividencia, ¿por qué, entonces, no había dado alguna indicación sobre sus opiniones y sus planes a Trungpa cuando este se dirigió a él?

A Trungpa parecía como si no le afectara la cuestión. Se limitaba a recordar a todo el mundo que él mismo estaba siendo consultado a todas horas y se sentía incapaz de dar ningún consejo, dado que ni siquiera sabía qué era lo mejor para nuestro grupo. La situación, sencillamente, era caótica y trepidante. Akong estaba de acuerdo. Era imposible pensar de otra forma, pero yo continuaba sin aliento a causa del shock.

El aspecto positivo de todo ello era que estaba claro hacia dónde había que dirigirse. Si el Karmapa había huido a la India, debíamos seguirle. Lhasa dejaba de ser una opción. El Tíbet se había acabado. La India era ahora nuestro destino.

Nos reorientamos hacia el sur y comenzamos a caminar. El tiempo era malo, aunque seguíamos en verano, sin embargo emprendimos el ascenso y a continuación el descenso por la otra cara de la inacabable cadena montañosa, hasta llegar al paso conocido como Nupkong-la. De allí en adelante ninguno de nosotros conocía el camino. Era territorio inexplorado y, en circunstancias normales, nunca habríamos elegido seguir esa ruta.

Fue una semana muy dura. Cualquier sentimiento remanente de aventura se desvaneció ante la ominosa perspectiva de que yo, junto a todos los que me acompañaban, íbamos camino del exilio. Me preguntaba qué le estaría pasando a mi familia en Darak, si estarían a salvo, pero no podía pensar mucho en ello. Debía enfocar mi energía en el instante presente y en la inmediata necesidad de afrontar el siguiente desafío.

Finalmente, acabamos en el mismo valle que previamente nos habíamos visto obligados a abandonar cuando vimos que no era posible cruzar el puente sobre el desfiladero. Estábamos muchos kilómetros más abajo ahora, pero podíamos distinguir el desfiladero en la distancia. ¡Qué tremendo esfuerzo para acabar caminando en círculo!

Al menos el camino volvía a ser fácil, y el frío se había quedado atrás en las tierras altas. Nos juntamos con una columna de refugiados. Cuando Trungpa le preguntó a alguien hacia dónde se dirigían, la respuesta fue que estaban siguiendo a los que iban delante. La multitud era enorme, y no había pasto suficiente para todo el ganado. Comenzamos a ver esqueletos de animales que habían muerto de hambre. A medida que avanzaban los días, el aire caliente del verano se volvía más sofocante con el hedor de la carne en putrefacción. Mi propio caballo comenzó a adelgazar. Habían pasado ya semanas desde que el terrateniente local del otro lado del desfiladero nos había alimentado a nosotros y a nuestros animales con tanta generosidad.

Yo estaba asombrado de lo bien que la gente se las arreglaba, a pesar de todas las dificultades. Mis ánimos estaban desinflados, pero otros parecían relativamente animados. Seguían oyéndose plegarias. Había cantos y música, y el sonido de los tambores resonaba a través del valle.

Jamyang seguía siendo tan cariñoso como siempre. Yo dormía a su lado en nuestra tienda todas las noches y su presencia familiar me tranquilizaba cuando mi mente divagaba hacia temas como el de nuestros padres o qué nos depararía el camino hacia la India. Me decía que él pensaba que todo sería para bien. Como muchas otras personas de nuestra partida, que continuaban haciendo plegarias y meditando, él ponía en práctica la máxima de que los obstáculos son el camino, incluso si esos obstáculos eran impasibles montañas y comunistas hostiles. No puedo decir que yo lo viera de la misma forma, pero confiaba en él y en nuestros líderes, y sabía que no existía otra alternativa, sino seguir adelante.

Finalmente nos encontramos con personas que habían sido testigos de los acontecimientos de Lhasa. Un grupo de mugrientos combatientes de la resistencia se tropezó con nosotros. Habían conseguido escapar de Norbu Lingka, la residencia de verano que el Dalái Lama tenía en las afueras de Lhasa, tras ser bombardeada por los comunistas. La mayoría de sus compañeros habían sido masacrados. Previamente, habían asistido a la quema del palacio del Potala, y nos dijeron que los comunistas, con su moderna artillería, habían aplastado por completo al ejército de la resistencia. Todos los sobrevivientes habían huido. Respecto a la cuestión crucial de si Su Santidad el Dalái Lama había conseguido escapar, no pudieron darnos ninguna información útil, y la incertidumbre acrecentó nuestra angustia.

No mucho después de haber hablado con los soldados de la resistencia, nos topamos con algunos monjes que huían del monasterio de un afamado lama, Khamtrul Rinpoche. El Ejército de Liberación del Pueblo había entrado en su monasterio y todos los lamas habían sido puestos en fila y fusilados uno tras otro. Estos monjes habían logrado huir porque se hallaban en la casa de retiros, de manera que, cuando empezaron a oír los disparos, agarraron lo que tenían a mano y echaron a correr. Nuestro pacífico modo de vida estaba siendo destruido. Imperaba una terrible sensación de urgencia. Recuerdo la náusea y el agotamiento que producía vivir con los nervios constantemente a flor de piel. Viví con esa sensación durante meses.

Todos estábamos de acuerdo, a la luz de las informaciones, en que era muy arriesgado desplazarse utilizando la carretera. De nuevo la abandonamos y comenzamos a buscar una ruta a través de las montañas, por sendas difíciles. Ascendimos más y más, tratando de llegar a una meseta emplazada a más de 5.000 metros de altitud donde podríamos acampar y planear nuestro próximo movimiento. La senda de ascenso era escarpada, y al cabo de poco quedó cubierta por una gruesa capa de nieve que hubo que vadear. Debimos de escalar una docena de empinadas y estrechas sendas de montaña. Un caballo se precipitó al vacío cuando perdió el apoyo y resbaló del lado del precipicio. Ni siquiera pude ver dónde había caído cuando me asomé al abismo.

El ascenso se nos hizo eterno, pero finalmente llegamos a la meseta. La sensación de alivio se vio mermada por el hecho de que aquello estaba hasta los topes de gente, todos igual de confusos y desesperados que nosotros. Los soldados de la resistencia se hallaban mezclados con los refugiados y con los lamas y monjes en fuga. Había un soldado que estaba tratando de persuadir a todo hombre en buen estado físico de unirse a la resistencia. Un respetado lama intentó convencer a Trungpa y a Akong de que el exilio era innecesario, y de que, mejor que huir a la India, debíamos convertir nuestro viaje en una peregrinación y tomar un desvío para visitar algunos lugares sagrados en el valle contiguo. Cuando Trungpa le señaló que llevábamos familias enteras y gran cantidad de animales, el lama reiteró que la huida estaba injustificada.

Trungpa y Akong eran escépticos, pero otras personas de nuestra partida se inclinaban a confiar en la sugerencia. Algunos comenzaron a manifestar en voz alta sus críticas al liderazgo de Trungpa. Había-mos tenido noticias de que un grupo grande había partido desde Yag y Dolma Lhakang al mando de Tsethar, el anterior administrador de Trungpa, pero se habían detenido al cabo de cinco días. No estaban convencidos de que fuera necesario irse. Esto hizo que algunos en nuestro grupo se preguntaran si Trungpa estaría equivocado, ya que otros lamas mayores y con más experiencia que él no tenían claro que fuera necesario adoptar medidas desesperadas. Entre los nues-tros, había unas cuantas personas que parecían casi dispuestas a dar media vuelta y volver a casa.

Trungpa decidió hacer un retiro en busca de claridad. Estuvo va-rios días acampado a cierta distancia de nosotros. Además de meditar, realizó un *tra*, un ritual de adivinación por medio de un espejo, invo-cando la ayuda de las deidades protectoras para que le revelaran qué actuación sería la mejor. Trungpa era bien conocido por su destreza con esta práctica. En cierta ocasión en la que no había un espejo a mano, yo lo vi preparar el ritual lamiendo la uña de su pulgar para que brillara e hiciera de espejo.

Tras unos cuantos días de contemplación, Trungpa volvió junto a nosotros. Estaba resuelto. Envió a un monje para comunicar a la par-tida de Tsethar que, definitivamente, seguíamos camino hacia la India.

Mientras tanto, continuábamos a la espera. Las condiciones en la meseta eran malas. Con tanta gente y tantos animales, la tierra esta-ba superpoblada y llena de porquería. Se volvió imposible proteger nuestros caballos de los osos que merodeaban por allí y perdimos muchos animales. Me acostumbré a despertar por la mañana y, al abrir la puerta de la tienda, ver otro cadáver horriblemente mutilado. Un día tropecé con el cuerpo de un caballo que había sido destrozado y luego izado a un árbol. Nos preguntamos si no sería una evidencia del famoso Yeti. ¿Cómo podría un oso, o incluso dos osos, haber realizado esa espeluznante hazaña?

Fue un tiempo de desolación, con los ánimos colectivos crispados. Cualquier lugar parecía peligroso, a causa de los animales salvajes y los comunistas, que en cualquier momento podían caer sobre nosotros. El otoño estaba a las puertas y nos hallábamos a cientos de kilómetros y muchas cadenas montañosas de distancia de territorio seguro. Ahora que he dedicado años a purificar la tendencia de mi mente al miedo, veo con claridad que aquel fue el punto en el cual comenzamos a sentir que estábamos asediados por una fuerza maligna. El estado de tensión nerviosa permanente nos hacía sucumbir al terror.

Pocas semanas después se nos unió Tsethar, con otro grupo numeroso de personas. Trungpa y Akong les dieron la bienvenida a todos, y nos alegramos de que tantos compañeros hubieran conseguido llegar tan lejos, pero Tsethar no tardó ni cinco minutos en comenzar a criticar abiertamente el liderazgo de Trungpa. Decía que Trungpa había cambiado de opinión muchas veces sobre el camino a tomar. Hubo una larga discusión y los ánimos se exaltaron. Esto me impactó en gran manera. Me alarmaba ver que no había unanimidad entre nuestros líderes.

Mientras seguíamos acampados en la meseta, tuvimos acceso a noticias del mundo exterior. Alguien de otro grupo poseía una radio a pilas capaz de sintonizar emisiones de Pekín y de Delhi. El programa comunista afirmaba que Lhasa había sido tomada y que el Tíbet estaba bajo el control del Ejército de Liberación del Pueblo. El programa indio informaba de que Su Santidad el Dalái Lama había alcanzado Mussoorie, en el norte de la India. Aunque no podíamos estar absolutamente seguros de si se trataba de simple propaganda, estos relatos coincidían con lo que nos habían contado los soldados de la resistencia, y se respaldaban mutuamente. Era un alivio oír que Su Santidad estaba a salvo, pero no dejaba de ser un jarro de agua fría.

A medida que se fueron filtrando los rumores de que los comunistas venían avanzando hacia la meseta, nuestra partida empezó a escindirse en dos grupos. Trungpa había utilizado sus habilidades con la adivinación para detallar una vía hacia la frontera con la India que a continuación nos llevaría, a través de territorios desconocidos, hacia otra ruta nunca antes explorada por el Himalaya. Tsethar declaró inmediatamente que era una mala idea. Un pequeño grupo, al que pertenecían una mujer noble, la reina de Nangchen, y varios lamas, tampoco estaba convencido. Muchas de las familias con niños decidieron que sería muy duro atravesar esos pasos remotos. Sin embargo, la fe de Akong en las capacidades de su amigo era inconmovible. Nosotros iríamos con él. Yag Rinpoche eligió también quedarse con Trungpa. Al final, y a pesar de sus pataletas, Tsethar también vino con nosotros. El día de nuestra marcha nos despedimos deprisa del pequeño grupo, preguntándonos si volveríamos a verlos. Desgraciadamente, como más tarde supimos, fueron capturados. Y algunos de los lamas y la reina de Nangchen fueron encarcelados y torturados.

Nuestro grupo comenzó el descenso de la meseta. Bajamos algo más de 2.100 metros de desnivel hasta un valle, y los primeros días fueron de marcha relativamente fácil, pero pronto Trungpa dio la orden de abandonar todos los animales. Estábamos a punto de atravesar otra escarpada garganta y la senda era sencillamente intransitable para los caballos y las mulas. Nos encaminábamos hacia el pueblo de Rigon-kha a pie. Yo estaba triste al tener que despedirme de mi caballo y no me entusiasmaba ir andando, pero no había nada que hacer al respecto. Este tramo del viaje fue lento y agotador. Atravesamos incontables riachuelos y hubimos de improvisar puentes provisionales a cada paso. Mis ánimos iban de capa caída. Trungpa y Akong seguían aparentando seguridad, sin embargo, y Jamyang no me dejaba estar deprimido mucho rato.

Alcanzamos Rigon-kha a principios de septiembre y descansamos allí durante unos días. A continuación, cambiamos todas las cosas que nos eran prescindibles por alimentos, rehicimos nuestras mochilas y nos pusimos en marcha de nuevo en dirección al valle de Tsophu. Trungpa contrató los servicios de un guía local que nos conduciría hacia el Bajo Kongpo. Eso nos tranquilizó, y recuerdo una de esas noches, que habíamos acampado cerca de las cabañas de unos pastores, estar hasta tarde contándonos historias. Puedo ver aún los rostros de cada uno de ellos, sonriendo al resplandor de la hoguera. Esa iba a ser la última noche en mucho tiempo en que yo sintiera algo de paz.

Seguíamos siendo una partida numerosa, de unas trescientas personas, incluyendo ancianos y niños. Ya no llevábamos animales con nosotros, pero continuábamos desplazándonos lentamente, obstaculizados sobre todo por el gran manto de nieve. La única manera de superar los tramos nevados era que dos o tres hombres fuertes se tumbaran en la nieve para aplanarla, y a continuación pisaban bien la senda para que los demás pudieran pasar. Era un trabajo agotador, pero no había alternativa.

Los días se convirtieron en semanas. Ni siquiera nuestro guía sabía dónde estábamos. Nos manteníamos pensando que en la siguiente cumbre veríamos el río Brahmaputra. Esa era nuestra meta. Una vez que hubiéramos cruzado el Brahmaputra estaríamos al menos fuera del alcance de los chinos, aunque aún tendríamos que afrontar el formidable obstáculo de cruzar el Himalaya para alcanzar la frontera del Tíbet con la India. Pero yo no pensaba en ello; mi atención estaba puesta en ver el río. Y desde cada cumbre a la que ascendíamos, solo veíamos otra cadena montañosa.

Trungpa y Akong estaban preocupados por la escasez de comida e instaban a todo el mundo a ser frugales, pero la cosa no era sencilla. Estábamos en noviembre y, a esas alturas, hacía dos meses del último avituallamiento. Ya no había productos vegetales con los que complementar nuestro *tsampa* y nuestro queso. La gente estaba cada vez más débil y el frío era cada vez más intenso. Un día, subiendo un paso especialmente pendiente, un hombre mayor cayó muerto mientras caminaba justo delante de mí. Tuvimos que dejarlo allí mismo. Y no fue el último. Más de una vez, al acampar por la tarde, miraba a mi alrededor y me daba cuenta de que faltaba alguien a quien debíamos de haber dejado atrás en las montañas. Era desgarrador, pero qué podíamos hacer.

Caminábamos a ciegas. La gente continuaba uniéndose a las plegarias y los cantos diarios oficiados por Akong y Trungpa. Los más débiles dejaban su equipaje a otros con más fuerzas. De alguna forma, existía el sentimiento de que sobreviviríamos. Recuerdo la sensación de euforia ante la magnitud de lo que estábamos intentando y la vastedad del paisaje. Me sentía pequeño e insignificante, pero no desalentado. No había otra opción más que continuar caminando. El río debía de andar en algún lugar por allí. Había que encontrarlo.

En los siete meses que habían transcurrido desde que andaba correteando fuera del monasterio, me había visto forzado a profundizar en las lecciones que allí había recibido. En su momento no había sido consciente, pero Dolma Lhakang me había dado un entrenamiento básico en paciencia, fe y confianza. Sin querer, yo había absorbido bastante de esas cualidades para sobrevivir al sufrimiento que me esperaba.

En el budismo decimos que *dukkha*, el sufrimiento, es inevitable. Es una parte integrante del hecho de estar vivo. La situación en la que me encontraba era extrema, en términos de dificultades exteriores, pero todas las vidas están llenas de sufrimientos. La persona a la que amamos no nos corresponde. O ha muerto. Nos sentimos mal en el trabajo. Queremos tener un hijo, pero no podemos. O nuestros hijos no hacen más que darnos problemas. Enfermamos. Perdemos el trabajo. La lista de posibles sufrimientos es inacabable. Y es cómo respondemos en esas situaciones dolorosas lo que determina el alcance y la duración de nuestro sufrimiento.

El Buda nos enseñó algo verdaderamente poderoso al respecto. Observó que todos somos alcanzados por la flecha del sufrimiento, y la mayoría volvemos a serlo por una segunda flecha. La primera es el dolor inevitable de estar vivos: todas las dolorosas experiencias que hemos mencionado arriba. Incluso las personas con la más alta realización se ven afligidas en esas formas. Es la segunda flecha la que nos produce auténtico daño, sin embargo. Se clava en el mismo lugar doloroso que la primera y agrava la herida. Es la flecha de resistirse al dolor, de querer rechazarlo. El Buda la llamó «la obsesión de resistirse». Normalmente adopta tres apariencias. La primera de ellas se caracteriza por el deseo de escapar del dolor a través de la dependencia de sustancias anestésicas, como el alcohol, o a través de la rumia del pasado o la ensoñación de futuros. La segunda es la resistencia moralista y controladora, con uno mismo y con los demás. La tercera consiste, sencillamente, en entregarse a las diversiones de moda o a la adicción al trabajo. Ninguna de estas actitudes es efectiva a largo plazo. De hecho, solo consiguen ulcerar la herida inicial.

A estas dos flechas podéis añadir una tercera: la creencia en que, puesto que hemos sido heridos por las dos primeras flechas, algo debe de andar muy mal en uno mismo. Sacamos la conclusión de que, si no hemos podido evitar la segunda flecha, debemos de ser tremendamente defectuosos e inútiles. He observado que esta tercera flecha es muy común entre los occidentales. Gran parte de las personas que acuden a verme están fatalmente heridas por ella.

Cuando rememoro aquella etapa de mi vida, veo que mientras estuve en Dolma Lhakang me hallaba gravemente herido por la segunda flecha. Trataba de escapar al dolor de haber sido arrancado de mi mundo con ensoñaciones constantes sobre él. Y también me resistía con el resentimiento y el enfado dirigidos hacia Akong. Mientras nuestra huida estuvo en marcha, sin embargo, algo cambió en mi modo de responder a los acontecimientos dolorosos. Las flechas del sufrimiento seguían clavándoseme, pero mi reacción a ellas era mucho menor.

No puedo decir que ello se debiera a que hubiera aprendido a ser más sabio y a aplicar el bálsamo de la compasión a esas heridas de flecha. Seguía siendo un chico de quince años y me separaba aún un largo camino de esa visión. Ahora veo con claridad, no obstante, que había aprendido lo suficiente como para entender que mi sufrimiento, mientras nos debatíamos en los pasos de montaña y mi vientre comenzaba a estar acalambrado por el hambre, se volvía peor si me ponía a despotricar contra él. La situación era tan extrema que requería no enfurecerse, ni oponerse, ni caer en la apatía, sino paciencia. Y, de alguna manera, conseguí adaptarme. Ahí estaba el ejemplo de mi hermano Akong y de Trungpa, que eran mis maestros, y ahí estaba el esfuerzo colectivo de nuestro grupo al completo por evitar la segunda flecha. Solo tuvimos un éxito parcial, es cierto, pero fue suficiente para asegurarnos la supervivencia.

5. Crisis

Era una gélida mañana de noviembre de 1959, ocho meses después de haber abandonado Dolma Lhakang. Habíamos interrumpido la marcha para tomarnos un descanso. Nuestro guía no tenía ni idea de dónde estábamos ni de cuánto nos quedaba para llegar al Brahmaputra. Él y Trungpa habían subido hasta la parte más alta de la cadena montañosa en la que nos estábamos dejando el alma, pasándose los prismáticos rusos de Trungpa uno al otro, oteando el horizonte.

Oí un grito y vi a Trungpa agitando los brazos hacia Akong y hacia mí, haciendo gestos de que subiéramos. «¡Mirad! –dijo cuando llegamos a su lado, señalando hacia un lugar en la distancia–: ¡Ahí lo tenemos!».

Nos fuimos turnando para usar los prismáticos, y sí, pude ver el brillo del agua, lejos pero inconfundible. El río era como una serpiente contorsionada, reptando hacia la India. Pude incluso alcanzar a ver el humo de las hogueras en los pueblos de las orillas del río.

El descubrimiento nos dejó electrizados. Volvíamos a tener un propósito, aunque nos dirigíamos de cabeza hacia la parte más crítica y peligrosa de nuestro viaje. Para empeorar las cosas, nuestro guía se dio cuenta de que no habíamos avanzado hacia el este tanto como hubiéramos debido hacer, y nos hallábamos aún en el área donde el río era demasiado ancho para cruzarlo. Sabíamos que los chinos controlaban el punto de cruce principal, de modo que debíamos caminar hacia el este hasta que lo hubiéramos sobrepasado y encontráramos un lugar vadeable más discreto y seguro. Las tierras bajas hacia las que nos dirigíamos estaban mucho más densamente pobladas que las altas por las que habíamos venido transitando, y las poblaciones estaban llenas de espías comunistas. Trungpa insistía en que debíamos viajar de noche para evitar ser descubiertos. Éramos demasiado visibles: una larga hilera de negras hormigas en medio del blanco del paisaje nevado.

Sentí una subida masiva de adrenalina cuando nos pusimos en marcha la primera noche, pero enseguida fue barrida por la fría lluvia. La visibilidad era muy escasa de noche y con niebla, de manera que avanzábamos más lentamente que nunca. Vivíamos a ciegas, caminando de noche y acampando durante el día. La comida comenzó a escasear. Cada día había más rezagados que sencillamente desaparecían.

En determinado momento Trungpa hizo otra adivinación preguntando cuál era la mejor forma de cruzar el río. Seguimos las indicaciones y salvamos una alta cima y tres cadenas de montañas más. Recuerdo haber pensado que seguramente estábamos a punto de ver el río a nuestros pies en el siguiente valle. Fue demoledor cuando, al llegar a lo alto de la tercera sierra vimos aún una cuarta línea de montañas.

Trungpa ordenó detenernos y envió a nuestro guía por delante para reconocer el terreno. Cuando volvió unas horas después, traía noticias sorprendentes: había visto una carretera recién hecha, a menos de cuatrocientos metros de donde nos hallábamos acampados. Debía de ser una carretera que conectaba Szechuan con Lhasa, aunque nadie hasta el momento había tenido noticia de que existiera esa vía de comunicación en la región del Bajo Kongpo. El guía nos dijo que estaba muy transitada por los camiones y los *jeeps* del Ejército de Liberación del Pueblo, que se movían en ambas direcciones. Estaba a punto de tener mi primer encuentro con los vehículos motorizados.

Ahora teníamos dos peligrosos cruces que hacer: primero, la carretera, y luego, a una distancia imposible de precisar todavía, el río. Estábamos hambrientos y agotados, pero debíamos reunir la fuerza necesaria para superar el desafío. La carretera estaba transitada día y noche, aunque en la oscuridad los vehículos podían al menos ser fácilmente ubicados debido a sus faros.

El plan de Trungpa era sencillo en teoría, pero terriblemente arriesgado de ejecutar: debíamos esperar al anochecer y, a continuación, descender de la montaña en fila de a uno. Debíamos escondernos entre las peñas que flanqueaban la carreta y esperar en absoluto silencio. A la orden de Trungpa, debíamos ponernos en pie y cruzar todos al mismo tiempo.

A medida que nos acercábamos al objetivo, mi corazón empezó a latir como si se me fuera a salir del pecho. De repente, a unos veinte metros de mí, vi el rayo de luz de unos faros doblando la curva que teníamos justo debajo. Todo el mundo echó cuerpo a tierra. Había una monja a mi lado que iba distraída recitando mantras en voz alta, y Trungpa tuvo que ordenarle de manera cortante que lo hiciera en voz baja.

Permanecí tumbado en el suelo tratando de calmar mi respiración y de controlar mis piernas, que se habían quedado inertes y temblorosas. Apenas podía asimilar la visión del camión que se acercaba hacia nosotros. El ruido chirriante del roce de sus piezas metálicas y el apestoso olor de su combustible me produjeron náuseas.

Vi las luces traseras del camión esfumarse en la oscuridad. Estábamos ahora muy cerca del enemigo del que habíamos venido huyendo durante meses. Entonces, justo cuando pensaba que debíamos de estar a punto de recibir la orden de cruzar, otra serie de faros relampagueó en la curva echándosenos casi encima. Un hombre se alzó y saltó del vehículo, mientras el ruido de muchas voces hablando en chino rápido y fuerte pasaba junto a nosotros. Por un instante, pensé que gritaban porque nos habían descubierto, pero el camión no hizo chirriar sus frenos y acabó desapareciendo en la oscuridad.

Me concentré en la respiración, tratando de calmar mi ritmo cardíaco, mientras estaba atento al susurro de la orden.

Cuando llegó, los trescientos nos pusimos en pie y corrimos tan rápido como pudimos, en completo silencio, hacia el otro lado de la carretera. Me lancé de cabeza para ponerme a cubierto en la otra orilla. ¿Habíamos conseguido que no nos vieran? Miré a mi alrededor para ver si habíamos perdido a alguien. Estábamos todos. Me quedé mirando a Jamyang con los ojos como platos, y él me agarró y me sacó de allí.

Trungpa había ordenado a dos hombres que se quedaran para borrar nuestras huellas, el resto volvimos a formar en fila de a uno y nos pusimos en marcha tan rápido como pudimos, alejándonos de la carretera y adentrándonos en el valle.

Esa noche encontramos un lugar resguardado para acampar lo suficientemente protegido para arriesgarnos a encender fuego. Tomé un poco de té de nuestras casi agotadas provisiones y me sentí mucho mejor. El día siguiente lo pasamos allí, reponiéndonos de la terrible prueba del cruce de la carretera, pero enseguida tuvimos que seguir avanzando. Todavía quedaban montañas entre nosotros y el río. Nuestro guía estaba casi seguro de que una montaña concreta cubierta de nieve que había a lo lejos estaba justo encima del Brahmaputra. Así que hacia allí nos encaminamos fatigosamente.

Oí ruidos procedentes de un grupo de monjes que venían caminando justo detrás del grupo de los lamas. La monja a la que Trungpa había acallado antes de cruzar la carretera se hallaba en un estado deplorable. Había sufrido un auténtico colapso físico y mental, y Trungpa, tras hacer todo lo que estuvo en sus manos para ayudarla a seguir caminando, tuvo que tomar la terrible decisión de continuar sin ella. Le dejamos toda la comida que pudimos y seguimos adelante.

A esas alturas, todo el mundo estaba empezando a sentir la mordedura del hambre, y ello, junto a los efectos del agotamiento, volvía a la gente descuidada. Esa noche se encendieron varias hogueras, a pesar de que se había avisado de que era muy arriesgado, dado que nos hallábamos a descubierto y el humo podía delatarnos. Trungpa tuvo que dirigirse a la gente de manera severa, cosa que le disgustaba hacer. Pude observar que se encontraba bajo una presión tremenda. Akong daba lo mejor de sí para ser su apoyo.

Esa noche habíamos acampado en un lugar boscoso en lo alto de unas colinas, sobre el valle del río. Nos estábamos acercando ya. Era el momento de empezar a buscar el punto por el que vadearlo. La dificultad consistía en que la zona estaba llena de pueblecitos desperdigados a lo largo del río y en las laderas de las montañas. Podíamos ver el humo y escuchar a los perros ladrar. Todo ello era un cruel signo de que en aquellos pueblos había la comida que necesitábamos. Pero no podíamos arriesgarnos a tratar de obtener provisiones. Aunque no teníamos evidencia de presencia comunista, era sensato imaginar que habría informadores por todas partes.

Afortunadamente, encontramos un valle cubierto de espesos matorrales. Era casi impenetrable, lo que quería decir que no habría nadie por allí, y poco a poco fuimos abriéndonos paso entre la vegetación, hasta que finalmente hallamos una franja de tierra que nos condujo a la orilla del río. Ese era nuestro sitio para intentar cruzar, decidió Trungpa.

Era la tarde del 12 de diciembre. Plantamos nuestras tiendas y tratamos de descansar algo. A pesar de mi agotamiento, sentía una oleada de excitación. Hacía cerca de ocho meses que habíamos salido de Dolma Lhakang, más de dos desde que tuvimos que abandonar nuestros animales y viajar a pie, cargando todas nuestras posesiones. Los días siguientes determinarían si nuestros esfuerzos habían servido para algo o no. En la otra orilla del río, donde la presencia comunista era mucho más débil, encontraríamos aldeanos dispuestos a vendernos comida. Pero antes había que cruzar.

A la mañana siguiente, a la salida del sol, nos pusimos a hacer tantos *coracles* como pudimos. Había un monje que era especialista en ello y dirigía nuestros trabajos. Yo me dediqué a cortar ramas largas y delgadas que pudieran doblarse en forma de arco y luego amarrarse a ramas más fuertes y rectas para hacer una balsa. Otra gente se dedicaba a remojar las pieles de yak que llevábamos tres meses cargando a las espaldas, para ablandarlas y dejarlas listas para ser extendidas sobre los ligeros armazones de madera. Reunimos resina de pino y la frotamos sobre la piel para impermeabilizarla al máximo.

Tardamos dos días en fabricar ocho *coracles*. Cada uno de ellos tenía capacidad para seis pasajeros y dos remeros, de manera que íbamos a necesitar muchos viajes para pasar todos a la otra orilla. La tarde del 15 de diciembre, Trungpa decidió que todos atravesaríamos el río esa noche. Había localizado un estrechamiento del cauce un poco más arriba. Debíamos acercarnos peligrosamente a algunos pueblos para llegar hasta ese sitio, pero parecía el lugar más seguro para el intento. La orilla opuesta estaba cubierta de acebos, que nos ofrecerían protección. Había una isleta en medio que formaba una especie de represa entre nosotros y la otra orilla y ofrecía una franja de tierra que parecía el lugar idóneo para cruzar con seguridad.

Todo estaba listo. No había nada que hacer, salvo esperar la caída de la noche.

Entre la adrenalina y los nervios, me sentía casi enfermo. Nuestro guía, cuya indumentaria al estilo de Kongpo le permitía moverse sin llamar la atención, nos había contado que había estado hablando con un explorador local, quien le había informado de que los puertos de montaña del otro lado del río estaban siempre infranqueables a causa de la nieve. A la vez, habíamos sabido que dos personas de nuestra partida, desaparecidas la noche anterior, habían robado un ternero en una de las aldeas vecinas y que las autoridades andaban buscándolas.

Los ánimos estaban muy exaltados. Se montó una trifulca en torno al robo de una pequeña bolsa de *tsampa* que Trungpa tenía guardada. Trungpa insistía en que carecía de importancia y en que todos debíamos calmarnos. Nuestro éxito dependía de la disciplina, que parecía estar desbaratándose.

De madrugada nos desplazamos hacia el lugar de la orilla designado por Trungpa. Oí el ladrido de un perro y a continuación vi a un hombre de aspecto local, que se dio media vuelta y se fue cuando uno de nosotros trató de aproximarse a él. Luego apareció otro hombre, armado con un rifle. No disparó, sino que también desapareció al vernos.

No había momento que perder. Al salir la luna llena, lanzamos los *coracles* al agua. Yo iba en el bote de cabeza con Jamyang, Akong, Tsethar, Yag y Trungpa, entre otros. Íbamos metidos a presión, como sardinas en lata. Cuando el bote comenzó a ser zarandeado por la corriente y los dos remeros empezaron a luchar contra su empuje, yo sentí que el tiempo se ralentizaba. La vida me había llevado hasta ese momento que parecía que iba a alargarse para siempre. Y de pronto estábamos atracando. Jamyang dio media vuelta y regresó con los remeros para ir en busca del siguiente grupo de gente. Los demás botes iban atracando a nuestro lado. Seguí a Akong a lo largo de la isleta por la que habíamos calculado que podríamos atravesar hasta la otra orilla. Pero, para nuestro horror, vimos que el nivel del agua había subido. Ya no había vado y estábamos atrapados en una isla.

Y entonces comenzó el tiroteo. Los disparos procedían de la orilla que acabábamos de abandonar, donde permanecía el resto de nuestra gente. Oímos gritos en chino y las balas silbaban a nuestro alrededor. Nunca con anterioridad había escuchado disparos y estaba desconcertado por el sonido, pero me sentía extrañamente en calma, hasta que vi el terror en los ojos de Yag, que estaba tumbado a mi lado en la húmeda arena. Y de repente me encontré poseído por el pánico yo también.

Pude ver que otras personas del grupo trataban de echar al agua sus *coracles* y que eran tiroteadas. Las balas continuaban silbando sobre nuestras cabezas. Yag me abrió una mano y me puso algunas reliquias en ella. Dijo que nos iban a matar a todos y que las reliquias nos ayudarían en nuestro tránsito hacia la próxima vida. Yo también estaba convencido de que iba a morir.

Sentí manos tirando de mí, obligándome a reptar sobre el vientre hacia la orilla del agua. Teníamos que salir de esa isleta.

Me zambullí en el estrecho pero rápido brazo de agua. El choque del frío se apoderó de mi cuerpo y por unos momentos no pude ni pensar ni moverme. A continuación, sentí una descarga de adrenalina y grité a cualquiera que pudiera oírme: «¡Esta agua está absolutamente congelada!». Ninguno sabíamos nadar. Comencé a caminar, y pronto el agua me llegó al cuello.

Vi que alguien había recuperado un *coracle* empapado y que Trungpa y Akong se afanaban por subir a su interior, pero de alguna forma yo había quedado separado de ellos y ahora se estaban apartando, empujados lejos por la corriente.

Mis pies dieron con un suelo menos profundo y fui capaz de seguir vadeando, hasta que finalmente logré arrastrarme fuera del agua.

Ahora me hallaba en la orilla sur del río, empapado de pies a cabeza, helado, tiritando, pero vivo. Y estaba solo.

Parte del equipaje había sido arrastrado hacia la orilla. Lo registré y, para mi deleite, encontré un poco de té y una tetera. Entonces oí la voz de una mujer llamándome. Era una de las monjas de nuestra partida. Nos metimos entre el denso boscaje de acebos para alejarnos del río. Todavía se oían los gritos aterrorizados de todos los atrapados en la isla, en la orilla opuesta o en medio de la corriente. Los disparos no aflojaban.

No teníamos otra elección más que dar la espalda y apartarnos de los terribles sonidos del ataque a nuestro grupo. Comenzamos a subir la colina. El plan de Trungpa había sido dirigirnos hacia una población de la que habíamos oído hablar, con la esperanza de que sus habitantes quisieran vendernos algo de comida y mantener en secreto nuestra presencia. Yo no tenía ni idea de hacia dónde dirigirnos, pero sentía que debíamos seguir moviéndonos.

En ese mismo instante vi a alguien delante de nosotros. Era Akong. Corrí hacia él y vi que estaba con Trungpa, Tsethar, Yag y el resto de los de nuestra embarcación, y de que todos estaban ilesos. Me había sentido paralizado por el pánico y el frío, pero ese momento volvió a darme vida. Aún había esperanza.

Quedábamos trece ahora en nuestro reducido grupo, de los trescientos que nos habíamos reunido para tratar de cruzar. Algunos otros habían llegado a la orilla sur, pero se habían dado a la fuga inmediatamente y ya no estaban. No teníamos ni idea de cuántos se habían ahogado en el río o habían sido tiroteados por los chinos. Jamyang había desaparecido. Se me hacía insoportable pensar en ello.

Emprendimos camino directamente hacia el invierno del Himalaya. Nos habíamos desembarazado de nuestras grandes mochilas cuando comenzó el tiroteo, por orden de Trungpa. Muchas de ellas contenían rollos preciosos, pinturas y reliquias, los tesoros de nuestros monasterios que habíamos estado cargando durante meses. Ahora, Tsethar, en pleno shock y duelo por su irreparable pérdida, retomó sus quejas y sus críticas.

Me di cuenta de que había perdido la reliquia que Yag me había dado. No llevábamos casi nada encima, apenas un par de mochilas con algunas reservas de comida. No teníamos agua potable. El sol de la mañana no daba en esa parte de la montaña y el frío al atravesar el sombrío bosque era intenso. Nuestras ropas mojadas comenzaron a enfriarse sobre nuestros cuerpos. Podíamos oír disparos que parecían provenir de esta parte del río. Probablemente eran las tropas chinas de la zona y andarían buscándonos.

Apretamos el paso hasta llegar a una arboleda de acebos que ofrecía buena protección y nos escondimos allí hasta la llegada de la noche. Entonces nos pusimos en marcha hasta el amanecer, en que volvimos a acampar. El frío era terrible. El asistente de Trungpa encontró en el fondo de su mochila una pequeña cantidad de *tsampa* que nos levantó el ánimo, aunque no alivió nuestra hambre, que se había vuelto intensa. A la caída de la noche volvimos a ponernos en camino. Nuestro guía no tenía ni idea de por dónde ir. Nunca había viajado por esa región. No había ningún signo de lugares habitados. De momento, simplemente, seguimos alejándonos del río.

Tras un par de días de lo mismo, juzgamos que debíamos de estar suficientemente apartados de las áreas bajo control comunista como para caminar de día. Al tercer día ya habíamos ascendido hasta una altitud muy elevada y pudimos ver a nuestros pies la gran cantidad de cadenas montañosas que habíamos cruzado desde que habíamos sido separados de nuestros compañeros en el río. Recuerdo estar sentado al lado de Akong en una cresta y estar ambos contemplando en silencio la distancia recorrida. Yo estaba abatido, pensando en todos a los que habíamos perdido. Mi hermano y yo nos encontrábamos en un lugar que ninguno de los dos hubiera podido nunca imaginar. Estábamos perdidos, sufriendo de un hambre desesperada y extenuados, pero estábamos en calma. En ese momento me sentí más cerca de él de lo que nunca me había sentido.

A esas alturas estábamos ya rozando los límites de la resistencia humana. Llevábamos más de una semana sin comer y lo único que teníamos con nosotros que de alguna forma fuera comestible eran nuestras mochilas de piel de yak, que decidimos hervir para tener algo que masticar. Las pieles estaban curtidas a medias y aún contenían bastante grasa, así que aportaban algo de alimento, aunque no mucho.

El 19 de diciembre alcanzamos el nivel de la nieve. Nuestras ropas congeladas hacían un sonido tintineante al caminar; parecíamos demonios ambulantes. Una vez más, Trungpa recurrió a la adivinación para establecer qué dirección había que tomar. Recibió una clara visión de que debíamos ascender la montaña que había a nuestra derecha, desde donde veríamos otra cadena montañosa en la distancia. Entre sus cimas se verían tres desfiladeros. Debíamos ascender por el del centro. La adivinación determinó que esa sería la última alta cadena que habríamos de atravesar.

Ese era el estímulo que necesitábamos para seguir adelante. Mientras avanzábamos por el desfiladero central nos vimos envueltos en una tormenta de nieve, y por momentos nos preguntamos si seríamos sepultados vivos por la nieve; sin embargo, finalmente, logramos salir y comenzar nuestro descenso. El camino estaba terriblemente resbaladizo y uno de los lamas se escurrió y estuvo a punto de irse al precipicio. Se salvó gracias a que sus ropas quedaron enganchadas en un saliente rocoso, y todos corrimos a socorrerlo. Esa noche hicimos una hoguera, tomamos algo de té y masticamos nuestros últimos trozos de piel de yak.

A medida que íbamos buscando una vía de descenso a través de las laderas meridionales del Himalaya, el aire se iba volviendo más cálido, aunque yo no me podía sacar el frío de encima. Me sentía helado hasta la médula. El terreno era difícil y la vegetación espesa y desconocida para nosotros. Encontramos árboles con frutos amarillos que nunca antes habíamos visto. Ahora sé que eran bananas, pero en aquellos momentos, por supuesto, no teníamos ni idea de que eran comestibles. Habíamos llegado al punto en que, si no comíamos algo pronto, moriríamos. Cada día se hacía más difícil caminar. Mi mente comenzaba a estar nebulosa.

El 22 de diciembre nos detuvimos a sopesar nuestras opciones. Nuestros rostros estaban demacrados, con los ojos hundidos en las cuencas, y nuestras ropas colgaban hechas jirones de nuestros cuerpos enflaquecidos. Alguien sugirió rendirse ante los chinos, pero los demás coincidimos en que era mejor continuar hacia la India, aunque hubiera que morir en el intento. Además, no habíamos visto a nadie desde que cruzamos el río, de manera que rendirse no era una posibilidad realista. ¿Qué podíamos hacer sino seguir, con la esperanza de llegar a algún pueblo?

Al día siguiente caminamos tan lejos como fuimos capaces, hasta que no pudimos más. Encontramos una cueva en la que refugiarnos y tumbarnos para descansar. Nuestro guía dijo que, si no encontrábamos algo de comida al día siguiente o al otro, ciertamente todos moriríamos. Nos dejó y se fue a ver si podía encontrar signos de vida.

Mientras esperábamos su regreso, tratamos de mantener los ánimos cantando, al tiempo que hervíamos la piel de nuestros zapatos. Nuestras debilitadas mandíbulas apenas podían masticar los pequeños trozos que habíamos cortado. En ese punto mi depresión era total. Estaba convencido de que iba a morir.

Caí en un estado de sueño intermitente en el que me sentía apenas vivo. Era la mañana del 25 de diciembre. Nuestro guía todavía no había regresado y Trungpa decidió que no podíamos esperar más. Nuestra última oportunidad era ir dando tumbos hasta donde pudiésemos, con la esperanza de tropezar con alguien o con algo que nos proporcionara comida.

Estaba casi tullido a causa de la inanición y la fatiga. Seguí a Akong a ciegas hacia lo alto de una pequeña colina. Cuando oí el grito, en ese momento no pude entender las palabras ni lo que estaba viendo. Era nuestro guía, que avanzaba por el camino, a nuestro encuentro. Venía cargado con una gran mochila y nos hacía gestos y sonreía. ¿Era nuestra salvación? Me desmoroné y caí al suelo, y tuvieron que ayudarme a levantarme. Cuando nos reunimos con él, vi que en la mochila llevaba *tsampa*, gran cantidad de *tsampa*. Akong y Trungpa hundieron sus manos en la mochila y repartieron comida para todos, y yo comí sin parar hasta que dejé de entender lo que el guía estaba contando. Por algún tipo de milagrosa suerte, había tropezado con mi hermano Jamyang, de regreso a la cueva donde habíamos estado refugiados. Jamyang iba con tres monjas. Habían escapado los cuatro de un campo de prisioneros comunista cerca del río, habían buscado comida y se habían dirigido hacia la frontera por la carretera de las montañas, de manera que su travesía había resultado mucho más rápida y sencilla que la nuestra.

No podía creer lo que estaba escuchando. Había dado por muerto a mi querido hermano y ahora no solo estaba vivo, sino que además nos había salvado a todos nosotros de una muerte segura con su milagrosa bolsa de *tsampa*.

«¿Dónde está?», le pregunté a nuestro guía, y nos llevó hasta una cueva cercana, donde para mi asombro pude ver a Jamyang a salvo y sonriéndome. Aquel abrazo fue el más dulce de toda mi vida.

Nos sentamos y Jamyang nos contó su historia. Tras separarnos a la orilla del río, recogió todas las reliquias y el dinero que pudo de los bajíos donde los habíamos lanzado y se puso a caminar, sin idea de adónde iría, pero con la esperanza de encontrarnos. Era bien entrada la noche cuando llegó a las afueras de un pueblo. Inmediatamente fue arrestado por los comunistas. Los soldados le interrogaron a fondo. Sabían que Akong, Trungpa y otros lamas habían escapado y andaban buscándolos. Jamyang no reveló nada y fingió estar enfermo para acabar cuanto antes con el interrogatorio. Eso resultó ser una estrategia afortunada, ya que no se lo llevaron cuando los soldados se pusieron en marcha con el resto de los prisioneros varones, camino de un campo de trabajos forzados.

Jamyang concibió un plan. Entre los cautivos había varias monjas. Todos los días, las autoridades las dejaban salir para que hicieran la ronda de mendigar comida para el mantenimiento de los presos. Jamyang pidió a una de ellas que le consiguiera una buena cantidad de *tsampa* e instrucciones para dirigirse al paso de Doshong-la, el puerto principal del Himalaya. Ella lo hizo. Y esa noche, durante el cambio de la guardia, Jamyang consiguió desatarse las manos y los pies y escapar rodando a través de la maleza, llevándose con él a tres monjas y a un chico. El grupo había estado viajando por la carretera principal, mientras nosotros seguíamos nuestra enrevesada ruta, y había acabado adelantándonos. Unos cuatro días después de su escapada, Jamyang se había topado con nuestro guía, mientras este iba buscando desesperadamente comida; y ahora ahí estábamos todos, reunidos de la más extraordinaria de las maneras.

Al anochecer, la noticia de nuestro calvario ya se había extendido. Un grupo de gente de un pueblo cercano llegó hasta la cueva con carne de cerdo y harina de trigo para hacernos *momos*. No había presencia china en la zona, nos dijeron. Estábamos a salvo.

Por la noche, mientras festejábamos, tuve que esforzarme por hacerme a la idea de que la crisis había pasado. Estábamos fuera de peligro, tanto de morir de hambre como a manos de los chinos. Me quedé dormido en mi posición habitual, al lado de Jamyang, con un terrible dolor de estómago, pero feliz de saber que iba a poder seguir caminando a salvo y con comida.

Nuestro viaje no había acabado, aunque de aquí en adelante todo sería más llevadero. Nuestra angustia por el destino del resto de los compañeros estaba todavía en carne viva, pero ya sabíamos que íbamos a lograr nuestro objetivo de llegar a la India. Habíamos estado muy cerca de la muerte, sin embargo. Es posible que hubiéramos acabado llegando a algún pueblo cercano, aunque el escenario más probable era que hubiésemos muerto de hambre de no haber sido por el fortuito encuentro entre nuestro guía y Jamyang. Han pasado más de sesenta años y aún me parece algo casi milagroso.

Me han preguntado cómo fui capaz de superar aquel calvario. Antes de nada, es importante decir que muchos de los nuestros no sobrevivieron. Incluso una persona mentalmente disciplinada y en buena forma física no está preparada para el hambre y el frío prolongados.

Parte de la explicación es sencilla: yo viajaba con el grupo de los lamas, que siempre iba protegido y cuidado al máximo. Por supuesto, no comíamos hasta reventar mientras el resto pasaba del aire, pero los asistentes de los lamas se aseguraban de que hubiera tantas provisiones como fuera posible para sus maestros, y guardaban bien sus provisiones. Además, y como ya he contado, durante mi estancia en Dolma Lhakang había aprendido mucho más de lo que yo creía sobre la paciencia y la contención con la segunda flecha del sufrimiento.

La explicación más amplia, según creo, es que me hallaba rodeado de personas que conocían algo esencial sobre cómo confiar en su sabiduría y su bondad innatas. Akong y Trungpa eran capaces de mantenerse positivos y comprometidos con la idea de que estaban dando lo mejor de sí. Su coraje no flaqueaba, porque su fe en el potencial de su naturaleza búdica íntima tampoco flaqueaba. Trungpa confiaba en sus adivinaciones y nosotros confiábamos en él. Había una disciplina colectiva que nos volvía capaces de mantener el optimismo y darnos mutuo apoyo, incluso cuando lo más fácil hubiera sido entregarse a la desesperación.

Este potencial búdico interno, o naturaleza de buda, como suele llamarse, es la cualidad de la bondad básica, la compasión incondicional y la claridad mental, que son la esencia de todos los seres humanos. Cuando confiamos en ella y relajamos nuestras ansiosas mentes, todo se vuelve más fácil y descubrimos que somos capaces de mucho más de lo que creíamos posible.

El Buda contaba una historia que ilustra lo fácil que es para los seres humanos desaprovechar la vasta riqueza que llevamos con nosotros. Había un mendigo que se pasaba la vida entera lamentándose de su miseria. Carecía de posesiones e iba vestido con harapos, y por la noche dormía sobre una pila de estiércol. Cada día rabiaba a causa de su pobreza y no paraba de quejarse de su destino. Finalmente, murió, sin llegar a descubrir que bajo la pila de estiércol había una pepita de oro. Siempre había sido mucho más rico de lo que era capaz de soñar, pero murió sin saberlo. Nosotros no debemos ser como el mendigo y llegar a la muerte sin descubrir que todo lo que necesitamos lo tenemos al alcance. Todos y cada uno de nosotros somos mucho más capaces de lo que creemos, más valientes, compasivos y tranquilos.

Yo era demasiado joven para encarnar todo esto durante aquel viaje de ocho meses a través de las montañas; sin embargo, eso era lo que me sostenía. Me hallaba rodeado de personas mayores competentes e incluido en un círculo de ayuda mutua. Eso es algo que todos podemos tratar de crear en nuestras vidas. Cuando ofrecemos ayuda a los demás desde la compasión, nos abrimos a la vez a su propia compasión. Eso nos sostendrá en los tiempos difíciles y será una riqueza en nuestras vidas en los momentos fáciles. No es preciso ser un lama tibetano para adoptar esta forma de ser. Todos nosotros, gracias a nuestra naturaleza de buda, podemos hacerlo.

El 31 de diciembre alcanzamos la población de Pedong. Habíamos pasado tres días descendiendo las laderas meridionales del Himalaya, cruzando de nuevo el Brahmaputra, y dirigiéndonos hacia la región india de Assam. Cuando llegamos a Pedong, tras una ardua ascensión, decidimos hacer una parada antes de la etapa final hasta el nuevo puesto fronterizo, situado a un día de camino. Fuimos recibidos calurosamente por la población local y pasamos allí dos semanas. Era maravilloso disfrutar del placer de sentir el estómago lleno y de una noche completa de sueño reparador, y despertar sabiéndose a salvo.

Una de las características novedosas para nosotros de la vida en el pueblo era la costumbre de beber cerveza. El suministro de agua estaba muy restringido. Las mujeres tenían que bajar hasta uno de los valles y cavar un hoyo en el que el agua iba manando despacio. De modo que la cerveza era la bebida normal. Al principio, todos los monjes de nuestra partida la rechazaron, ya que la embriaguez les estaba prohibida; pero tras un tiempo, y a causa de la necesidad, cedieron. Aquella cerveza no era muy fuerte, pero bebíamos bastante. Me pregunto si los problemas que tendría Trungpa más tarde con el alcohol acaso tuvieron su origen en aquellos días.

El 17 de enero de 1960, restablecidos y reanimados, llegamos al nuevo puesto fronterizo entre el Tíbet y la India. Junto a la caseta de los soldados indios había una resplandeciente estupa blanca, un monumento abovedado cuyo fin es contener reliquias sagradas, que nos hizo felices a todos nosotros. Era maravilloso ver ese símbolo familiar de nuestra fe budista en un emplazamiento extranjero. Junto a la estupa estaba un oficial del ejército indio, que nos saludó educadamente. En el cartel recientemente pintado que había tras él se podían leer las palabras «Bharat», escrita en hindi, e «India», en inglés, contra el fondo de la bandera de la India. Lo habíamos conseguido.

6. Refugiado

Dejé el Himalaya el 23 de enero de 1960. No he vuelto a vivir en el bellísimo y riguroso mundo de las montañas donde crecí. Aquel último día me encaramé a un avión de carga junto a mis compañeros. Fuimos amarrados al suelo durante el vuelo, porque no había asientos. Se nos dio una bolsa y se nos dijo que probablemente nos mearíamos por las turbulencias. Luego el avión despegó y comenzamos nuestro vuelo de descenso hacia las llanuras de la India, lejos de nuestras antiguas vidas.

Yo estaba estupefacto por el hecho increíble de hallarme dentro de aquel artilugio, colgado en el cielo. El ruido y el tufo de los químicos procedentes del fuel eran terribles. La única forma en que era capaz de apreciar la velocidad a la que viajábamos era atisbando a través de la ventanilla y siguiendo la sombra del avión allá abajo en la tierra. No estuve mucho tiempo mirando. Era demasiado agobiante.

Entonces me vinieron las arcadas y estuve vomitando y vomitando sin parar dentro de la bolsa. Miré a mi alrededor y vi que todo el mundo estaba en el mismo aprieto que yo.

Afortunadamente, el viaje fue corto. Fuimos trasladados desde el pueblo de Tuting, en las montañas, hasta Dimapur, en el estado de Nagaland. Nuestro destino final era el campamento de tránsito de Missamari, en las proximidades de Assam, que el gobierno indio había habilitado para gestionar el éxodo de los refugiados tibetanos.

Cuando aterrizamos en Dimapur, sentí una oleada masiva de alivio. Era incapaz en ese momento de entender cómo había sobrevivido a los nueve meses de caminata hasta llegar allí e incluso a ese breve y desconcertante vuelo. Me hallaba simplemente desesperado por salir del avión y por dejar de vomitar.

Cuando pisé el caliente asfalto de la pista de aterrizaje, mis pies se hundieron en su pegajosa morbidez. El calor era inverosímil. Estábamos todos acostumbrados al frío aire puro de la meseta tibetana. Comencé a sudar de inmediato bajo mi grueso chaquetón de piel de oveja, maloliente y cubierto de toda la mugre de tantos meses. Pensé que iba a desmayarme.

Jamyang me condujo desde el avión hasta el *jeep* que estaba esperándonos para trasladarnos al campo de Missamari, a varios cientos de kilómetros. Mi mente estaba tan absorta en todas las cosas nuevas que veía, oía y olía que a duras penas me di cuenta del paisaje que estaba atravesando. No recuerdo nada hasta que nos acercamos al puente sobre el río Brahmaputra. Miré hacia sus indolentes aguas marrones. No era capaz de relacionar ese ancho y lento río con las gélidas aguas rápidas en las que habíamos sido tiroteados por los soldados chinos. El ataque ya parecía como si hubiera tenido lugar en otro mundo, en una vida anterior.

Estaba tan cansado que, cuando finalmente llegamos al campamento, apenas pude seguir las instrucciones que nos dieron sobre dónde teníamos que ir para dormir y comer. Una cosa de la que me di buena cuenta, sin embargo, fue de que la responsable era una mujer blanca vestida a la moda india. Nunca antes había visto una persona de raza blanca. Los viajeros europeos eran virtualmente desconocidos en el Tíbet, y de hecho habían sido incorporados al folklore popular como «el hombre del saco» para asustar a los niños. En Darak, mis padres solían decirnos que, si no nos portábamos bien, un hombre blanco de larga nariz vendría para comérsenos.

Un campamento de refugiados en Assam era un lugar casi tan improbable para encontrar a una mujer occidental como las tierras altas del Tíbet, pero allí estaba. Se presentó a sí misma como Mrs. Freda Bedi, e inmediatamente nos trató de forma compasiva.

Freda Bedi se convertiría en una de las personas más significativas en mi vida y en las vidas de todos nosotros. Ella fue alguien fundamental para la conservación de la cultura budista tibetana encarnada en los lamas y los *tulkus*; e iba a ser, además, una figura clave en la expansión del budismo tibetano por todo Occidente. Freda más tarde escribiría, en el relato de sus trabajos en Missamari, que fuimos el grupo de refugiados más penoso que viera nunca, con los cuerpos macilentos y los ojos hundidos profundamente en sus cuencas.

Aquel primer día nos invitó a volver a su tienda para tomar té dulce y contarle nuestra historia de la fuga. Cuando descubrió que varios de nuestro grupo eran *tulkus*, prometió que haría todo lo que estuviera en sus manos para ayudarnos.

Sin embargo, cuando nos condujo hasta el lugar que nos fue asignado en aquella inmensa carpa, y yo iba trastabillando tras mi hermano Akong, no se me ocurría qué podría hacer para ayudarnos. Todo lo que yo veía era suciedad y miles de personas miserables hacinadas. Me asfixiaba en el asqueroso aire polvoriento y todavía me resultaba inconcebible el calor que hacía. Sabía que debía estar agradecido por seguir con vida, pero en ese momento me parecía que habíamos trocado un infierno de hielo por otro de fuego.

El estado moderno de la India solo tenía trece años de existencia el día que llegamos al campamento. Las autoridades hacían todo lo que podían por arreglárselas con la afluencia de refugiados, pero estaban al límite. Era una situación política muy delicada para la India, dados el tamaño y el poder de su vecino chino; sin embargo, el gobierno de Nehru había recibido a Su Santidad el Dalái Lama con todos los honores, asegurándole además que el pueblo tibetano sería también bienvenido. Esta generosa oferta de ayuda humanitaria se debía en parte a los milenarios lazos culturales y espirituales entre el Tíbet y la India, aunque también era una compensación por no haberse opuesto a la anexión china del Tíbet en 1950. Estábamos agradecidos, pero la situación sobre el terreno era desesperada.

Freda Bedi era una mujer extraordinaria, británica de nacimiento, pero india de adopción por su matrimonio. Había estado en la cárcel por hacer campaña a favor de la independencia de la India, y era famosa en todo el país por su trabajo social y político. Había supervisado los trabajos de ayuda para los refugiados en Cachemira, tras los terribles combates desatados por la escisión entre la India y Pakistán; y tenía una profunda simpatía hacia el budismo y un contacto muy cercano con el primer ministro, Nehru. De manera que cuando tuvo noticia de que los tibetanos exiliados se hallaban sufriendo en terribles condiciones, rogó a Nehru que la enviara allí para ver qué se podía hacer.

Hacia la época en que nosotros llegamos, los esfuerzos de Freda habían mejorado algo las cosas, pero seguían siendo bastante malas. Había alrededor de mil personas en el campamento, que era una base militar abandonada y en desuso desde el final de la Segunda Guerra Mundial. Se habían levantado estructuras de bambú provisionales para atender la primera oleada de refugiados, pero estaban abarrotadas cuando nos incorporamos, de modo que se nos condujo hasta una tienda hecha de tela de saco, al borde del campamento.

No había agua suficiente ni siquiera para beber, no digamos ya para lavarse, de modo que las condiciones eran sórdidas, y había una escasez apremiante de atención médica. Los recién llegados sufrían de desnutrición, lesiones y congelación. Muchos de nosotros habíamos perdido dedos de los pies durante al ascenso invernal al Himalaya. Había comida de sobra, pero no era lo que estábamos acostumbrados a comer y no sabíamos cómo prepararla. Peor aún, nuestros cuerpos tenían dificultad en asimilar el arroz, las verduras y las especias. Creo recordar que me puse enfermo la primera vez que intenté comer *dal* y arroz, y tardé mucho en aprender a apreciarlos. La situación iba continuamente a peor. La población del campamento disminuía, a pesar de la constante llegada de nuevos refugiados, debido a que moría más gente de desnutrición y enfermedades de la que se incorporaba. Éramos completamente vulnerables a enfermedades como el sarampión y la tuberculosis, desconocidas en nuestro país, que comenzaron a propagarse como un incendio. A todo ello se unía el problema de las condiciones insalubres, que provocaban brotes de disentería y cólera.

Pero tal vez el peor de todos los males provenía del calvario que habíamos experimentado. Habíamos perdido a nuestras familias, nuestra tierra, nuestra forma de vida. Vi a padres cuyos hijos habían muerto durante el viaje, y a niños que se habían visto separados de sus familias y vagaban solos. Se respiraba una atmósfera de desesperación, de inconsolable duelo. Ahora que la crisis había pasado y habíamos logrado nuestro objetivo, ¿qué iba a ser de nosotros? Estábamos vivos, pero ¿cómo íbamos a sanar? No teníamos nada. ¿Dónde íbamos a ir y qué íbamos a hacer?

Trungpa y Akong no tenían más respuestas que yo mismo para las preguntas inmediatas; sin embargo, como siempre, su fe permanecía inalterable. Al día siguiente de nuestra llegada, organizaron plegarias y animaron a la gente a continuar con sus prácticas. Traté de unirme a ellos, pero me apetecía muy poco.

Los que habíamos huido juntos permanecíamos unidos en una apretada piña. Jamyang trataba de convencerme de que, una vez que saliéramos del campamento de tránsito, las cosas mejorarían, pero sencillamente yo era incapaz de entender ese mundo en el que me encontraba. Era todo demasiado extraño. En Tuting, el pueblo fronterizo de las montañas, había visto tiendas y restaurantes por primera vez en mi vida. Había oído hablar en tres o cuatro idiomas distintos. Había subido a un tráiler tirado por un tractor para ir al aeropuerto y a continuación había volado en un avión de carga hasta ese caliente y polvoriento lugar. Tras el objetivo concreto de la huida, ahora todo era confusión. Incluso la estructura social tradicional, basada en la deferencia hacia los *tulkus*, los monjes y los mayores, era difícil de mantener aquí. En Dolma Lhakang había disfrutado de una vida de privilegios como hermano pequeño del abad del monasterio. Sin embargo, aquí, nuestro estatus especial carecía de significado. Todos éramos simples refugiados luchando por sobrevivir en un país extranjero.

Las autoridades indias insistían en que nadie podía abandonar el campamento a menos que tuviera fondos para mantenerse a sí mismo o a alguien que pudiera ayudarlo. Todos los hombres, jóvenes y mayores, monjes y lamas, debían trabajar en el programa de construcción de carreteras para ganarse un sueldo. Bajo el calor extremo imperante, ello equivalía a una sentencia de muerte para muchos, debido a la debilidad producida por el hambre y las enfermedades. Aunque en teoría estábamos a salvo, la situación era angustiosamente similar a la impuesta por los chinos.

Freda Bedi estaba consternada por todo ello y, aunque carecía del poder para impedirlo, escribió a Nehru pidiéndole que pusiera fin a la normativa de usar a los refugiados como mano de obra en la construcción de carreteras. Tras su intervención personal, las cosas se suavizaron para los mayores y los lamas. Freda admiraba la sabiduría y la dignidad de los *tulkus*, y se sentía especialmente impresionada por Trungpa, cuya brillantez y excepcional capacidad para aprender inglés detectó de forma inmediata. Ambos establecieron enseguida un estrecho vínculo. De hecho, al cabo de un par de semanas él estaba actuando como su intérprete en las rondas que ella hacía visitando a los enfermos y supervisando la ayuda alimentaria.

Aproximadamente una semana después de nuestra llegada, se declaró un brote de disentería que me afectó a mí mismo. Fueron unos días terribles. Yo sentía que la vida se me escapaba del cuerpo. No había nada que pudiera hacerse, salvo esperar y mantener la fe. Akong, que era un médico dotado, hizo lo que pudo tanto por mí como por el resto de los afectados. Yo me recuperé, pero algunos de los niños y de los más ancianos no pudieron.

Permanecimos en Missamari alrededor de un mes y a continuación fuimos transferidos en camión hasta el campo principal de refugiados de Buxa Duar, en Bengala occidental, donde pasé los siguientes meses de mi vida. Días después de partir, bajé del camión para echar el primer vistazo a nuestro nuevo hogar. Estaba ya recobrado de la disentería, pero estaba desarrollando los primeros síntomas de lo que acabaría siendo tuberculosis, como Yag y Tsethar y mis dos hermanos. Dábamos la imagen de un grupo desaliñado y lamentable, allí de pie, contemplando Buxa.

El campamento estaba cerca de la frontera con Bután y se hallaba ubicado a mayor altitud que Missamari, de modo que era más fresco. Un riachuelo lo recorría por el medio, y había agua de sobra; no obstante, el hedor a excrementos flotaba en el aire, ya que muchas personas simplemente estaban demasiado enfermas para caminar hasta las rudimentarias letrinas. Y seguía habiendo una tremenda carencia de material sanitario.

Gracias en parte a la intervención de Freda y más aún a la petición personal de Su Santidad el Karmapa, nadie de nuestro grupo fue enviado a trabajar en el programa de construcción de carreteras. Como siempre, resulté beneficiado por este privilegio especial a causa de ser hermano de Akong. Trungpa y Akong trataron de seguir siéndole de utilidad a Freda cuando visitaba Buxa y ella continuó dándoles un trato de favor, especialmente a Trungpa.

Al cabo de unas pocas semanas de nuestra llegada a Buxa, estaba totalmente desmoralizado. Pensaba en mi pueblo natal y en lo seguro y feliz que allí me sentía. Me afligía la pérdida de aquel tiempo y aquel lugar, de mis padres y hermanas, de mi familia y amigos. Incluso Dolma Lhakang se me figuraba, en retrospectiva, como un paraíso, comparado con la huida a través del Himalaya y con mi vida actual, exiliado y desarraigado en esta tierra extranjera.

Pese a que yo me sintiera completamente perdido, lo cierto era que se estaban haciendo grandes esfuerzos para proporcionarnos una nueva vida a los tibetanos. Incluso el programa de construcción de carreteras era un intento, si bien erróneo, de proporcionar el trabajo que la gente necesitaba. El problema radicaba en que carecíamos de las habilidades que nos hubieran convertido en empleables en un sistema económico moderno. Éramos el producto de una sofisticada cultura, pero absolutamente al margen de la vida del siglo xx. Cuando yo llegué a la India, creía, como todos mis compañeros, que la Tierra era plana. Había una gran brecha entre nosotros y la visión del mundo forjada por la industria, la tecnología, el comercio y el pensamiento laico occidental. Su Santidad el Dalái Lama había captado rápidamente la urgente necesidad que teníamos todos nosotros de adaptarnos a la nueva realidad, y cuando se reunió con Nehru, le pidió que se enfocara en la educación como la intervención más benéfica, al margen de la asistencia humanitaria.

De manera que se fundó una escuela en el campo de Buxa. Las primeras plazas se otorgaron a los monjes y los lamas, desde el momento en que configuraban la clase más instruida y se esperaba que progresaran con rapidez. Al menos mil quinientos monjes pertenecientes a los cuatro linajes principales del budismo tibetano fueron enviados a ella, y Akong, Trungpa y Jamyang fueron, por supuesto, de los primeros candidatos. Freda Bedi, y más tarde Su Santidad el Karmapa en persona, habían abogado por ellos.

Su Santidad el Karmapa estaba ya en Rumtek, su monasterio de Sikkim, cuando llegamos a Buxa. Al recibir la noticia de que estábamos en el campamento, escribió a Trungpa y a Akong dándoles la bienvenida a la India e indicándoles que asistieran a la escuela. Y, para mi sorpresa, precisó que yo también debía asistir, a pesar de que no fuera monje. Así que lo hice, aunque estaba aún menos motivado para estudiar de lo que lo había estado en Dolma Lhakang. Me esforzaba en verlo como una oportunidad. Pero ¿qué motivo puede haber para estudiar cuando no existe un futuro? Yo estaba enfermo y era un refugiado que no hablaba la lengua de su nuevo país ni sabía nada acerca de él. Pero si Su Santidad había decidido distinguirme con su atención, ¿iba yo a discutírselo? En cualquier caso, no había otra alternativa. Así que empecé a aprender hindi, geografía y cultura general básica.

La comida era tan espantosa en la escuela como en el resto del campamento, y en poco tiempo todos teníamos parásitos intestinales. Uno de los chicos con los que hice amistad me comentó que beber la parafina líquida que usábamos para nuestras candelas mataba los parásitos y hacía que se expulsaran. Precisamente, una de mis tareas consistía en ir a recoger nuestra ración semanal de parafina, y una tarde decidí beberme una taza entera. Me cayó en el estómago como si fuera una bola de fuego y el malestar me duró horas y horas, aunque al final, afortunadamente, no sufrí consecuencias crónicas. Y, para mi felicidad, el truco funcionó y mató a la terrible y larguísima tenia.

No mucho después de que comenzara la escuela de Buxa tuvimos noticia de que Freda Bedi había sufrido un colapso nervioso, y su salud estaba muy afectada a causa del estrés y el excesivo trabajo. Había dejado los campamentos y había regresado a su casa familiar de Delhi para recuperarse, aunque continuaba trabajando a tiempo parcial en la Oficina de Bienestar Social del Ministerio de Asuntos Exteriores.

Trungpa no se quedó mucho más en Buxa después de la partida de la señora Bedi a Delhi. Seguía siendo una persona inquieta e impulsiva, y muy curioso respecto al mundo, como siempre. Al recibir una nueva carta de Su Santidad el Karmapa, esta vez invitándole a hacerle una visita en Rumtek, Trungpa no lo dudó. Y comenzó a planear una nueva huida. Las autoridades indias no habían relajado su prohibición de que nadie abandonara los campamentos sin tener medios de vida propios. Las tensiones políticas con China iban a más a medida que pasaba el tiempo, de modo que era muy improbable que concedieran permiso para viajar a un importante lama como él. Pero Trungpa estaba determinado a encontrarse con su líder espiritual. Yag Rinpoche y Tsethar dijeron que lo acompañarían. Estaban gravemente enfermos, pero querían ver a Su Santidad el Karmapa una vez más antes de morir. Junto con el fiel asistente de Trungpa, Yonten, el grupo escapó en medio de la noche arrastrándose bajo la alta alambrada del campamento por donde la atravesaba el riachuelo.

Akong decidió no ir con Trungpa esta vez. No se encontraba bien, así como tampoco Jamyang y yo mismo. Akong prefirió quedarse y hacer lo que pudiera para tratar las enfermedades que nos estaban afectando. Era un médico de gran renombre en el Tíbet, aunque aquí no tenía acceso a las medicinas herbales tibetanas, y además nunca antes había visto estas enfermedades. Él y yo parecíamos encontrarnos ambos en un proceso de recuperación, pero, para mi dolor, estaba claro que mi querido hermano mayor se encontraba gravemente afectado por la tuberculosis. Los servicios médicos convencionales carecían de recursos para atender a los cientos de personas que padecían esa y muchas otras enfermedades. Poco se podía hacer.

Algunos meses después de la partida de Trungpa, Akong recibió una carta suya en la que le explicaba que había pasado por Rumtek, pero había decidido no aceptar la invitación para comenzar una nueva vida como maestro con el equipo institucional del Karmapa. Se había reunido a continuación con otros exiliados tibetanos y con algunos occidentales, en Kalimpong, y se había comprometido a implicarse a fondo en el mundo moderno, en vez de permanecer en el sistema monástico tibetano familiar. Se había dirigido hacia Delhi con el vago propósito de tratar de aprender más sobre el mundo contemporáneo, que tan excitante le resultaba, e investigar cuál sería la mejor forma de presentar las enseñanzas en ese nuevo contexto. Planeaba pedirle ayuda a Freda Bedi e invitaba a Akong a unírsele. En esta ocasión, Akong aceptó. Estaba ya recobrado. Yo estaba fuera de peligro y Jamyang... no había nada que él pudiera hacer por Jamyang.

No mucho después de la marcha de Akong, Jamyang comenzó a deteriorarse con rapidez. Traté de aliviar su malestar, pero pronto me di cuenta de que lo único que podía hacer era estar a su lado en esa etapa de su camino. Yo estaba con él cuando murió.

Me quedé roto. Jamyang había sido mi consuelo, mi refugio, mi vínculo con el seguro y amoroso hogar de la infancia. Y ahora se había ido. Akong y Trungpa estaban en Delhi. Yo era el último que quedaba en Buxa del minúsculo grupo que había peleado desde las orillas del Brahmaputra hasta la frontera con la India. Me sentía totalmente solo en el mundo.

Frente a esta catástrofe personal, mi mente se volvió por sí sola hacia las profundas enseñanzas budistas sobre la impermanencia. El tiempo de la vida presente es como una reunión familiar y de amigos en la plaza del mercado. Hay un montón de actividad y risas y agradable conversación, pero de pronto el mercado cierra y la gente se dispersa y vuelve a su casa. La vida nunca me había parecido tan frágil y efímera como me pareció el día de la muerte de Jamyang.

Pero no estuve solo con mi dolor por mucho tiempo. Algunas semanas después de la muerte de Jamyang, Akong se presentó en la escuela para llevarme con él a Delhi. Dejé el campamento de refugiados de mil amores y emocionado por lo que pudiera esperarme en adelante.

Durante el largo y polvoriento viaje en autobús, Akong me fue relatando su vida en Delhi. Trungpa y él vivían en casa de Freda Bedi. La familia residía en un pequeño apartamento de tres habitaciones del gobierno. Akong y Trungpa habían sido recibidos con los brazos abiertos el día en que llamaron a la puerta pidiendo ayuda. Al parecer, Trungpa ya se había puesto en contacto con Freda estando en Rumtek y había compartido con ella su decisión de no quedarse allí, sino de incorporarse al mundo moderno. Ella estaba encantada de tener noticias de «su lama de brillante armadura» y le envió su dirección y le ratificó que contara con ella. De este modo, cuando Trungpa y Akong llegaron a Delhi, pudieron encontrarla. No sé si

Freda tenía la intención de acoger a ambos, pero eso es lo que sucedió. Habían estado durmiendo en colchonetas en el porche durante los últimos meses. Cuando Akong se enteró de que Jamyang había fallecido y de que yo estaba solo, Freda estuvo de acuerdo inmediatamente en que debía venir a por mí. Y así fue como me fui a vivir con Freda Bedi, su marido y sus tres hijos.

El apartamento era pequeño y sencillo, aunque por supuesto era una maravilla en comparación con el campamento. Yo dormía en una alfombra, en el suelo del porche. Me sentía un poco como si fuera el perrito de la esquina. Para lavarnos teníamos un grifo de agua fría y una taza con la que nos echábamos agua en la cara y el cuerpo. No había armarios ni cajones para guardar cosas. No había sillas, solo cojines y esterillas, y una dura tumbona cubierta por una alfombra tibetana. En una de las esquinas del salón de estar, había un altar tibetano con lamparitas de mantequilla. Apenas había un trozo de suelo que estuviera limpio y seco. Las ratas solían corretear de acá para allá entre nuestros pies. Así era como la gente vivía en Delhi en aquellos días. Yo me acordaba de cuando estaba en el monasterio de Dolma Lhakang y de la vida de lujo que había tenido allí, y de cómo había sido incapaz de apreciarla.

A pesar de las apreturas, nos trataban como parte de la familia. Yo tenía ya casi diecisiete años, y Akong y Trungpa, veintidós. Dos de los hijos de la familia Bedi eran de edades similares y nos consideraban como hermanos. Comíamos todos juntos, hablábamos, bromeábamos. Debería haberme parecido el principio de algo nuevo, pero yo aún arrastraba una terrible carga de pérdida y resentimiento. Cuando veía a Akong y Trungpa riendo y provocándose el uno al otro, me sentía excluido, y ello hacía mi dolor más agudo. Tampoco me comportaba de forma cariñosa con Freda, lo que creaba cierta tensión, sobre todo porque Akong y Trungpa la adoraban, y ella a ambos. No tardaron en empezar a llamarla «Mami», y poco después «Mami-la» (un sufijo tibetano que denota alta estima), lo cual la complacía muchísimo.

A las madres se las venera en la cultura tibetana por el cuidado compasivo que tienen de sus hijos, pero, más allá de eso, la compasión es la piedra angular en la escuela del budismo Mahayana –que es el corazón del budismo tibetano–. Una manera de empezar a cultivar la compasión es meditando en la gran bondad de nuestra propia madre, por habernos criado y por todos los trabajos que ha sobrellevado por nuestro bien. A continuación, extendemos este sentimiento de compasión hacia todos los seres vivos, ya que a través de las incontables vidas que hemos vivido en algún momento ellos han sido nuestras madres. Esta práctica de compasión universal es la base de la *bodhichita*, la profunda aspiración a alcanzar la iluminación para poder llevar a ella también al resto de los seres.

No hay duda de que Freda Bedi encarnaba ese ideal de compasión, pero por aquel entonces yo simplemente me negaba a llamarla Mami. Echaba terriblemente de menos a mi verdadera madre. Una vez más, me sentía en la frontera de un grupo al que no pertenecía del todo. Al no ser un *tulku*, yo tenía menos interés para Freda. No era capaz de ocultar mi dolor y mi resentimiento, y mi negativa a dirigirme a ella como Mami acrecentaba la falta de empatía entre nosotros.

Cuando volvía a casa después de su trabajo oficial, Freda les daba clases de inglés a Akong y a Trungpa, y a veces hasta los llevaba con ella a la fiesta de alguna embajada, para que conocieran a gente importante e influyente. Había concebido ya un plan para los *tulkus* y los lamas a los que tanto admiraba. Tenía una visión de ellos enseñando el Dharma en Occidente y estaba preparando el terreno para que fuera posible. Trungpa, por supuesto, era su favorito, porque le encantaba el estudio y estaba excepcionalmente dotado para ello. Akong también se aplicaba con diligencia. Y, fiel a mi costumbre, yo me comportaba de manera indiferente y rebelde. Tras varios intentos, abandonó sus esfuerzos conmigo, e insistía en llevarme con ella al trabajo, para que no distrajera a los demás. Yo me dedicaba a holgazanear por los alrededores del aparcamiento del ministerio mientras ella trabajaba. Para ella, yo pertenecía al tipo peor de tibetano. Y me convertí en su ejemplo de cómo se puede acabar si no se hacen las cosas de forma correcta, que, ¡ni que decir tiene!, era la suya.

El plan de Freda requería algo más que sus clases particulares de las tardes con Akong y Trungpa. Comprendió que se necesitaba una formación universitaria con recursos adecuados para los *tulkus* si su visión de ellos como embajadores espirituales en Occidente tenía que llegar a buen puerto.

A mí, todo ello se me antojaba muy improbable. La mayoría de los tibetanos aún estábamos detenidos en los campamentos de la miseria o en el programa de construcción de carreteras en los extremos norte y sur del país. Además, para muchos tibetanos, Occidente era un lugar remoto a más no poder, habitado por gentes espiritualmente bárbaras. Tenía mis dudas de que alguien siquiera deseara ir allí.

Pero Freda se mantenía firme en su visión. Estaba decidida a fundar una escuela para lamas en Delhi, en la que pudieran estudiar inglés, hindi y cultura general, y en la que cada estudiante recibiría, además, instrucción religiosa en la tradición de su propio linaje budista.

Freda recurrió a su amistad con Nehru y a su red de relaciones con gente rica e influyente. Nehru prometió financiación gubernamental, y sobre esa base vino todo lo demás. En el otoño de 1961 se inauguraba la Young Lamas Home School (el Internado para Jóvenes Lamas) en Green Park, un moderno suburbio de las afueras de Delhi. Su Santidad el Karmapa vino desde Rumtek, a invitación de Freda, para dirigir la ceremonia de inauguración. Trungpa fue nombrado director de la escuela y Akong fue nombrado gerente. Cada chico recibía un equipo de ropa como regalo de bienvenida y se le internaba en estricto régimen de estudio. Freda arrancó con doce *tulkus*, y su número creció enseguida hasta los veinte.

Yo no era uno de ellos. No era candidato, dado que no era *tulku* y, por supuesto, le había demostrado a Freda que no merecía que se hiciera conmigo una excepción. De hecho, nuestra relación fue de mal en peor tras la apertura de la escuela. Hacía trabajos ocasionales y estudiaba un poco de inglés, pero la mayor parte de mis energías las dedicaba a malear a los estudiantes de Freda y a ingeniar travesuras para volverla loca. Conservaba mis habilidades con la honda y en cierta ocasión apedreé los globos de los niños lamas y los reventé todos. Akong se enfadó mucho conmigo, y me echó una sonora bronca. Como era el hermano de Akong y no tenía ningún lugar donde ir, Freda tenía que cargar conmigo, pero yo siempre andaba sacándolo todo de quicio, causando problemas.

Entonces contraje sarampión, al igual que Lama Zopa, uno de los estudiantes (que más tarde sería el cofundador, en Occidente, de la FPMT, la Fundación para la Preservación de la Tradición Mahayana). Freda nos puso en cuarentena y, como no mejorábamos, acabó enviándonos al hospital local, donde fuimos ambos diagnosticados de tuberculosis, además del sarampión. El estado de Zopa no era tan grave como el mío, respondió bien al tratamiento y pronto fue dado de alta. Pero mi enfermedad se fue agravando más y más. La infección era grave y estaba muy cerca del corazón. Finalmente, los médicos me trasladaron a un hospital para tuberculosos en Rajastán, a más de cuatrocientos kilómetros al suroeste de Delhi. El equipo médico de allí fue igualmente incapaz de curarme y pasé varias semanas languideciendo, sintiéndome en un limbo entre la vida y la muerte. Yo había observado a Jamyang muriendo de su enfermedad y ahora parecía que era mi turno. Me hallaba paralizado entre el miedo y la soledad.

Lo siguiente que supe fue que un famoso cirujano estadounidense estaba de camino al hospital para extirparme el pulmón infectado. Era el más prestigioso doctor en su especialidad, y se trataba de una operación nunca realizada hasta entonces en la India.

Una vez más, Freda puso en marcha sus recursos de compasión para salvar mi vida. Cuando se enteró de que yo estaba a las puertas de la muerte, movilizó a su red de amistades y organizó mi operación. Fue todo un éxito, aunque la recuperación fue una agonía interminable. Tuvieron que quitarme dos costillas y media, además de casi todo un pulmón. A duras penas podía sentarme en la cama de lo débil que me encontraba. (Todavía hoy tengo dificultades para sentarme recto durante largos períodos de tiempo, lo que hace que para mí sea un reto mantener una buena postura de meditación.) Era el único adolescente en la sala llena de indios adultos y casi no podía comunicarme con nadie. Pero estaba vivo, y poco a poco comencé a mejorar. Empezaba a creer que no era mi momento para morir.

Llevaba en la India exactamente dos años cuando la intervención de Freda y la operación del doctor americano salvaron mi vida. Tenía diecisiete años. Muchas personas se muestran horrorizadas cuando comprenden todo lo que había perdido en el transcurso de esos tres años, desde la salida de Dolma Lhakang hasta la sanación de mis heridas en el hospital para tuberculosos de Rajastán. Si hago una lista, su lectura resulta sobrecogedora. Había perdido mi tierra natal; había perdido la única forma de vida que yo conocía; había perdido a cientos de compañeros. A mi familia. A mi querido hermano mayor. Mi salud. Casi la vida. Estaba profundamente afectado, por supuesto. Me encontraba confuso y afligido, y continuaba furioso y resentido contra Akong como autor último de todos mis males, al que ahora se había unido Freda.

A la vez estaba recibiendo una profunda lección sobre dos de los principios de la doctrina budista: la impermanencia y la compasión. Estaba aprendiendo, una vez más, que nada dura para siempre. Podemos elegir si consideramos esto como una tragedia o como una liberación de las preocupaciones egocéntricas y una oportunidad, por tanto, para practicar la compasión, tanto hacia nosotros mismos como hacia los demás. Siempre digo que en el budismo la mente es la reina, y que la forma en que decidimos ver las cosas es la clave. Cuando atestiguamos el sufrimiento, y más aún cuando lo experimentamos en la propia carne, nuestra mente-corazón puede despertar a la acción compasiva. Los tiempos difíciles se convierten en una oportunidad de aprendizaje, de empatizar, de dar un giro hacia lo positivo y de cambio.

En el budismo, uno de los símbolos de la compasión es la flor de loto, que se alimenta del lodo para florecer espléndida sobre la superficie del lago. La semilla de la flor de la compasión germina en el putrefacto lodo del fondo del lago. Este lodo es imagen de todas las emociones y tendencias difíciles y negativas que pugnamos por mantener ocultas al mundo y a nosotros mismos. Odio, resentimiento, celos, orgullo, egoísmo, codicia y todos los patrones de pensamiento neuróticos que nos limitan: todo ello es parte de ese lodo. Generalmente, deseamos mantenernos alejados de ese mantillo infecto que hay en nuestras mentes y en nuestros corazones, pero de hecho es más constructivo verlo como fertilizante para la semilla de la compasión. Si no hubiera lodo, la semilla no podría germinar y crecer hacia la superficie del lago, para finalmente florecer en nuestra experiencia consciente y manifestarse en la vida diaria.

Por tanto, en vez de intentar limpiar nuestras mentes de toda negatividad, tarea que parece imposible, demos la bienvenida a los sentimientos que nos incomodan como fuente de transformación. Cuando los miramos de frente y nos involucramos en nuestro dolor y en el de los demás, el brote de la compasión comienza a desarrollarse. Lo alimentamos a través de la atención y de la práctica de la paciencia y de la bondad, hasta que acaba por florecer. Sin la oscuridad, la compasión no puede despertar; y sin la compasión, nos mantenemos atrapados en la oscuridad.

Mientras yacía en esa cama de hospital, no se me pasaba por alto que las dos personas contra las que más resentimiento sentía habían sido mis salvadoras. A Freda yo no le gustaba, estoy seguro, pero eso no le impedía mostrar compasión por mi enfermedad. No sentía simplemente pena: se puso manos a la obra para aliviar mi sufrimiento. Esa es la esencia de la compasión, que debe ser activa y estar en expansión, si ha de ser significativa. El Buda nos enseña a ser compasivos con todos los seres vivos: con nuestros amigos, pero también con aquellos por los que no sentimos simpatía, aquellos a los que tememos y hasta con los desconocidos. En la ronda inacabable de vidas por la que atravesamos, incluso nuestros enemigos han sido alguna vez nuestras madres. Y nosotros seremos sus madres en el futuro. Si tenéis dificultades con la idea del renacimiento, considerad de nuevo la ley del karma, la ley de causa y efecto, que nos enseña que recogemos lo que sembramos. La visión y la motivación que este principio inspira es la piedra angular de las principales religiones y sistemas éticos. Pero yo era un aprendiz lento en muchos sentidos, e incluso esta lección se esfumó cuando mis males desaparecieron.

Un día, Akong llegó junto a mi cama. Venía para decirme que dejaba la India y que se iría a Inglaterra con Trungpa, quien había logrado una beca para estudiar en una famosa universidad de un lugar llamado Oxford. Freda había estado haciendo sus gestiones de nuevo. Recuerdo que Akong me dio un regalo, un bonito reloj de pulsera. Yo estuve jugueteando con él mientras me hablaba. Parecía muy emocionado.

Asentí cuando me dijo que Ato Rinpoche, que iba a ser el nuevo director del Internado para Jóvenes Lamas, se haría cargo de mí. En realidad, me daba lo mismo que mi hermano se fuera. Me había estado sintiendo solo durante tanto tiempo que ya estaba empezando a acostumbrarme a ello. Además, mi relación con Akong seguía basándose en el miedo y en un reticente respeto mezclado con resentimiento, más que en el cariño. No consideré su marcha como una pérdida especialmente significativa.

Cuando se levantó para irse, me dio su bendición. Tardaría seis años en volver a verlo. La vez siguiente que nos encontramos fue en un aeropuerto en Escocia, y mi vida sufriría una nueva transformación.

7. Marginal

Pasé mi adolescencia y la primera parte de la segunda década de mi vida en diversos lugares de la India, de donde finalmente me fui en 1969, a los veinticinco años. Era un joven sin familia, perteneciente a una comunidad de exiliados. A ratos me sentía razonablemente satisfecho. A ratos estaba solo. Siempre sin ningún sentimiento de propósito. Durante años, estudiando sin entusiasmo, y después trabajando como administrativo; hasta que finalmente me encontré con Su Santidad el XVI Karmapa en persona por primera vez, y una semilla de motivación surgió en mí. Tardaría años en florecer.

Cuando me dieron de alta en el hospital para tuberculosos de Rajastán, Ato Rinpoche vino para llevarme con él al nuevo emplazamiento del Internado para Jóvenes Lamas, que era ahora el único hogar que yo tenía en el mundo, a pesar de no ser lama ni tener ningún interés en los estudios. Freda Bedi había trasladado la institución lejos del asfixiante calor de Delhi, a las alturas de Dalhousie, una hermosa población de montaña construida sobre cinco colinas con vistas al Himalaya en la distancia. Había sido utilizada por los británicos como colonia de verano durante la etapa de su gobierno, y había iglesias y amplias casas construidas al estilo inglés.

Volví a la escuela de la señora Bedi con la conciencia de que le debía la vida, pero aún incapaz de sintonizar con su modo autoritario de mangonear a todo el mundo. Se suponía que yo era estudiante, pero en realidad era un ser marginal: ni lama, ni monje, ni tampoco un laico normal. Por supuesto que todos los tibetanos éramos población marginal en la India, aunque un poco menos en Dalhousie de lo que lo éramos en Delhi, porque allí ya existía una comunidad tibetana de exiliados cuando llegamos. Esa era una de las razones por las que Freda había elegido ese lugar. Esa y los alquileres baratos y las benditas frescas temperaturas y el aire limpio. Además, no estaba lejos de Dharamsala, otra antigua base militar de montaña donde Su Santidad el Dalái Lama había establecido su gobierno en el exilio.

Cuando atravesé las puertas de hierro tras Ato Rinpoche, vi una gran construcción hecha en entramado de madera e hiladas de ladrillo, con galería exterior y tejados a dos aguas. La villa colonial era el edificio más grande en el que yo había estado desde que salí del monasterio, y aunque estaba un poco abandonada seguía siendo un lugar confortable, con hermosos jardines llenos de rosales.

Se me adjudicó la responsabilidad de atender a los jóvenes profesores de inglés que Freda había contratado para enseñar a sus queridos lamas. Yo solía proveerles de pan con mantequilla y tazas de té, que ellos preferían a la comida india. Eran jóvenes idealistas, la mayoría interesados en el budismo, a los que Freda conocía a causa de su actividad política y social. Algunos llevaban ya un tiempo en la India, otros eran recién llegados provenientes de Inglaterra o de Estados Unidos. Solíamos dar las clases fuera, en el césped, mientras los monos que vivían en los bosques de pinos chillaban sobre nuestras cabezas.

Había momentos tranquilos, pero no demasiados. Yo me sentía desmoralizado y solo. Estaba resentido con Akong, que me había llevado hasta Delhi y el Internado para Jóvenes Lamas y a continuación me había abandonado. Echaba terriblemente de menos a Jamyang y a Trungpa. Y era incapaz de soportar la ciega adoración que tanto los tibetanos como los profesores parecían sentir por Freda Bedi, y que ella de alguna forma demandaba. Era una persona extraordinariamente capaz, dinámica y compasiva, pero a la vez era mandona y exigente. Había que hacer las cosas a su manera, y mi percepción era que le encantaba ser adulada. Dicho de otra forma, era un ser humano complejo, como lo somos todos, pero yo no la tragaba. Estaba cegado por mi propio orgullo. Nuestra mala relación se convirtió en conflicto abierto. Un día me avergonzó diciendo que uno de mis amigos llegaría a primer ministro del Tíbet, mientras que yo seguiría siendo siempre un don nadie, porque no me aplicaba en los estudios y no respetaba a mis mayores. Curiosamente, ese lama acabaría emigrando a América, sufriendo graves problemas de salud mental y teniendo una muerte trágica a causa de su adicción a las drogas.

Cierto día, estaba de pícnic en el césped con un grupo de jóvenes lamas. Estábamos de buen humor y empezamos a hacer luchas. Derroté a uno tras otro, y estaba empezando a disfrutar de mi nuevo estatus oficioso de campeón de lucha, cuando caí torpemente con la mano izquierda bajo la espalda. Cuando me incorporé, no podía sentir el brazo izquierdo en absoluto. Ato Rinpoche le echó un vistazo y decidió que debía de estar dislocado. De manera que me pegó un estirón para devolverlo a su posición «normal». Me sentí peor todavía. Así que hizo un segundo intento… Estaba tan dolorido que Freda me envió, acompañado de un profesor americano, al hospital de Pathankot, donde diagnosticaron que tenía el brazo roto por dos partes. Si fue a causa de la caída o de los intentos de ayuda de Ato Rinpoche, de eso no estoy muy seguro.

Los médicos me escayolaron el brazo izquierdo de arriba abajo y tuve que pasar la noche en el hospital. Pese a la incomodidad, me sentía emocionado de estar lejos del agobiante régimen de la escuela y a poca distancia de la diversión. Yendo hacia el hospital, había localizado un cine en el que pasaban películas indias. No dejaba de pensar en las carteleras, con sus brillantes colores y su promesa de música, amoríos y drama. Decidí que no debía perder la oportunidad. En este punto, yo ya era un veterano en hospitales, y no fue difícil ajustar mi escapada al rato en que no había enfermeras. La sala estaba en la planta baja, de modo que no tuve más que saltar por la ventana e ir caminando tranquilo hasta el cine. Cuando volví al internado al día siguiente, todos los *tulkus* me firmaron la escayola y yo me sentí un poco como una celebridad.

Este fue el principio de mi obsesión por las películas indias. A partir de ese momento, adquirí la costumbre regular de escabullirme del internado y bajar hasta el valle para pasar allí las tardes en cualquiera de las muchas minúsculas salas de cine y en los cafés. Hice amigos entre los chicos de la población y tonteaba con las chicas ricas punyabíes. Era una especie de dandi, orgulloso de su bonita cazadora y su par de pantalones vaqueros, que había conseguido por medio de uno de los jóvenes profesores americanos. Tenía por entonces una espesa cabellera de negros rizos, tipo afro. Me creía alguien. Me encantaba provocar a las chicas y tenía la costumbre de llevar oculta al cine una aguja y clavarla a hurtadillas en sus desprevenidos glúteos.

Como podréis imaginar nada de todo esto me ganaba las simpatías de Freda, que cada vez era más fervorosa en su práctica del budismo. De modo que cuando llegó una carta de Akong sugiriendo que se me cambiara a la escuela para refugiados tibetanos de Mussoorie, Freda daba saltos de alegría. Yo estaba algo triste de tener que dejar a mi círculo de amigos, tanto los *tulkus* como los locales, pero encaré con ilusión la oportunidad de empezar de nuevo en otro lugar. Tenía veinte años en ese momento y seguía siendo tan inquieto e inconsciente como siempre.

Mussoorie es una bonita base militar de montaña en el distrito de Dehradun, en el estado septentrional de Uttarakhand. La escuela era una nueva iniciativa puesta en marcha por un lama *bönpo*, Sangye Tenzin, al que Akong había conocido en Inglaterra. Sangye Tenzin había sido invitado a dar clases en la Universidad de Cambridge y allí había entablado relación con un eminente profesor fascinado por las religiones chamánicas prebudistas *bon*. El profesor se había hecho discípulo de Sangye Tenzin y le había ayudado a recaudar fondos para la escuela.

Pasé dos años sin rumbo en Mussoorie. No estaba seguro de qué hacía allí, en realidad. Había sido aceptado únicamente por ser hermano de Akong. Entraba y salía de las clases y pasaba la mayor parte del tiempo en el cine del pueblo, viendo películas en hindi y en inglés. Mis destrezas lingüísticas mejoraron, pero nada más. Echaba de menos a Jamyang. Me preguntaba a cada rato qué habría ocurrido en Darak, y procuraba distraerme de esos pensamientos buscando compañía, conversación y ligues. Y la cosa funcionaba bastante bien por el momento, aunque no hacía sino almacenar problemas en mi interior.

La decisión de trasladar la escuela miles de kilómetros hacia el sur, al estado de Kerala, donde existía una gran comunidad de tibetanos *bon*, me produjo gran descontento. Kerala poseía un clima caliente y húmedo, asfixiante, y la vida allí era dura debido a la extrema pobreza de la población. Para colmo, Sangye Tenzin introdujo la filosofía y las prácticas *bon* como parte del currículo obligatorio, lo cual no acababa de encajar con nosotros, los estudiantes budistas. Cuando dije que yo no quería asistir a las lecciones *bon*, los profesores contestaron que tendrían que expulsarme. Esto enardeció mi naturaleza rebelde y lideré una protesta de todos los estudiantes budistas. Sencillamente, nos negamos a entrar a las clases. Solo quedaron un puñado de chicos *bon* y unos cuantos profesores, y la escuela tuvo que cerrar antes siquiera de haber cumplido el año. Había conseguido arruinar su proyecto.

Me siento lleno de remordimiento cuando recuerdo mi conducta destructiva de entonces, ya que en aquella época yo era esencialmente egoísta y me dominaba el orgullo. No tenía ningún interés en los estudios ni curiosidad alguna respecto a Kerala y sus habitantes. El problema fundamental era que seguía debatiéndome en procesar la pérdida de mi familia, mi cultura y mi país. Habían pasado seis años desde mi llegada a la India y no tenía ni idea de qué hacer con mi vida. Si hubiera seguido en el Tíbet, en ese momento sería monje y estaría ayudando a Akong a llevar Dolma Lhakang. Estaba contento de haber escapado de ese destino, pero la vida que llevaba entonces no era ni mucho menos más gratificante. Estaba soltero, a una edad en que un laico en el Tíbet debería llevar ya tiempo casado. Disfrutaba de quedar con chicas cuando se daba la oportunidad, pero no tenía ningún interés en formalizar relaciones ni en establecer una familia. ¿Cómo podía siquiera pensar en ello cuando no tenía ningún proyecto de futuro y no sabía nada sobre mí mismo, ni sobre mi propia mente?

Como cabe imaginar, no le dije nada a Akong sobre lo sucedido en Kerala. Me limité a regresar a Delhi junto a un pequeño grupo de los estudiantes desafectos. Tenía veintidós años y estaba de mal humor y destrozado.

El gobierno tibetano en el exilio nos pagó el viaje de vuelta y a continuación nos ofreció a muchos de nosotros, incluido a mí, enviarnos a la universidad. Por entonces el problema de la diáspora tibetana estaba cosechando un montón de simpatías alrededor del mundo y se recibían numerosas becas de gobiernos extranjeros. A mí también se me ofrecieron mis oportunidades. De alguna forma, tuve una inmerecida fortuna, aunque ese futuro no fue necesariamente positivo para todo el mundo. Muchos jóvenes tibetanos pudieron emigrar a Europa y a Estados Unidos, pero muchos de ellos hubieron de sufrir por ajustarse al nuevo estilo de vida, y algunos acabaron abandonando y cayendo en las adicciones. Creo que los tibetanos se debatían con el legado de una pérdida traumática que para muchos de ellos resultó funesta. Debió de ser especialmente duro para los *tulkus* y otros lamas de alta jerarquía, que fueron tratados en Occidente casi como criaturas exóticas en vez de como seres humanos. El contraste entre la sociedad feudal de la que procedían y la sociedad de consumo individualista que encontraron fue monumental.

En Occidente, en aquellos momentos, el budismo se asociaba mucho más a la contracultura que a la tradición, de manera que muchos tibetanos, en especial maestros y *tulkus*, se encontraron aterrizando en lugares donde se bebía y se utilizaban las drogas y donde el amor libre era la norma. Carecían en absoluto de preparación para ello. A menudo viajaban solos, o en compañía uno de otro, de manera que se encontraban venerados y aislados al mismo tiempo. Mi propio proceso de adaptación, cuando llegué a Escocia en 1969, fue realmente muy duro, pese a contar con muchos más apoyos de los que otras personas tuvieron.

Cuando se me ofreció la oportunidad de estudiar en el extranjero a finales de 1966, la rechacé. No estaba interesado ni en Occidente ni en ulteriores estudios por sí mismos. A cambio, opté por permanecer en Delhi e inscribirme en un curso de formación administrativa para tibetanos, que se requería para trabajar en la creación y gestión de la red de campamentos, escuelas, hospitales y otras instalaciones para la comunidad tibetana de la India. En el Tíbet no había existido esa formación y ahora había una necesidad desesperada de gente con esos conocimientos. Para entonces, yo ya hablaba con fluidez inglés e hindi, y pensé que era un trabajo que me permitiría hacer algo útil.

Por primera vez en mi vida me sentía bien. Cuando acabé el curso, me preguntaron a qué campamento de refugiados desearía ser destinado. Elegí Tashi Jong, al norte de la India, donde el gobierno tibetano en el exilio estaba adquiriendo tierras para un nuevo asentamiento. Mi trabajo consistía en supervisar el programa de instrucción en técnicas agrícolas necesarias para el cultivo en la India, dado que las condiciones eran completamente diversas de aquellas a las que estábamos acostumbrados. Ayudaba a poner en marcha plantaciones de té y campos de otros cultivos, y me gustaba el trabajo. La mayoría de la gente pertenecía a los grupos Kagyu y Nyingma, con los que yo sentía una particular afinidad. A menudo seguía estando muy solo, pero por primera vez en muchos años me sentía arraigado.

Entonces me dijeron que pensaban trasladarme a un asentamiento tibetano mucho mayor, al sur del país, donde había una urgente necesidad de oficiales administrativos. Era una gran oportunidad, el tipo de situación en la que hacer carrera. Pero no me apetecía ir. Había tenido una experiencia nefasta en el sur de la India, en la escuela *bon*, y además estaba cansado de andar rodando de acá para allá. Ya había sido trasplantado demasiadas veces en mi vida, y deseaba pararme y echar raíces. El representante del gobierno con el que estuve hablando no se mostró muy empático. Yo no sabía qué hacer.

Mientras trataba de tomar una decisión, Su Santidad el Karmapa vino de visita a Delhi. Coincidió con que yo también estaba allí en aquel momento, porque andaba saliendo con una de sus sobrinas y había ido a verla. Estaba deseoso de conocerlo. Había oído hablar mucho de él, pero nunca lo había visto.

Mi amiga me consiguió una audiencia personal. Llegué lleno de curiosidad y turbación. Su Santidad tenía una personalidad imponente, y era famoso por sus extraordinarios poderes de clarividencia, su carisma y su habilidad para relacionarse del modo adecuado con cada persona. Algunos decían que era divertido, casi infantil, mientras que para otros era alguien furioso y aterrador. Era, como tuve ocasión de comprobar, una de las personas más sabias, compasivas y fuertes que había conocido nunca. Era magnético.

Mientras me prosternaba ante él, experimenté la desconcertante sensación de que podía leer mi mente. Hablaba como si me conociera desde hacía mucho tiempo y estuviera al tanto de todos mis defectos. Se mostró extremadamente severo conmigo y fue tajante sobre lo que debería hacer. «Tú, mala persona –me dijo–, ¿qué haces liándola por aquí? ¡Vente a Rumtek conmigo!». Cuando le dije que ya tenía un trabajo y que se suponía que debía ir al sur para supervisar un importante proyecto, me ignoró. Me quedé de piedra y fui incapaz de añadir nada más para resistirme a él. Y al mismo tiempo sentí una profunda e instintiva confianza en que Su Santidad sabía qué era lo mejor para mí. Sentí que, de hecho, él me conocía, y que llevaba conociéndome desde hacía muchas vidas. Y de pronto me encontré estando de acuerdo en irme con él a su monasterio. Esto me llenó de nerviosismo, aunque a la vez me produjo un profundo alivio.

Al salir de la entrevista me fui de inmediato a ver a mis jefes para pedirles un mes de excedencia. Al final no llegué a incorporarme al gran campamento del sur de la India. Mi carrera como funcionario del gobierno en el exilio acabó ahí. A cambio, pasé quince meses en Rumtek con Su Santidad el Karmapa, trabajando como secretario y traductor, aunque siendo tratado más como un hijo y recibiendo muchas enseñanzas. Fue un tiempo realmente precioso en mi vida, aunque, fiel a mi carácter, seguí resistiéndome a sus efectos transformadores. Al menos a corto plazo.

Al cabo de pocas semanas de mi llegada a Rumtek, a finales de 1967, hice un viaje a Bután acompañando a Su Santidad el Karmapa en visita oficial a la familia real. Los Karmapas habían sido consejeros espirituales de los reyes de Bután durante siglos y a lo largo de sus sucesivos renacimientos, al igual que con los emperadores de China. El rey actual de Bután era totalmente devoto del actual Karmapa y lo había invitado para una estancia prolongada. Los otros componentes de nuestro séquito eran monjes de rango elevado que asistían al Karmapa en sus tareas religiosas. Fueron unas semanas maravillosas para todos. Se nos asignaron habitaciones en el palacio real y permanecimos allí durante dos meses. Apenas podía dar crédito a mi suerte. Había un nivel de lujo y confort que yo nunca había conocido. Tras años de duras pruebas, se agradecía muchísimo.

El rey llevó a nuestro grupo de peregrinación por los lugares sagrados de Bután. Uno de los que me resultó particularmente inspirador fue la famosa cueva llamada La Cola del Tigre, colgada en lo alto de un barranco, donde el gran maestro del siglo VIII Padmasambhava, o Gurú Rinpoche, como se lo conoce entre los tibetanos, estuvo meditando.

Gurú Rinpoche nos es especialmente querido, porque fue quien llevó el budismo al Tíbet, procedente de la India. Suya es la gran estatua que preside el templo del abad en el *labrang* de Dolma Lhakang. Es famoso por haber dominado a las poderosas fuerzas negativas operantes en nuestro país por aquel entonces, por medio de su habilidad para convertir a los adversarios en aliados de las enseñanzas budistas. Su especialidad fue la enseñanza del *tantra*, floreciente entre los siglos VI y VII d.C., uno de los distintivos de la tradición tibetana.

El término sánscrito *tantra* hace referencia a «la urdimbre de un telar» o «los mechones de una trenza». También significa «continuidad ininterrumpida», y trata de reflejar nuestra *naturaleza de buda*, la bondad y sabiduría innatas que no pueden ser manchadas ni menoscabadas por ninguna dificultad que nos sobrevenga en la vida. Es como un hilo continuo que ensartara todos nuestros pensamientos, palabras y acciones, y que cuando lo reconocemos cambia nuestra vida. A partir de ahí actuamos desde un lugar de claridad y confianza interior, en vez de hacerlo desde la carencia y la confusión. Esta enseñanza iba a afectarme poderosamente en los años venideros, pero por el momento no tenía oídos para ella. No estaba aún suficientemente maduro. No obstante, le hice un sitio en mi corazón.

Cuando regresamos a Rumtek, me acomodé en mi nueva vida. El monasterio acababa de ser reconstruido completamente con la generosa ayuda de la familia real de Sikkim, y era un lugar hermoso y espectacular. Los Karmapas habían tenido un monasterio en ese mismo emplazamiento desde el siglo XVII, que había acabado en estado ruinoso. Cuando Su Santidad el XVI Karmapa huyó del Tíbet, lo hizo resuelto a reconstruir esta antigua sede de su linaje, y había hecho un boceto de su diseño original de memoria, sin recurrir a planos ni a libros. La obra llevó cuatro años y fue inaugurada en 1966, el día del Año Nuevo tibetano, un año y medio antes de mi llegada.

Había un par de cómodas casas de huéspedes y yo fantaseaba con quedarme allí, mejor que en el edificio principal. Facilitaría mis actividades de placer y juego, mis escapadas al cine y mis relaciones con mujeres jóvenes. Pero Su Santidad tenía otro parecer. Cuando le dije que deseaba un poco de libertad, porque yo era laico, no un monje, fue contundente conmigo: «¡Aquí las decisiones las tomo yo, no tú! ¡Te quedarás en el templo!».

Esa fue todo el tiempo la tónica de nuestra relación. Yo no dejaba de presionarle para obtener más libertad, prerrogativas personales y un trato de favor, y él se mantenía inflexible en que yo debía hacer lo que él dijera. Sin embargo, de hecho, el Karmapa me distinguía y me trataba con amabilidad. El edificio principal del templo solo tenía estancias para Su Santidad y para sus cuatro hijos del corazón, los lamas de la máxima jerarquía que eran sus discípulos más próximos y sostenedores del linaje. Incluso los familiares de Shamarpa, uno de los cuatro, dormían en el suelo. Sin embargo, yo insistí en que necesitaba mi propia habitación, y se me adjudicó un pequeño cuarto pegado al de Tai Situpa, otro de sus cuatro hijos del corazón. Me alucina mi arrogancia cuando echo ahora la vista atrás. Siempre andaba exigiendo que las cosas se hicieran a mi modo.

Mi trabajo diario consistía en ejercer las tareas de secretario personal del Karmapa. Mi formación administrativa era de gran utilidad para él. Me ocupaba de la correspondencia y de contestar al teléfono, que acababa de ser instalado y con el que tardé un tiempo en familiarizarme. Le servía también de traductor con los visitantes hindihablantes y anglohablantes a los que recibía. La fama del Karmapa atraía a muchos estudiantes del budismo a Rumtek.

Además de trabajar, recibía instrucción del muy estimado Khenpo Thrangu Rinpoche, que estaba enseñando los tratados fundamentales de nuestro linaje Karma Kagyu a los cuatro hijos del corazón. (*Khenpo* es un título equivalente al título académico de doctor en Occidente) El Karmapa le pidió a Thrangu Rinpoche que me enseñara los Cuatro Preliminares, que son las prácticas básicas fundamentales del budismo tibetano. En tibetano se las conoce como *Ngöndro*. Son prácticas muy energéticas, que ocupan mucho tiempo y que sientan las bases para las prácticas tántricas más elevadas. La primera de ellas consiste en hacer cien mil postraciones ante la imagen de los maestros del linaje del pasado. La idea es desarrollar la humildad –que yo ciertamente necesitaba– y la confianza en la propia naturaleza de buda encarnada en esos grandes maestros del pasado. La segunda es Dorje Sempa, una práctica de purificación que consiste en recitar cien mil veces el mantra de las cien sílabas. El objetivo principal aquí es cultivar un sincero arrepentimiento por nuestros pensamientos, palabras y acciones negativos, a la vez que establecer el compromiso de no volver a caer en ellos. La tercera es la Ofrenda del Mandala, cuyo propósito es la acumulación de mérito y sabiduría. «Mérito» significa generar en la mente un impulso de energía positiva que provea el contexto para la comprensión de que todo está interconectado, no separado y con una existencia individual. La realización de esto es la «sabiduría». El mérito se genera a través de la ofrenda de una representación simbólica del universo a todos los budas y *bodhisattvas*, que se hace cien mil veces. La cuarta práctica preliminar es Gurú Yoga, que consiste en suplicar con devoción al propio gurú o maestro que nos conecte con la gracia y la bendición de su linaje (en este caso, el linaje Kagyu).

Podemos utilizar la analogía de una copa para entender cómo los Cuatro Preliminares preparan nuestra mente para recibir las enseñanzas tántricas más elevadas. La práctica de las postraciones es como poner de pie una copa volcada, para que pueda recibir el líquido. Dorje Sempa purifica las impurezas, como si limpiáramos la copa. La Ofrenda del Mandala es como reparar cualquier grieta que tenga; y, finalmente, Gurú Yoga es recibir el líquido en la copa, recibir sus bendiciones. «Bendición» significa que nuestra mente se vuelva más positiva, a través de un proceso que yo llamo de alquimia. El objetivo de los Cuatro Preliminares es crear las condiciones apropiadas para que se produzca la alquimia de convertir el lodo de una mente negativa en el oro de una mente positiva.

Probablemente ya nadie se sorprenda de oír que yo no era un buen estudiante. No le encontraba sentido a hacer incontables postraciones, de manera que ni siquiera completé la primera de las cuatro prácticas. Era nominalmente budista, pero en realidad no tenía ningún interés en profundizar en la práctica, a pesar de la excepcionalmente privilegiada posición en la que me encontraba en Rumtek, con acceso directo a algunos de los más eminentes maestros. La práctica de las postraciones me parecía más un castigo que otra cosa. Así que me escabullía y me largaba para juntarme con los amigos de fuera del monasterio y jugar, o ligar, o beber cerveza. Solíamos jugar a las cartas durante horas y horas. El único problema era que no se me daba muy bien, y perdía todo el poco dinero que llevara encima.

El Karmapa parecía estar siempre al tanto de lo que yo tramaba. Gritaba a todo lo que daban sus pulmones: «¿Dónde está Jamdrak? ¿Por dónde anda ese bribón?», y a continuación, sin esperar respuesta, mandaba a un monje para que me sacara a rastras de cualquier garito de juegos o sala de cine en que me estuviera escondiendo. Cuando esto se repitió ya demasiadas veces, insistió en que completara las postraciones en la *gompa* más sagrada de todas, donde él celebraba la ceremonia de la Corona Negra, un ritual de transmisión directa de la energía de la sabiduría iluminada. La Corona Negra le había sido regalada al V Karmapa por el emperador chino Yongle alrededor de 1410, y se decía que había sido tejida con el cabello de cien mil *dakinis* (en el panteón cristiano, las *dakinis* podrían ser descritas como ángeles). La *gompa* de la Corona Negra estaba justo al lado de las dependencias de Su Santidad, así que se me acabaron las escapadas. Y tuve que ponerme a ello en serio.

Estuve tres meses haciendo postraciones. Utilizaba un *mala*, que es similar a un rosario, y un montoncito de piedras puestas en el suelo, para contabilizar las postraciones que iba haciendo. Cada postración pasaba una cuenta del *mala*. Cuando llegaba a la última cuenta (el *mala* corto suele tener veintisiete), movía una de las piedrecillas hacia delante. Al acabar la sesión contaba las piedras movidas y anotaba la cifra total en una libreta. Llegué a hacer unas 80.000, pero sin poner en ello el corazón, y aprendiendo muy poco. Esa era la rutina de mi vida en Rumtek. Se me dieron muchísimas más oportunidades de las que se dan normalmente a un laico, sobre todo a un laico que hacía tan poco honor a su nombre, y las aproveché al mínimo.

Freda Bedi vino a Rumtek durante mi estancia allí y obtuvo la ordenación de por vida de manos de Su Santidad el Karmapa. Fue la primera mujer occidental en convertirse en monja budista tibetana. A continuación, solicitó recibir las iniciaciones de Vajrayogini y de Karma Pakshi, para poder hacer ambas prácticas. Vajrayogini es una de las principales deidades tántricas del linaje Kagyu. Se la representa de color rojo y ligeramente airada. Karma Pakshi es una práctica concreta de Gurú Yoga. Para poder realizar estas prácticas se necesitan tres cosas: la iniciación, la transmisión del texto* y las instrucciones sobre cómo hacer la práctica. Esto solo puede ser impartido por un maestro de elevada realización, como Su Santidad el Karmapa, a través de la iniciación ritual. Yo también las recibí, junto a las transmisiones del texto de varias prácticas de Gurú Yoga, incluida Karma Pakshi. Creo que Freda se quedó un poco sorprendida

---

* La transmisión del texto de la práctica es una especie de permiso para su lectura. (*N. del T.*)

de verme allí, a su lado. No la culpo, porque lo cierto es que yo no tenía ni idea de lo que significaba el poder de la sagrada tradición tántrica budista por aquel entonces, aunque esas enseñanzas vendrían en mi ayuda muchos años más tarde, cuando me hallara en retiro solitario en Nueva York.

A pesar de mi falta de aplicación, seguía sintiendo una enorme admiración y respeto por Su Santidad el Karmapa. No era un hombre que soliera darse a entender con palabras, pero yo sentía que se negaba a tirar la toalla conmigo. Él veía en mí algo que yo no podía ver. Nunca dejé de sentir que podía leer mi mente, lo que me hacía estar siempre un poco turbado en su presencia. Había algo que era obviamente poderoso en él. Era como si emanara energía luminosa. Yo le amaba y confiaba en él absolutamente. Y él seguía aceptándome tal y como yo era: egoísta, cabezota, rebelde y arrogante. Me dejaba estar sentado frente a él con las piernas cruzadas mientras elaboraba las famosas y sagradas «píldoras negras» de los Karmapas. La receta secreta data de tiempos del primer Karmapa, allá por el siglo XII. Estas píldoras se les dan a las personas en el momento de morir y se dice que ayudan a la consciencia a navegar por el *bardo* –el lapso de cuarenta y nueve días entre la muerte y el renacimiento–. Uno de esos días en que estaba sentado a sus pies, le pedí con todo mi descaro algunas píldoras. Nadie más se hubiera atrevido a ser tan irreverente, pero yo no sabía nada (o me importaba bien poco) de protocolo. Él se echó a reír y, extrañamente, considerando lo valiosas que eran las píldoras y considerando lo inapropiado que era yo para recibirlas, me dio una de las grandes y cinco pequeñas. He ido regalando las pequeñas a lo largo de los años, pero conservo aún la grande en mi altar.

A mis sentimientos de indecisión respecto a estar en Rumtek, se sumaba el hecho de que seguía conociendo a jóvenes occidentales, que llegaban cada vez en mayor número. Aparte de aquellos que estaban comprometidos de verdad con la profundización de su práctica budista, estaban los voluntarios del Peace Corps y los hippies, fascinados por las religiones orientales y la búsqueda de la iluminación. Hasta ese momento me había relacionado sobre todo con ingleses, en el Internado de Jóvenes Lamas. Ahora empecé a conocer gente de Estados Unidos y de toda Europa. Mi curiosidad sobre el mundo exterior empezó a crecer, junto a mi sensación de impaciencia por dejar Rumtek.

De manera que, tras haber pasado allí cerca de un año, escribí a Akong pidiéndole ayuda. Había decidido que quería ir a reunirme con él y con Trungpa. Ambos habían fundado recientemente Samye Ling, en Escocia. Llamado así en honor a Samye, el primer monasterio budista del Tíbet, Samye Ling era el primer monasterio budista tibetano fuera de Asia. ¿Podía Akong enviarme el dinero para los billetes de avión y ayudarme a arreglar los papeles para dejar la India? A mi hermano le encantó la idea de que nos reuniéramos y escribió al Karmapa pidiéndole que me dejara marchar. Su Santidad se puso furioso con los dos. A Akong le contestó que había sido su decisión personal tenerme en Rumtek y que dejara de intentar llevarme consigo. Le dijo que era asunto suyo cómo tratarme, no de Akong. En ese momento me sentí un poco como si fuera su propiedad, aunque ahora me doy cuenta de que Su Santidad me quería a su lado porque ya tenía planes para mí. En cualquier caso, mi hermano dejó de comunicarse conmigo a partir de ese momento.

Creo que fue esto lo que consolidó mi determinación de irme. No podía soportar el sentimiento de no ser libre. Paradójicamente, ya que había cerrado mi mente a las profundas enseñanzas que hubieran podido proporcionarme la verdadera libertad. Pero sencillamente no era el momento para recibirlas.

Podría parecer que no hacía sino rechazar oportunidades de aprendizaje, de elegir el camino de la ordenación como monje budista, que al final acabaría tomando. Sin embargo, echando la vista atrás, no lo veo así. Estaba aprendiendo sobre otros temas, como la adictiva atracción de las cosas materiales y la trampa de la autoindulgencia, que me eran necesarios para convertirme en un maestro eficaz aquí en Occidente. Prefiero ver las cosas como una siembra de semillas positivas, que finalmente acabaron dando flor, a menudo por caminos sorprendentes.

Muchos de nosotros nos esforzamos por dejar de mirar hacia atrás y de castigarnos por no haber aprovechado una oportunidad, por no haber aprendido determinada lección o no haber sabido apreciar lo afortunados que éramos. ¿Por qué dejamos pasar la ocasión? ¿Por qué decidimos quedarnos parados? He conocido a mucha gente que se debatía con enfermedades crónicas mentales, con depresión o con adicciones. A menudo es gente llena de remordimientos y autodesprecio. En nuestro primer encuentro, dan por supuesto que yo siempre he sido una persona autosatisfecha y segura de mi vocación. Yo me río y les cuento que hasta los treinta y siete años yo era un desastre. Mi mente era una absoluta dispersión. El cambio es un proceso complejo al que hay que darle su tiempo. Si persistimos en sembrar buenas semillas, alimentarlas tan amorosamente como sepamos, y tratar nuestro pasado y nuestro presente con gran compasión, acabaremos sintiendo que nos hemos movido en la dirección correcta.

Justo un año después de su primera visita, Su Santidad el Karmapa fue invitado de nuevo a estar con la familia real butanesa. Esta vez yo me quedé, para echar una mano en el funcionamiento del monasterio. En ese tiempo tuve noticia de que Trungpa había vuelto a la India por vez primera desde su marcha. Había estado estudiando con diferentes maestros y venía de camino hacia Rumtek. Yo estaba muy contento de volver a ver a mi antiguo amigo. Habían pasado seis años sin estar con nadie con quien hubiera tenido una relación estrecha en el Tíbet. Trungpa era el mismo de siempre: cálido y vivaracho, divertido e inteligente. Le imploré que me llevara consigo cuando volviera al Reino Unido. Estaba al tanto de los mensajes entre Akong y Su Santidad el Karmapa, pero él no era de los que siguen órdenes, y aceptó de inmediato.

Tras su partida hacia Delhi, yo me tomé un permiso de quince días en Rumtek y me fui a encontrarme con él. A través de sus contactos con la embajada canadiense, me las ingenié para conseguir el visado para Inglaterra. Mi única identificación en aquel momento era un carné de identidad indio. Conseguir los papeles me habría llevado probablemente años sin la ayuda de Trungpa, pero así todo se arregló de forma rápida. Mi hermano me envió el dinero para los billetes de avión, aunque a regañadientes, dado que no le gustaba actuar contra los deseos de Su Santidad el Karmapa. A mí no me importaba. Le escribí a Su Santidad que me iba de la India, y eso fue todo. Tenía veinticinco años y me sentía libre.

Mi marcha de la India fue espléndida, comparada con la llegada nueve años atrás. En los primeros compases de 1969, Trungpa y yo subimos a un avión con destino a París. Él quería hacer escala allí, en nuestro camino hacia Escocia, para visitar a una amante. Esto me tomó por sorpresa, porque yo siempre había sabido que era monje célibe. Pero, como llegué a enterarme durante nuestras conversaciones en Delhi, la juventud en Occidente rechazaba las viejas formas y andaba explorando modos de vida y valores alternativos, tanto política como espiritualmente. Trungpa, con su autoridad, su carisma y su ilimitada curiosidad naturales, se sentía parte de ese movimiento. Estaba al borde los treinta años en ese momento y había vivido en Inglaterra desde 1963, siendo testigo de las revueltas de los sesenta muy de cerca. Estaba cada vez más en contra del estilo de vida tradicional tibetano, aunque su fe en el budismo y su amor por el Dharma no habían disminuido ni lo harían jamás. Me confesó que su reciente estancia en la India y Bután no habían hecho sino confirmar su creencia en que debía cambiar algunos aspectos de su identidad religiosa, si quería convertirse en un maestro de budismo válido para Occidente. Había decidido devolver sus votos de monje a Su Santidad el Karmapa. Y ahora era una persona laica. Todo ello, por no mencionar su indulgencia con el alcohol y sus múltiples relaciones con mujeres, no dejaba de ser chocante para mí, aunque a la vez era excitante. Yo sentía un afecto profundo por Trungpa y confiaba en que fuera mi guía en esta nueva etapa de mi vida. A la vez que Akong, por supuesto. Mi corazón sentía zozobra ante el panorama que se me presentaba.

8. Rebelde

El día que volvimos a encontrarnos, tras seis años de estar separados, mi hermano estaba distante y hervía de latente irritación. Comprensible de alguna forma, ya que llevaba esperándonos a Trungpa y a mí más de una semana. Al no aparecer en el aeropuerto de Glasgow Prestwick en el vuelo en que se nos esperaba, dio por supuesto que llegaríamos en el del día siguiente. Cuando tampoco llegamos al día siguiente, fue a la policía a denunciar nuestra desaparición. Para cuando finalmente aparecimos por Samye Ling, estaba realmente preocupado. Había vuelto una vez más a Glasgow para hablar con las autoridades y había visto nuestros rostros publicados en carteles, pero no había ni rastro de nosotros. De modo que no fuimos recibidos precisamente con los brazos abiertos cuando Trungpa entró a grandes zancadas en el vestíbulo de Johnstone House. Podría decir que Akong y yo no empezamos con buen pie en Gran Bretaña, pero en realidad se trataba de la continuidad de nuestra difícil relación de toda la vida.

Era típico de Trungpa y de mí que ninguno de los dos hubiera avisado a Akong de nuestro cambio de planes. Acabamos pasando tres días en París. Aturdido por mi encuentro con Occidente, yo apenas salí de nuestro barato hotel, pero Trungpa parecía estar pasándoselo en grande. Desde París volamos a Birmingham, y desde allí nos dirigimos a Samye Ling, vía Manchester. Trungpa quería hacer ahí una parada para visitar a otra «amiga». No recuerdo nada sobre el viaje ni sobre la nebulosa de las ciudades inglesas destellando al otro lado de las ventanillas del coche, salvo que llovía y todo era gris. Había estado acostumbrado a los cielos azules, el frío cortante y la resplandeciente luz del sol del Tíbet. Me había costado, pero tras mis diez años en la India había acabado adaptándome al calor de las llanuras indias. Inglaterra no era ni fría ni caliente, era húmeda.

Con todos estos rodeos, no fue hasta una semana después de salir de Delhi cuando llegué a mi destino y tuve oportunidad de echar un vistazo a este nuevo mundo de mi elección. No me impresionó en ningún sentido. Samye Ling era un simple edificio a principios de 1969, a mi llegada. Levantado sobre un antiguo pabellón de caza victoriano, en las afueras del pueblo de Eskdalemuir, en la frontera de Escocia. El río Esk serpenteaba a través del terreno, y los campos me recordaban lejanamente los alrededores de Darak, pero la casa en sí era húmeda, ruinosa, fría y lúgubre. Anteriormente había habido ganchos en los frontones de la fachada en los que los guardabosques colgaban la caza tras un exitoso día de deporte. Akong y un grupo de voluntarios habían llevado a cabo algunas reformas básicas, tras adquirir el edificio en 1967, y habían retirado los ganchos, pero a mí me parecía paradójico que este templo dedicado a los deportes sangrientos hubiera pasado a ser un templo dedicado a la filosofía budista de la no violencia. Paradójico y de mal gusto.

Desde el instante de mi llegada a Samye Ling, y durante los años que siguieron, sentí que había cometido un error viniendo. Cuando entré en Johnstone House tras Trungpa y contemplé el rostro impasible de Akong, sentí como si hubiera vuelto al pasado. Samye Ling no era Dolma Lhakang, yo ya no era un niño, y sin embargo ahí estaba, de nuevo bajo su autoridad. Volví a sentir el asedio del viejo resentimiento, como una trampa. En Rumtek al menos tenía un trabajo útil que desempeñar: asistir a Su Santidad el Karmapa como secretario y traductor. Aquí no tenía nada que hacer, ningún rol, ningún propósito. Volvía a ser el hermano pequeño, el que no era *tulku*. Fuera llovía y hacía frío. La gente local que me había cruzado en el camino parecía perpleja, en el mejor de los casos, ante la aparición de dos asiáticos, uno de ellos vestido de monje. En la India yo había sido un marginal, pero aquí solo era un extraño.

Samye Ling es ahora mi casa, pero me ha llevado mucho tiempo y toda una transformación personal llegar a sentir así. En 1969 me convertí en un rebelde, aunque, a diferencia de Trungpa, no quise hacer causa común con los jóvenes occidentales que llegaban buscando nuevas respuestas a las viejas preguntas. Mi única causa era el resentimiento contra la autoridad. Me sentía tan ajeno a las nuevas formas como me había sentido con las viejas.

El primer día, al entrar al comedor, donde residentes e invitados comían todos juntos, me sentí abrumado por el barullo de las conversaciones en inglés y tibetano mezcladas, y por el olor de la comida vegetariana y de las ropas húmedas y mohosas. El lugar estaba lleno de gente de mi edad, de largas melenas y ropas multicolores. Me parecían malolientes y desaliñados, no como los profesores del Internado de Jóvenes Lamas, ni como los voluntarios de la Peace Corps, ni los visitantes de Rumtek. Por aquellos días Samye Ling estaba lleno de personajes, muchos de ellos hippies y buscadores espirituales. Algunos eran personas sinceras, pero muchos otros no eran sino aventureros que iban y venían dejando tras de sí un rastro de olor a marihuana. Yo no lo sabía, pero ya entonces estaban empezando a crecer las tensiones entre Akong y Trungpa sobre el uso de las drogas y muchos otros asuntos. Tenían enfoques completamente opuestos sobre la difusión del Dharma en Occidente. Y esas tensiones estaban a punto de estallar.

Samye Ling había sido un trabajo conjunto de amor para Akong y Trungpa. Les fue ofrecido el edificio en 1967 por los administradores de la organización que lo poseía. El lugar funcionaba ya entonces como centro budista, pero el monje canadiense que estaba al cargo volvía a su tierra y el centro necesitaba nuevos responsables. Tras completar sus estudios en la Universidad de Oxford, Trungpa se había hecho cierta fama como maestro y estaba empezando a atraer a muchos seguidores. Él y Akong tenían una buena conexión con la pequeña comunidad británica de budistas y con simpatizantes budistas, y eran muy queridos. Así que habían aprovechado la oportunidad. Bien recibida especialmente por Akong, dado que había pasado todo el tiempo desde su llegada a Gran Bretaña trabajando de camillero en el Churchill Hospital de Oxford, por un salario para mantenerse a sí mismo, a Trungpa y a otros lamas. Había aceptado ese trabajo porque era lo más próximo al trabajo médico que aquí se le permitía, ya que sus títulos en medicina tibetana carecían de reconocimiento. Sin embargo, dedicarse a limpiar lavabos y llevar camillas como modo de vida era muy duro para un hombre que había crecido en una posición de privilegio. Años más tarde me confesó que al principio habría llegado a desesperarse si no hubiera sido por su fe, aunque a fin de cuentas estaba agradecido por la experiencia. Todo ello le había permitido practicar la humildad y la compasión.

El día de mi llegada éramos doce residentes, contándonos a Trungpa y a mí. El único otro monje era un inglés llamado Lodro Thaye, que había sido ordenado según la tradición tibetana. Estaba también un famoso artista tibetano, antiguo monje, llamado Sherab Palden, que había pintado una serie de *thangkas* tradicionales, trabajos religiosos que representan a divinidades y maestros del linaje, en la parte alta de las paredes de la sala de meditación. Sherab Palden había colgado sus hábitos a raíz de la invasión china y se había sumado a las tropas de la resistencia en Kham. Había huido no mucho antes que nosotros y se había exiliado en la India. Yo lo había conocido en Mussoorie, durante mi estancia allí en la escuela, y nos habíamos hecho bastante amigos, de modo que me alegró ver otra cara conocida. El resto eran británicos o americanos. El cocinero, que era americano, cocinaba una terrible comida macrobiótica que ni Trungpa ni yo podíamos tragar. La dieta macrobiótica era prácticamente obligatoria para cualquiera que estuviera interesado en la contracultura en los años sesenta. Procedía de los principios budistas zen de la necesidad de equilibrar el yin y el yang en el cuerpo para mantener la salud, aunque en la práctica consistía en comer hortalizas crudas, cantidades industriales de arroz integral y poco más. Durante un tiempo intentamos colarle el cordero de la carnicería local, pero se negaba a cocinarlo y siempre acababa carbonizado. La tarta fue mi salvación en aquellos primeros tiempos. ¡Me convertí en un goloso empedernido a raíz de comer tanta tarta!

Además de los residentes internos, siempre había un montón de visitantes, muchos de los cuales se albergaban en las casi ruinosas cabañas que había junto a Johnstone House. Cada vez que se hacía un curso, algunos de los residentes teníamos que movernos a las cabañas o meternos en los huecos del ático para hacer sitio a la gente que venía pagando. Trungpa daba las órdenes y Akong se ocupaba del lado práctico de la gestión del centro. Solo había una sala de meditación por aquel entonces. Tenía un amplio ventanal-mirador y era la habitación más luminosa y confortable de la casa, a pesar de ser fría, como el resto, ya que no podíamos permitirnos mantener encendida la vieja y quejosa calefacción central. Estaba pintada de amarillo y carmesí vivos, y había lámparas de mantequilla e incienso, además de un pequeño perro de raza tibetana llamado Sengdruk, que era una especie de maestro de disciplina. Permanecía sentado en silencio mientras la gente meditaba, pero si alguien se meneaba de su sitio o hacía ruido le ladraba hasta inmovilizarlo.

Aunque yo le tenía cariño a Trungpa, no asistía a sus enseñanzas. Akong no porfiaba en que fuera a las *pujas*, buscara trabajo ni nada en absoluto. Yo pasaba la mayor parte del tiempo holgazaneando en mi pequeño cuarto, oyendo música pop hindi en mi radio portátil. Echaba de menos la India. Al cabo de un tiempo dejé de bajar a las comidas, porque no soportaba encontrarme con la gente. Sherab me subía algo de comida. Desde cierto punto de vista, yo era un consentido, pero en realidad era un ser desorientado e infeliz. No había tenido ninguna expectativa previa sobre mi nueva vida en Occidente, pero desde luego lo que yo esperaba no era esa existencia fría y sin objeto. Me apartaba de la vida en comunidad y me sentía incluso menos comprometido con el budismo de lo que había estado en Rumtek. Me perdía a todos los importantes maestros que comenzaron a llegar a medida que más y más tibetanos se iban de la India. Samye Ling era el único centro budista tibetano en Occidente en ese momento, de modo que todos los lamas y *tulkus* pasaban por allí para dar enseñanzas. Me perdí también otras cosas. Leonard Cohen y David Bowie estuvieron en Samye Ling en 1969. Bowie había estado seriamente interesado en el budismo un par de años antes, cuando estuvo estudiando con el amigo de Akong y de Trungpa, Chime Rinpoche, en su centro del norte de Londres. No permaneció mucho tiempo en Samye Ling, ya que su interés fue decayendo por entonces. Yo no tenía ni idea de quién era. Lo mismo con Leonard Cohen. Yo estaba demasiado ocupado en seguir de malhumor en mi guarida como para interactuar con ellos. Lo lamenté más tarde, cuando descubrí la música pop occidental y sus canciones.

Hice un amigo entre los hippies que venían. Era un joven aristócrata, y me resultó fácil relacionarme con él porque no se drogaba y exhalaba menos aromas que los demás. Me dio las llaves de su piso de Londres y me dijo que podía ir cuando quisiera. Así que, cuando me sentía particularmente harto, tomaba un tren y allá que me iba a pasar unos días. Él debía de tener una vida muy ajetreada, porque casi nunca lo veía. La mayor parte del tiempo la pasaba solo, bebiendo whisky, que había empezado a gustarme. Mi amigo andaba por ahí, en la Swinging London, y no nos encontrábamos. Me sentía como si no acabara de encajar en ninguna parte.

Mi único placer en Samye Ling era dar largos paseos por el campo. A menudo caminaba durante horas con Akong y Sherab. Veíamos las estaciones llegar y marcharse, y me encantaba notar los cambios en el paisaje, que eran mucho más graduales que en el Tíbet. Los colores del otoño y el nacimiento de los corderos en primavera me producían un especial deleite. Los animales me traían recuerdos de mi infancia en Darak.

Trungpa se comportaba conmigo de manera tan afectuosa como siempre, pero estaba absorto en sus propias preocupaciones. Él y Akong estaban cada vez más distantes y, aunque no se mostraban una hostilidad abierta, la tensión entre ellos trascendía al exterior. Poco a poco, fueron estableciéndose dos grupos: Trungpa y sus predominantemente jóvenes seguidores occidentales, por un lado, y Akong con su pequeño grupo de tibetanos y de gente mayor, por el otro. La disputa fundamental radicaba entre el enfoque tradicional de Akong y el modernizador de Trungpa. Mi hermano creía que honrar las tradiciones milenarias del Tíbet era la mejor forma de difundir el Dharma. Trungpa pensaba que eso no iba a funcionar. Quería adaptarse a las normas occidentales, especialmente en un contexto de revolución social en marcha, cada vez con más gente receptiva al budismo. Esta diferencia había sido un problema desde el principio, pero había llegado a convertirse en algo más personal y hostil desde que Trungpa comenzó a beber en exceso y a acostarse con sus discípulas. Estaba rompiendo claramente el precepto de abstenerse de sustancias intoxicantes, y Akong se temía que también estuviera rompiendo el precepto de abstenerse de mala conducta sexual. Mi hermano, sin embargo, no expresaba en voz alta sus preocupaciones a causa de su antigua amistad y del enorme respeto que sentía por Trungpa, como persona y como encarnación de un largo linaje de *tulkus*. Trungpa era también consciente de la amistad entre ambos y de todas las experiencias que habían compartido, tanto en la vida presente como en muchas otras vidas anteriores. Pero a pesar de ello no tenía intención de dar su brazo a torcer.

Yo colaboraba con él en su afición por la bebida y le ayudaba a conseguir alcohol. En este momento, Trungpa se esforzaba aún por ocultar a Akong y a Sherab el grado de su consumo de bebida y drogas, pero yo sí estaba al tanto. Sentía una gran simpatía por Trungpa. Siempre había sido un gran amigo para mí y, por supuesto, yo seguía en rebeldía contra la autoridad de Akong. Además, todo el mundo que entraba en contacto con Trungpa sentía que era un ser excepcional, no solo yo. Era casi como si no se le pudieran aplicar los parámetros normales a causa de sus dones evidentes y de tratarse de una figura tan relevante en la jerarquía de la cultura tibetana. No podía decirle que no a nada de lo que me pidiera.

Las cosas empeoraron cuando Akong tuvo que volver a la India en 1970 y nos dejó a Trungpa y a mí a cargo de Samye Ling. Trungpa estaba borracho y fuera de control la mayor parte del tiempo. Un día salió y se compró un Triumph deportivo de color rojo y empezó a correr por ahí con él. Ni siquiera tenía el permiso de conducir. Había hecho varios intentos, pero había suspendido todos los exámenes. Al final, le pidió a un seguidor inglés suyo que se pusiera sus ropas y se hiciera pasar por él en el examen. Así obtuvo el carné de conducir.

Un día iba camino de Newcastle para ver a una de sus muchas novias. Iba muy borracho y, al pasar por el centro de Carlisle, tomó una curva demasiado deprisa y estampó el coche contra el escaparate de una tienda de artículos de broma. Afortunadamente, nadie más resultó herido, pero él quedó en muy mal estado y tuvo que ser trasladado al hospital, donde pasó varias semanas recuperándose. Los primeros días tuvo la parte izquierda del cuerpo paralizada y perdió el habla. Yo lo visitaba a menudo y, para mi satisfacción, se recuperó bien, aunque le quedó una cojera para el resto de su vida. Tras el accidente, su energía pareció cambiar. Se volvió menos amable y más apasionado por enseñar a su manera. Su mente siguió siendo tan brillante como siempre y tomó la decisión de dejar los hábitos. No quería esa separación entre él y la gente a la que daba enseñanzas.

Me sentí tremendamente culpable por su accidente. Era cómplice de su hábito de beber y sabía que conducía borracho y sin licencia. Podría haber muerto. O haber matado a otras personas. Llevarle la contraria a Trungpa, sin embargo, era imposible. Yo lo tenía en muy alta estima. Simplemente, no teníamos ese tipo de relación. Necesitó mucha ayuda cuando le dieron el alta en el hospital, y yo continué prestándosela para lo que fuera.

Para cuando Trungpa salió del hospital, Akong ya había regresado de la India. Se enfadó mucho por el accidente. Por su parte, Trungpa empezó a beber más que nunca. Era una persona excepcional, pero podía ser muy destructivo, y este rasgo se acentuó tras el accidente. Su comportamiento comenzó a indignar a Sherab, quien había sido un incondicional suyo con anterioridad. Hasta entonces había pensado que Akong era el responsable de todos los problemas entre ellos, pero a partir de ese momento no pudo seguir ignorando la evidencia de lo que tenía ante sus ojos. Cuando Trungpa admitió el calibre de su problema con la bebida y las drogas, Sherab se irritó tanto que tuve que sujetarlo para que no le diera un puñetazo.

La otra gran preocupación de Akong y Sherab era la costumbre de Trungpa de acostarse con sus discípulas. Una de ellas, Diana Pybus, tenía solo quince años cuando empezó a visitar Samye Ling. Pertenecía a una familia rica de Londres, y venía a menudo sin el conocimiento de sus padres. Se había enamorado apasionadamente de Trungpa y pronto establecieron una relación de pareja.

No mucho después de salir del hospital, Trungpa decidió ir a recuperarse a Garwald House. Garwald estaba aproximadamente a unos dos kilómetros de distancia y pertenecía a una pareja de gente local adinerada, Christopher y Pamela Woodman, que se habían convertido en devotos seguidores de Trungpa. En consecuencia, la mayor parte del grupo de Trungpa se desplazó junto a él.

Yo seguí siendo cómplice de Trungpa. A pesar de mis sentimientos de culpa, continué surtiéndole de cigarrillos y alcohol. Sin embargo, no me fui con él. La atmósfera de Garwald House no era de mi agrado. Por ello, y por lealtad a mi hermano, me quedé en Samye Ling con Akong y con Sherab. Los Woodman andaban experimentando con la forma de vida alternativa de moda. Pasaban montones de hippies por su casa, se movían todo tipo de drogas y todo el mundo parecía estar involucrado en el amor libre. Pamela era una mujer muy hermosa y solía pasear por ahí desnuda. Se acostaba con Trungpa y con los demás. Trungpa necesitaba una mujer en su cama todas las noches: decía que, si no, no podía dormir, así que yo le buscaba compañeras. Por suerte, había una chica alemana corpulenta y complaciente que, si yo no encontraba a otra, siempre estaba dispuesta a ser la consorte de Trungpa.

Mi vida entera –la vida entera de la comunidad, de hecho– estaba dominada ahora por las tensiones entre Akong y Trungpa. Era imposible ignorarlas. La ruptura final tuvo lugar cuando mi hermano recibió una llamada telefónica de Trungpa comunicándole que se había fugado a las Tierras Altas para casarse con Diana, y que no tenía dinero para pagar la licencia matrimonial. ¿Sería Akong tan amable de unírseles y llevar dinero? Diana acababa de cumplir dieciséis años y la ley escocesa permitía casarse a partir de esa edad sin el consentimiento de los padres, como era su caso.

Akong y Sherab fueron a reunirse con ellos. Asistieron a la primera parte de la ceremonia, pero no pudieron quedarse hasta el final. Mi hermano estaba devastado por el hecho de que Trungpa hubiera elegido a una persona inglesa, una novicia en el budismo y además tan joven, para ser su consorte en la vida.

Todo el mundo puso cara de circunstancias cuando Trungpa y Diana reaparecieron tras la boda. Volvieron a instalarse en Samye Ling, ya que los Woodman habían dejado bien claro que ya no eran bienvenidos en Garwald House. Parecía que existiera una oleada general de celos entre el grupo de Trungpa, ahora que había elegido a Diana por esposa. La dinámica se alteró, y todos sus seguidores, unidos previamente por lazos tan estrechos, comenzaron a separarse. Aunque el matrimonio no le impidió seguir acostándose con otras mujeres. Una vez Diana lo pilló besando a una discípula en la sala privada de entrevistas anexa a la sala de meditación de Johnstone

House. Trungpa explicó con tranquilidad que la relación entre ellos dos era muy especial para él, pero que pensaba seguir teniendo relaciones íntimas con otras mujeres. Al final, Diana acabó aceptándolo y permanecieron casados hasta la muerte de él, diecisiete años y cuatro hijos más tarde.

Hubo una especie de tregua entre Akong y Trungpa, pero, llegados a ese punto, las diferencias eran demasiado grandes para ser superadas. Las tensiones estaban haciendo que todo el mundo se sintiera abatido. Fue Diana quien, finalmente, sugirió que ella y Trungpa deberían irse a Estados Unidos y comenzar allí una nueva vida. Existía un pequeño grupo de budistas estadounidenses y otro en Canadá que habían recibido enseñanzas de Trungpa y que eran serios adeptos. Uno de ellos se ofreció a adquirir una propiedad para que Trungpa estableciera un centro budista en Vermont. Y así fue como, en 1971, se marcharon de Escocia hacia Estados Unidos, vía Canadá.

La marcha de Trungpa me dejó destrozado. Llevaba casi ya dos años en Samye Ling y aún no sentía que fuera mi casa. Había dedicado la mayor parte de mi tiempo y mi energía a servir a Trungpa en todo lo que necesitaba, y tratando de evitar quedarme atrapado en los malos rollos de la atmósfera general. Cuando se fue, sentí que había perdido, una vez más, al mejor amigo y apoyo que tenía. Como ya era habitual, culpé a Akong. ¿Qué iba a hacer ahora?

Al mismo tiempo, se producían grandes cambios en la vida de Akong. Él también había decidido dejar los hábitos y formar una familia, aunque la compañera elegida por él era una enfermera tibetana llamada Yangchen a la que había conocido en Londres. Cuando se quedó embarazada, se casaron. Akong continuó administrando y, cada vez más, dando enseñanzas en Samye Ling, pero trasladó su domicilio familiar fuera de Johnstone House, a una casa grande en Dumfries, y yo me mudé con ellos. Existía una larga tradición de lamas casados en el Tíbet, de modo que esto no era algo inusual. Sin Trungpa por el medio, la atmósfera en Samye Ling se estabilizó. Y Akong emprendió la tarea de su vida de establecer una comunidad budista floreciente.

Sentía que todo el mundo estaba haciendo camino y que mi vida permanecía estancada en el mismo punto. Continué bajando a Londres, simplemente por tener algo que hacer, aunque lo único que hacía era beber a solas. Tenía amigas, pero era ególatra y narcisista, reacio a establecer relaciones formales. Me comportaba de forma manipuladora y desconsiderada, y ninguna de mis relaciones duraba mucho. Mucho de mi actitud era puro egocentrismo, aunque me pregunto si alguna parte de mí sabía que yo no iba a ser pareja de nadie, porque en el fondo ya había empezado a brotar lentamente la semilla de mi vocación de monje.

Sabía que debía empezar a ganarme el sustento, pero durante varios meses tras la partida de Trungpa no tuve ni idea de a qué podía dedicarme. Mi mente permanecía cerrada a la posibilidad de encontrar un objetivo a través de las actividades de Samye Ling. No tenía ganas de echar una mano en la administración, a pesar de que era para lo que yo estaba preparado. Me sentía desorientado. Era incapaz de poner algo de orden en mis pensamientos ordinarios y crear así un poco de espacio en mi mente, de modo que seguía estancado en mis viejos puntos de vista sobre las cosas y las personas. Mi mente era como una jarra de agua turbia en la que el resentimiento, la sensación de desconexión y la confusión eran las constantes. Era incapaz de dejar el agua reposar para llegar a encontrar cierta claridad.

Al final, decidí pedirle a Akong que me ayudara a abrir una tienda de ropa en Dumfries. Él se comportó de manera absolutamente complaciente, como siempre, de modo que tuve mi tienda de parcas de piel afganas, además de incienso, velas, ropa india y regalos. No sé muy bien de dónde me vino la idea, aunque lo cierto es que yo era un completo dandi por entonces. Me encantaba la moda occidental desde mi primera chaqueta vaquera comprada en Dalhousie y, desde que estaba en Gran Bretaña, mi gusto por la música pop se había ido incrementando. Creo que sencillamente pensé que sería divertido tener una tienda en la que pudiera pasar el rato y poner música de los Stones y de Hendrix. Una amiga me había dicho una vez que me parecía un poco a Jimi Hendrix, con mis rizos y mi ajustada cazadora vaquera. ¡Me encantó su comentario!

Resulté ser un magnífico comerciante. Las primeras semanas tuve la tienda a tope de gente. No había en Dumfries ningún otro comercio que vendiera ropa joven por entonces, y desde luego no había ninguna en la que atronara la música de Hendrix ni que estuviera llevada por un refugiado tibetano. De manera que al principio se produjo una tempestad de ventas, y yo me lo pasaba en grande hablando con la gente que entraba, todos curiosos y afables. Pero tras un tiempo las cosas se remansaron. Entonces empecé a aburrirme e impacientarme, como siempre. Llegaba tarde o no abría, y la gente acabó por dejar de venir. Debí de hacerle perder un montón considerable de dinero a Akong, pero él no se quejó en absoluto.

Yangchen, su esposa, se contenía mucho menos. Mi otra gran pasión, aparte de la ropa, la música pop y el whisky, eran los coches deportivos. O las motos, podía ser transigente. Y a Yangchen la ponía de los nervios que Akong me lo consintiera todo y que siguiera comprándome un vehículo tras otro, cada vez que los estampaba. Mis aventuras como conductor comenzaron tomando clases con un extaxista de Nueva York que pasó por Samye Ling por aquellos días. Hicimos prácticas con el coche oficial del centro, y un día atravesé imprudentemente veloz un estrecho puente y choqué con el coche que venía en sentido opuesto. Ambos vehículos fueron declarados siniestro total, pero milagrosamente no resultó nadie herido. El otro conductor llevaba detrás a sus dos hijos, que pudieron haber muerto, de modo que él estaba comprensiblemente furioso. Yo me disculpé una y otra vez y traté de darle la mano, pero él no aceptó. Yo carecía incluso de licencia de aprendizaje y el hombre había llamado a la policía, así que le pedí a mi amigo el taxista que fingiera darse a la fuga colina arriba, de modo que yo pudiera declarar ante la policía que era él quien iba al volante. Mi amigo se volvía a Estados Unidos la semana siguiente, así que me hizo el favor y el otro conductor se quedó loco al recibir la noticia de quién conducía. Me libré de esa, mi amigo no dio cuentas ante la justicia y yo seguí comportándome de la misma forma temeraria.

Se podría pensar que, tras la experiencia de Trungpa y la mía, en la que escapé por los pelos, debería de haber aprendido algo, pero no. Akong me compró otro coche y yo volví a destrozarlo. Este dio varias vueltas de campana y yo salí ileso, caminando como si nada, sin siquiera un rasguño, solamente con una multa. Me sentía como si la muerte no pudiera tocarme. Y lo siguiente que le pedí a Akong fue una moto. Me compré ropa alemana de cuero de motorista y solía ir zumbando por ahí como un poseso. Una vez, un residente de Samye Ling me describió como «una figura siniestra revoloteando en su moto». Yo andaba jugando al límite, como siempre.

Un día tuve una discusión con Yangchen. Ella era una trabajadora incansable, y llevaba parte de la casa familiar como hostal. En esa época tenía ya un niño, Jigme, y una niña, Kami. A Yangchen no le hacía gracia tener un cuñado zángano viviendo en casa. Me encantaba jugar con los niños, pero no hacía nada por la casa, y rondaba constantemente a Akong para sacarle dinero. Así que tuvimos una bronca. Me largué echando chispas, me subí a la moto y me dirigí a Samye Ling. Había tomado demasiado rápido una curva pronunciada, cuando me encontré detrás de un camión sin poder adelantar. Di un bandazo brusco, patiné, la moto golpeó contra una piedra y se salió de la carretera lanzándome contra la maleza. Por enésima vez, resulté ileso, aunque la moto quedó hecha un despojo.

Esta vez me sentí verdaderamente avergonzado. Me arrastré hacia una parada de autobús, con el casco en las manos, y tomé un coche hasta Dumfries. Cuando Yangchen me abrió la puerta, me sentí como un perro con el rabo entre las patas. Ella le contó a todo el mundo lo que había sucedido, y tras ello ya nadie quiso subir conmigo en coche si conducía yo. Era demasiado temerario, demasiado imprudente, conmigo mismo y con los demás. Incapaz de cuidar de las cosas ni de los sentimientos de las otras personas. No era bueno para nadie. Akong nunca me reñía, porque sabía que yo estallaría en cólera. Siguió dándome, paciente y generosamente, todo lo que le pedía y manteniéndose en calma cuando yo tenía una rabieta. Era como un niño malcriado y desobediente que hacía lo que fuera para fastidiar a su familia, incluso aunque comportara riesgos para la seguridad y la felicidad propias y ajenas.

En esa época yo bebía y fumaba mucho. Uno de los amigos de la familia era un hombre llamado David Robison, cuya esposa, Etta, asistía a las clases de yoga organizadas por Yangchen. Era un exitoso y rico hombre de negocios, dueño de la segunda mayor empresa de construcción del sur de Escocia, y ambos establecimos un vínculo muy estrecho. Los Robison no habían tenido hijos y eran absolutamente devotos de Akong y de su familia. Etta estaba fascinada por el budismo, y pasaba el tiempo cuidando a Jigme y a Kami, llevándoselos de excursión, e incluso ayudando con la limpieza y las otras tareas domésticas.

David y yo éramos colegas de parranda. Él era miembro de la logia masónica de Dumfries y pasaba allí mucho tiempo jugando a las cartas, bebiendo, charlando con los amigos. Las mujeres no podían acceder al club, ni tampoco nadie que no fuera blanco, pero David era un importante personaje local, de modo que movió los resortes y me abrieron las puertas. Era un antro lleno de humo y desastrado, sin embargo yo me encontraba a gusto allí. No recuerdo haber sentido hostilidad en ningún momento. Ser amigo de David garantizaba un estatus especial. No siempre había sido fácil ser de la minoría asiática en una pequeña ciudad, no obstante. Habíamos sufrido llamadas telefónicas amenazantes en los primeros días de Samye Ling, llamándonos adoradores del diablo e instándonos a volver a nuestro país. Pero nadie se había comportado conmigo nunca de modo racista a la cara. Ni que decir tiene que yo era un objeto de curiosidad, un tipo exótico, aunque en el club no era más que otro jugador de cartas alrededor de la mesa. Siempre estaba dispuesto a echar una partida, y eso tenía mucho valor.

Solíamos jugar a las cartas y al billar todos los viernes y sábados por la noche, durante horas y horas. Quien perdía debía pagar una ronda de whisky para todo el mundo. Mi habilidad con las cartas no había mejorado desde Mussoorie, de modo que perdía a menudo. Siempre acababa arruinado y borracho las noches con David, pero como Akong seguía dándome dinero y además no sufría de resacas, se me hacía llevadero. No había limitaciones. ¿Era esto lo que deseaba cuando me fui de la India? Ya no me acordaba.

Había llegado a Occidente en un momento en que parecía que todo el mundo con menos de treinta años estaba obsesionado con el tema de la libertad individual. Echando la vista atrás, creo que yo también debí de tragarme la poción.* Los occidentales que pasaban por Samye Ling querían explorar nuevas formas de pensamiento y una nueva espiritualidad. Buscaban liberarse de sus problemas, de su visión del mundo y de las convenciones sociales. Para muchos de ellos, y también para muchos tibetanos, la supuesta libertad individual de Occidente consistía en vivir sin compromisos ni responsabilidades. Y a menudo eso llevaba a comportamientos autodestructivos.

Eso fue lo que me sucedió a mí. Pensaba que me dejaba guiar por la curiosidad, tratando de conocer mi nuevo mundo, cuando en realidad estaba atrapado en los laberintos de mi mente, al igual que tantos otros visitantes de Samye Ling de la época. Me sentía perdido y sin propósito, dividido entre un montón de opciones y valores distintos. Seguía siendo un resentido, un arrogante, un ser apartado de los demás. De hecho, iba a la deriva, cada vez más lejos de cualquier opción de libertad verdadera, la cual no consiste en romper las reglas, tomar drogas o beber, ni siquiera en entregarse a un nuevo camino espiritual, sino en adiestrar nuestra mente para ver las cosas como realmente son. Una mente confusa puede ser su propia cárcel, sin importar lo que hagamos ni lo que nos digamos a nosotros mismos. Alcanzamos la libertad cuando somos capaces de domar nuestra mente y cultivar la compasión, la visión y la actitud de apertura hacia todo lo que nos sucede, y de unidad con todo lo

---

*   El original dice: «I think I must have swallowed the Kool-Aid». Kool-Aid es la marca de un refresco estadounidense; y la frase hecha «Swallow the Kool-Aid» se relaciona con el suicidio colectivo de la secta del Templo del Pueblo (Jonestown, 18 de noviembre de 1978), en el que murieron novecientas dieciocho personas, por lo que tiene connotaciones de «autodestrucción por sintonía con los valores de la secta». (*N. del T.*)

que nos rodea. Todo ello suena como si tuviéramos que exigirnos demasiado, pero en realidad lo único que necesitamos aprender es el abandono de la lucha y la aceptación.

Yo todavía estaba lejos de ello. El muro que había construido entre Akong y yo era alto y grueso, como el de una prisión. La primera vez que sentí un movimiento de cambio fue cuando, de nuevo, rompí el precepto fundamental del budismo de no matar. Salí de pesca hacia las islas Orcadas con David. No me sentía cómodo participando en un deporte sangriento, pero iba distraído, disfrutando de nuestro embriagador viaje en coche, recorriendo las carreteras en el Jaguar de David y acompañados por el resto de sus amigos, y no pensé mucho en ello. Al llegar a las Orcadas alquilamos un bote y remamos hacia el centro de un lago. David había comprado un cubo lleno de gusanos para cebo. Me daban asco, así que él me cebaba el anzuelo y luego me pasaba la caña. Cada vez que la lanzaba, picaba un pez. David estaba asombrado. Parecía que la suerte estaba de mi lado. Sacaba pez tras pez, él me los soltaba y los mataba golpeándoles la cabeza contra la borda. Todo ello me producía disgusto y náuseas, junto a la sensación de disfrute de ser un gran pescador. Al final de la fructífera jornada, David puso en fila junto a mí en la orilla todos los peces y me sacó una foto.

Cuando volvimos a Dumfries, David mostró la foto a Akong, que se quedó desolado. No le dijo nada a David, ya que sabía que la pesca era un pasatiempo tradicional en Escocia, pero cuando se fue se volvió hacia mí con lágrimas en los ojos. «Les prometí a nuestros padres que cuidaría de ti y que te educaría en los valores budistas –dijo–. Te he dado siempre todo lo que me has pedido. Te he protegido de los problemas y del sufrimiento. Y ahora siento que he fallado. Les he fallado a nuestros padres.»

Esto me desgarró. Nunca lo había visto tan afectado, ni cuando huimos del Tíbet, ni con las muertes de Jamyang y los demás, ni con su conflicto con Trungpa. Mi hermano, que siempre se mostraba impasible como una roca, estaba llorando. Y era por mi culpa. Se me rompió el corazón. El muro que había construido a mi alrededor y entre nosotros comenzó a resquebrajarse. Me había pasado la vida haciendo todo lo posible por herirle. Hice el voto en silencio, en lo más hondo de mi corazón, de cambiar. Haría que él llegara a estar orgulloso de mí.

Mi vida no sufrió alteraciones de forma visible de momento, pero algo en mi interior se había movido. Había sido capaz de crear cierta consciencia sobre mi conducta. Había hecho el voto de moverme desde la acción y el pensamiento negativos hacia una forma de ser más positiva. Esos fueron los pasos cruciales en el camino hacia la transformación que me esperaba.

9. Los días locos en Estados Unidos

Nunca he sido un aprendiz rápido, ni para las lecciones escolares ni para la vida en general. Pocos somos capaces de cambiar nuestros hábitos de la noche a la mañana, en especial nuestros hábitos mentales. Se necesita paciencia y trabajo constante para purificar la mente de su aversión a lo que considera desagradable, su apego a lo deseable y su ignorancia de la verdadera naturaleza de la realidad. Mi promesa de hacer que mi hermano se sintiera orgulloso de mí no borró de un plumazo mi inveterado resentimiento. Ni tampoco me convirtió en un practicante budista devoto, aunque creó la apertura necesaria para que se produjera el siguiente punto de giro en mi vida.

En 1974, a mis treinta años, me llegó la noticia de que Su Santidad el XVI Karmapa visitaría Occidente por primera vez. Trungpa lo había invitado a ir a Estados Unidos. Akong también le pidió que visitara Samye Ling en su viaje de regreso a la India. Estaría acompañado por la hermana Palmo, que había sido mi némesis y mi salvadora cuando aún era Freda Bedi, y por un séquito de monjes y lamas. Tan pronto como me enteré, decidí que iría con Su Santidad a Estados Unidos. Mi motivación, por una parte, era descarada e interesada. Una vez más, deseaba escapar de mi vida. Estaba aburrido, inquieto y hastiado de la húmeda y fría Escocia, y de vivir a la sombra de Akong. Sin embargo, por otra parte, y de forma más positiva, recuerdo con claridad el sentimiento de que no podía desaprovechar la oportunidad de estar junto a Su Santidad el Karmapa de nuevo. De servirle. Había sido una influencia excepcionalmente positiva para mí y anhelaba volver a su presencia. Y también me apetecía muchísimo ver a Trungpa. Las ocasiones (y las excusas justificables) para viajar eran pocas; y esta era muy buena como para desperdiciarla.

Así que le planteé a Akong que me gustaría ser útil para la comitiva del Karmapa. Aparte de la hermana Palmo, nadie más hablaba un buen inglés. Yo ya había actuado como traductor para el Karmapa allá en Rumtek y lo haría de nuevo de buena gana. Se decidió que era una buena idea y se me añadió al séquito. Yo estaba exultante.

El grupo volaba desde Delhi hasta Nueva York vía Londres, donde haría una escala breve de unos días para descansar. Yo bajé hasta allí y establecí una cita para encontrarme con Su Santidad el Karmapa. Cuando me vio, sonrió y meneó la cabeza, como si supiera exactamente qué había estado haciendo hasta ese momento y como si supiera también que ahora me tenía bajo su esfera de influencia.

La partida constaba de quince monjes, la mayoría de edad avanzada. Estaban acostumbrados a los salvajes espacios abiertos del Tíbet y al caos de las poblaciones indias, pero no a los aeropuertos ni a los hoteles occidentales. Ya le habían dado algunos problemas al Karmapa metiéndose por las zonas prohibidas del aeropuerto y extraviándose por Londres, de modo que me pidió que fuera su maestro de disciplina. Es un rol raramente asignado a un laico joven, pero, con mi inglés y mi conocimiento de la forma de vida occidental, estaba capacitado para asumirlo. Los seguía a todas partes como si fuera un perro, pastoreándolos aquí y allá.

Mi primer vuelo a Nueva York fue casi tan emocionante como lo había sido alejarme de Dolma Lhakang quince años antes. Me sentía muy contento de separarme de Akong, de Samye Ling y de mi intento fallido de ser comerciante en Dumfries. Había entrado en un mundo diferente, un mundo en el que todo era fácil. Recibía un trato especial. No porque yo hubiera hecho algo para merecerlo, sino por mi vínculo con Su Santidad el Karmapa. Desde el momento en que ocupamos nuestros asientos en el avión, fuimos todos tratados como miembros de la realeza. Trungpa lo había organizado todo, con fondos provenientes de un hombre de negocios multimillonario chino-americano llamado doctor Shen, devoto del Karmapa. El dinero no era problema. Incluso la Corona Negra de Su Santidad tenía su propio asiento. El doctor Shen había sido ministro del gobierno de le República China antes de que los comunistas tomaran el poder. Había huido a través de Taiwán, camino de Estados Unidos, donde había fundado una compañía naviera. Además de ser inmensamente rico era muy devoto. Donaba más de un millón de dólares al año a causas budistas y se había comprometido a hacer todo lo que estuviera en su mano para ayudar a establecer el Dharma en Estados Unidos.

A nuestra llegada fuimos recibidos por una flota de limusinas y conducidos hasta la mansión del doctor Shen en Long Island. Él no estaba, ya que su residencia principal se encontraba en Chicago y además se hallaba viajando por negocios, pero nos quedamos allí un par de días, descansando y siendo atendidos por su servicio y por los estudiantes occidentales de Trungpa. A continuación, fue el momento de lanzarse de lleno al plan de actividades que Trungpa había programado. Iba a ser una gira por dos países, que abarcaría ciudades de Estados Unidos tan lejanas como Los Ángeles, luego entraríamos en Canadá y acabaríamos de nuevo en la Costa Este.

Yo estaba encantado de estar de nuevo con Trungpa. No tuvimos mucho tiempo para hablar durante mis primeras semanas en Estados Unidos, ya que estábamos todos muy ocupados, pero era fantástico verle y sentir que seguía siendo el mismo de siempre y que nuestra amistad continuaba intacta. En ese momento todavía era poco conocido, aunque su reputación como excepcional maestro de Dharma ya estaba en alza. Justo el año anterior acababa de fundar un gran centro en Boulder, Colorado, al que había llamado Vajradhatu, que significa «Reino Diamantino», un espacio metafísico habitado por los Budas de las Cinco Sabidurías. Sin embargo, fue la visita del Karmapa lo que permitió a Trungpa consagrarse de forma definitiva. Trungpa tenía un don para presentar la esencia del budismo Vajrayana y hacerla accesible a la mentalidad occidental. El Vajrayana es la tercera de las tres fases del desarrollo histórico de la enseñanza y la práctica del budismo, tuvo su origen en el siglo VI d.C. en la India y fue llevado al Tíbet por Gurú Rinpoche en el siglo VIII d.C. Incluye las enseñanzas tántricas, que son ricas y complejas, aunque Trungpa tenía la habilidad para hablar y escribir sobre ellas en términos accesibles para la gente normal. Estaba espléndido, y lo vi mucho más tranquilo de lo que lo había visto desde que dejamos el Tíbet. El modo de vida americano parecía irle como anillo al dedo.

La hermana Palmo también se sentía feliz de volver a estar con su «lama de brillante armadura». Pude ver que se sentía orgullosa de lo que Trungpa había levantado en Estados Unidos. Él la trataba con tanto afecto como siempre. Y no dejaba de reconocer lo mucho que debía a su primera maestra de inglés y valedora.

A lo largo del viaje también ella y yo conseguimos acercarnos. Yo observaba que Su Santidad el Karmapa tenía una confianza absoluta en la hermana Palmo, y eso contribuyó a que suavizara mis anteriores resistencias contra ella. Ella, por su parte, fue suficientemente amable como para apreciar mis esfuerzos, y fui capaz de valorar sus muchas buenas cualidades y sus logros, que eran incontestables. Siendo aún Freda Bedi, había dedicado años a trabajar por la justicia y el bienestar social en la India, y su trabajo diplomático le había sido vital a Nehru durante «la Partición». Sobre todo, su papel en la expansión del budismo tibetano hacia Occidente había sido absolutamente fundamental. El Internado para Jóvenes Lamas, donde los *tulkus* aprendieron inglés, fue clave para la difusión del Dharma más allá de la India. Sin ella, era dudoso que ahora pudiéramos estar realizando esta trascendental gira por Estados Unidos. Su Santidad el Karmapa diría más tarde, en algún momento, que la hermana Palmo era una emanación de Tara, la deidad femenina de la compasión y de la acción, considerada una protectora del budismo tibetano. Realmente era una persona excepcional.

Me quedé atrapado de inmediato por las emociones del viaje y por el deslumbrante mundo en el que acababa de ingresar. Nueva York era como una descarga eléctrica para los sentidos, especialmente si se considera que había pasado los cuatro años previos en ciudades pequeñas. Ni siquiera mis cortos desplazamientos a Londres me habían preparado para el Hotel Plaza y Central Park, Broadway y Greenwich Village. Y no éramos simples turistas, se nos trataba como a gente VIP. Tras nuestro relax en la mansión del doctor Shen, nos trasladamos al Plaza, donde Trungpa había reservado los dos pisos superiores de habitaciones para nuestro grupo, además del salón de actos para que Su Santidad el Karmapa pudiera realizar la Ceremonia de la Corona Negra. Me quedé completamente pasmado por el lujo y, a continuación, como solía hacer, lo tomé como si fuera mi derecho.

Mi conducta fue intachable todo el tiempo, ya que volvía a estar bajo la influencia del Karmapa. Además, necesitaba tener la cabeza despejada para traducir. Al principio me resultaba difícil reconocer algunos de los acentos americanos, de manera que tenía que estar muy alerta y concentrado. Pude ver que Trungpa seguía bebiendo y fumando, pero yo no me dejé llevar, excepto en lo que respecta a comer tantos grandes bistecs como podía. Me encantaba la comida americana, tan variada y abundante. Tomaba carne en cada comida.

La respuesta a la presencia de Su Santidad el Karmapa fue extraordinaria. No daba enseñanzas, simplemente realizaba la Ceremonia de la Corona Negra, que ha dado tanta fama a los Karmapas. La gente se sentía tan tocada por la ceremonia y por sus extraordinarios poderes que empezaron a acudir a centenares. Para cuando llegamos a Los Ángeles, había miles de personas esperando verle y asistir a la ceremonia. Recuerdo que David Bowie, que por entonces era ya una gran estrella, vino a ver a Su Santidad el Karmapa. Yo era un gran fan suyo y no desaproveché la segunda oportunidad de manifestárselo.

Desde Nueva York volamos a Washington D.C., donde fuimos recibidos por más limusinas y nos quedamos en casa de un senador. Nos invitó a asistir a un evento en la Casa Blanca y a visitar el Museo Smithsonian, donde nos presentaron a Neil Armstrong. Esa fue la pauta de mi primer viaje a América. Solo conocí a las élites. Allá donde iba, el efecto de la gracia del Karmapa era tal que yo también era tratado como miembro de la realeza.

En cierta parte de mi mente tenía la incómoda sensación de que toda esta excitación mundana no era el cuadro completo, quizá solo fuera una distracción. Y por supuesto que era consciente de que nada de ello se debía a mis méritos. Sin embargo, durante un tiempo me sentí contento de disfrutar de la gloria refleja. Estaba cautivado por el brillo y las joviales maneras de los americanos con los que me iba encontrando. En comparación con ellos, la mayor parte de los escoceses e ingleses que había conocido eran más bien fríos y adustos. Tras años de sentirme solo y perdido en el fin del mundo allá en Escocia, todo era aquí infinitamente seductor.

Los Ángeles fue algo nunca imaginado. El sol, la luz, el océano, todo me hacía feliz. Me encantaba la atmósfera de calma despreocupada que proyectaba la ciudad. Para cuando llegamos a California, todos nos sentíamos muy relajados. Yo estaba todo el tiempo cerca del Karmapa. Las noticias de sus poderes místicos se habían propagado y las multitudes eran enormes. Me sentía como si estuviera viviendo en un sueño en el que los lamas de alta jerarquía eran tratados como estrellas de rock. Desde Los Ángeles volamos a Vancouver, y pasamos dos semanas más en la carretera hasta que acabamos en Toronto, que fue prácticamente el final del viaje. No puedo decir que estuviera deseando volver a Escocia y a mi vida normal.

Una de las últimas cosas que se nos había preparado era una excursión a las cataratas del Niágara. Tras pasar un buen rato admirando el poder del agua, Su Santidad nos pidió a Tenzin Chonyi, un joven monje del grupo, y a mí que fuéramos con él al lado estadounidense de las cataratas, donde iba a reunirse con el doctor Shen. No me habían dicho con antelación que estaría allí, y sentí curiosidad por conocer a nuestro benefactor, aunque no tenía ninguna expectativa sobre el encuentro más allá del hecho de agradecerle su generosidad. No estaba en absoluto prevenido para la conversación que estábamos a punto de tener.

Tras las presentaciones, el doctor Shen comenzó a exponer una oferta ante el Karmapa. Si Su Santidad deseara establecer su propio centro en Estados Unidos, sus cuarteles generales en Occidente, por así decirlo, el doctor Shen tendría el honor de ofrecerle cien hectáreas al norte del estado de Nueva York, a unos cincuenta kilómetros de la ciudad. Él financiaría tanto la construcción del centro como el mantenimiento de dos lamas que vinieran desde la India para residir y dar enseñanzas allí.

Yo me quedé impresionado por la magnitud del donativo, incluso tras todas las evidencias sobre la generosidad y el compromiso del doctor Shen, pero el Karmapa no pareció sorprendido. Le dio las gracias educadamente y a continuación, señalándonos a nosotros, dijo: «Jamdrak y Tenzin iniciarán el centro y lo pondrán en marcha».

Yo no podía creer lo que estaba oyendo. Estaba a su lado, pero no me preguntó si yo quería hacer tal cosa, ni siquiera qué opinaba. Había venido con un plan en mente y se limitaba a anunciarlo.

Ni Tenzin ni yo dijimos nada. Estábamos perplejos. Yo sabía por experiencia que era imposible decirle no al Karmapa. A menos que fuera a salir corriendo otra vez, a escabullirme sin previo aviso como había hecho en Rumtek, iba a tener que hacer lo que él ordenaba. Esta vez, me di cuenta, no iba a escapar. Me hubiera gustado poder decir que mi corazón rebosaba de gratitud y de fervor por la oportunidad para reivindicarme. Y algo de ello había. Y también que, aunque sonara a trabajo duro, era mucho mejor que volver a Escocia.

Y así fue como me encontré con la tarea de perfeccionar mis rústicas habilidades administrativas para ponerlas a trabajar en una cultura y una lengua extranjeras. No tenía ningún deseo de ser el responsable de un centro budista. Llevaba años esquivando precisamente eso en Samye Ling. Yo era vago, inexperto, egoísta e inútil. ¡A duras penas budista! Y Tenzin Chonyi, un mocoso casi tan mimado como yo. Era hijo de una familia aristocrática de Lhasa que había encomendado su cuidado a Su Santidad el Karmapa. Apenas hablaba inglés. Y ahí estábamos los dos, plantados sobre la pasarela mientras el agua corría sin fin hacia las cataratas, de golpe a cargo de un proyecto de un millón de dólares. Volví a la limusina para conducir hacia Toronto absolutamente desconcertado. Mi vida acababa de ser puesta patas arriba. Mientras conducía, recordé mi deseo de hacer algo que enorgulleciera a mi hermano. Tal vez esa era mi oportunidad.

Tres días más tarde, nuestra comitiva llegó al aeropuerto de Glasgow, para la etapa europea de la gira del Karmapa. Su Santidad nos dejó bien claro a Tenzin y a mí que no viajaríamos con él por el continente. Una vez que yo hubiera arreglado mis cosas en Samye Ling, los dos volveríamos a Estados Unidos para empezar a trabajar. La realidad del asunto había comenzado a penetrarme y me sentía feliz al respecto. Nunca he sido alguien que se preocupe por cómo van a salir las cosas. La habilidad de permanecer en el presente, antes que proyectarse hacia un incierto futuro o darle vueltas al pasado, es una destreza fundamental en la meditación, y al menos esto me ha resultado siempre natural. No me sentía ni estresado ni preocupado.

Dicho esto, me sentía algo nervioso a medida que nos acercábamos a la aduana del aeropuerto de Glasgow. ¿Cómo íbamos a pasar con todas las jaulas de pájaros que el Karmapa traía consigo de Estados Unidos? Su Santidad sentía una especial afinidad con los pájaros. Durante el viaje, había ido visitando numerosas tiendas de animales y había comprado muchos, con la intención de soltarlos en su enorme aviario de Rumtek. Pero no había conseguido el permiso para embarcarlos. Era extraordinario que hubiéramos logrado llegar con ellos tan lejos, dado que iba contra las regulaciones de la compañía aérea viajar con animales de ningún tipo en la cabina de pasajeros. Yo no podía entender cómo era posible que nadie hubiera reparado en la gran cantidad de jaulas. Es cierto que los pájaros se habían comportado de forma exquisita durante el vuelo, pero las jaulas estaban a la vista, apoyadas en el regazo de los monjes. Era como si el personal de embarque y las azafatas no las vieran. Seguramente, ahora sí nos harían dejar los pájaros en el control de seguridad. Existían leyes de cuarentena para impedir que los animales cruzaran las fronteras internacionales.

Nadie nos dijo ni media palabra al respecto. El Karmapa sencillamente se puso a caminar con su sonrisa habitual hacia todo el mundo, mientras sus asistentes cargaban los pájaros en las cajas especiales de madera hechas al efecto. Los animales iban en silencio. Y entonces, cuando accedimos al vestíbulo de llegadas, vi que Akong y un pequeño grupo de Samye Ling habían venido a recibirnos. Las personas que estaban allí aquel día me contaron luego que cuando el Karmapa avanzó hacia ellos no vieron nada más que una luz que emanaba de él. No percibieron en absoluto las jaulas llenas de exóticos pájaros. Su Santidad, más tarde, nos dijo que muchas de esas criaturas habían sido sus discípulos en vidas anteriores y él simplemente los había rescatado. Realmente era un ser milagroso.

Cuando Akong escuchó de Su Santidad el Karmapa los planes que tenía para mí, estuvo de acuerdo en todo, pero pude ver que no quedaba convencido. Y así era, al quedarnos solos me dijo: «¿Cómo puedes prometerle a Su Santidad que dirigirás ese centro cuando ni siquiera sabes cuidar de ti mismo?». Lo único que le contesté fue que no había podido decirle que no al Karmapa, una respuesta poco tranquilizadora para él. Creo que estaba preocupado por que dejara tirado a Su Santidad y trajera la vergüenza sobre la tradición Kagyu. Yo no estaba preocupado por ello, ni por nada. Estaba más bien emocionado y deseoso de partir. Confiaba en que las cosas funcionaran y sentía que no dejaba nada en Escocia detrás de mí. La falta de fe en mí de mi hermano no me pilló por sorpresa. Nunca le había dado motivos para pensar de otra forma. Sentí una punzada de decepción, no sé si por él o por mí mismo, y enseguida me dediqué a dejarlo todo arreglado para irme. La verdad es que no había mucho de lo que ocuparse. El cierre de la tienda lo dejé en manos de Akong y volví casi corriendo al aeropuerto.

Tenzin y yo regresamos a Nueva York, nos instalamos en un bungaló en la propiedad de Long Island del doctor Shen e inmediatamente nos pusimos manos a la obra. Yo me había sacudido de encima las desalentadoras palabras de Akong y quería estar seguro de no fallarle a Su Santidad el Karmapa. Sentía con mucha intensidad su presencia, a pesar de no haber estado más que unos meses con él, y mi devoción por él era auténtica, aunque el proyecto en sí seguía sin emocionarme. Enseguida recordé que ese tipo de trabajo organizativo se me daba muy bien. Y había mucho por hacer. Tenzin hablaba muy poco inglés, así que todas las llamadas telefónicas y las reuniones corrían de mi cuenta. Finalmente, el doctor Shen insistió en pagarle a Tenzin clases privadas intensivas, y poco a poco se fue implicando más a medida que su inglés mejoraba, pero durante los primeros meses todo recayó sobre mí.

No tardé en darme cuenta de que un emplazamiento rural no era el lugar ideal para el centro. Sería difícil atraer la atención hacia el proyecto de expansión del Dharma desde allí. Lo que realmente necesitábamos, le insistí al doctor Shen, era una ubicación en el centro de Nueva York. No tenía que ser un sitio grande, bastaría con un lugar normal donde sentar la primera piedra del proyecto, pero debería ser un sitio accesible para los potenciales estudiantes. Por fortuna, el omnicomplaciente doctor Shen vio la sensatez de mis palabras y nos alquiló un edificio muy chic en el Upper West Side, en el cruce de la Ochenta y cuatro Oeste con la avenida West End. Estábamos a cuatro manzanas de Central Park y a solo una de Broadway. Era perfecto, y yo empezaba a sentir que no había perdido la confianza en mis propias capacidades. El día en que Tenzin y yo nos mudamos del bungaló de Long Island a la casa de Manhattan tuve que darme pellizcos para creérmelo.

El siguiente paso fue traer lamas. Escribí al Karmapa informándole de que estábamos casi listos para abrir. ¿Podría enviarnos a algunos buenos maestros? Él y el doctor Shen se las arreglaron para que Khenpo Karthar, Bardor *Tulku*, Lama Ganga y otro monje tibetano llamado Zigma, que acabaría siendo nuestro cocinero, viajaran hasta Nueva York. (Por aquellos días, Tenzin y yo éramos tan desastre que ni siquiera sabíamos hacernos de comer.)

Yo ya conocía a Lama Ganga y a Khenpo Karthar, un prestigioso erudito y maestro, de mis días en la escuela de Buxa. Habíamos coincidido todos como refugiados en la India y ahí estábamos ahora, a punto de abrir un centro de Dharma en Manhattan. Al llegar al aeropuerto para recibirlos, me encontré con un Khenpo Karthar ya entrado en los cuarenta, pero tan delgado como quince años atrás. Nunca llegó a recuperarse del todo de la tuberculosis que, como muchos otros refugiados, incluido mi amado Jamyang, contrajo en Buxa. Podía dar la impresión de ser una persona frágil, pero desde el principio de nuestra relación fue una presencia estable y gentil, y se convertiría en uno de mis maestros más relevantes.

Con nuestro centro urbano ya en marcha, Tenzin y yo volvimos a pensar en el terreno que el doctor Shen había comprado al norte del estado. Sería estupendo tener un centro mayor, en un entorno hermoso, donde pudiéramos construir otro templo. Pero cuando empezamos a estudiar en serio los costes, estuvo claro que la ubicación era tan remota que la dificultad y la inversión de construir allí un templo serían inmensas. El doctor Shen no se echaba atrás de poner el dinero, pero no parecía la manera más eficiente de llevar a cabo nuestro proyecto. De modo que empezamos a considerar alternativas más prácticas y auspiciosas. En 1976, un año y medio después de mi llegada a Estados Unidos, encontramos cn Woodstock, cerca del terreno original, pero mucho más accesible, un terreno no muy grande con una hermosa casa antigua ya construida. El doctor Shen, complaciente como siempre, estuvo de acuerdo en vender la vieja propiedad y adquirir esta; y en 1977, cuando Su Santidad el Karmapa regresó a Estados Unidos, confirmó que sería su sede en Occidente y bendijo el lugar. Los trabajos de construcción de lo que acabaría siendo Karma Triyana Dharmachakra (KTD) comenzaron de forma inmediata. Mi amigo Lama Tenzin Chonyi fue designado presidente del nuevo centro y yo me convertí en su secretario general.

Me sentía lleno de satisfacción. Tenzin y yo, un par de jóvenes malcriados y de escasa formación, habíamos logrado, sin embargo, lo que nos habíamos propuesto, que era realizar la visión de Su Santidad el Karmapa en Estados Unidos. Quedaba aún un ingente trabajo por hacer hasta llegar a establecer el centro, pero yo sentía que había desempeñado bien mi papel. Le había demostrado a Akong que valía para el puesto, y eso me complacía.

De hecho, me sentía demasiado satisfecho de mí mismo. Había un elemento egoísta en todo ello, un sentimiento de que había triunfado y había demostrado quién era yo. Esa era la señal de que, aunque había realizado un trabajo útil, no lo había hecho con una motivación completamente pura. Había querido demostrarle a mi hermano que estaba equivocado, antes que ser un instrumento para la difusión del Dharma. Y, ahora que había cumplido con mi parte del negocio, me sentía justificado para entregarme a la autoindulgencia, el materialismo y los placeres mundanos.

No había visto mucho a Trungpa mientras estuve ocupado con la responsabilidad de montar los centros. Él residía en Boulder, Colorado, y aunque viajaba con regularidad a Nueva York para dar cursos, mientras permanecía en la ciudad estaba incluso más ocupado que yo. Siempre hacía un hueco, no obstante, para vernos, y yo lo sentía tan amable, afectuoso y estimulante como siempre. Era sumamente generoso conmigo. Sabía que me gustaba la ropa moderna y me llevaba con él de tiendas donde yo podía encontrar lo último de lo último.

Ahora que tenía un montón de tiempo libre, quería estar con él. Iría a Boulder unas cuantas semanas para estar con Trungpa y sus estudiantes en el centro. En 1977 ya había fundado centros por todo Estados Unidos, y una vez al año todos sus estudiantes se reunían en Boulder. Asistí a una de estas reuniones en 1978 y pude comprobar su capacidad para comunicarse con los americanos y la respuesta de ellos. Estaba decidido a revolucionar la relación jerárquica entre maestro y discípulo y a abandonar las formalidades de los lamas tibetanos. Había siempre, en medio de las enseñanzas, mucho alcohol, drogas, tabaco y fiesta. Se acostaba con las mujeres de sus estudiantes y animaba a Diana a hacer lo propio. Era amor libre en acción. Trungpa deseaba sumergirse en la cultura de los tiempos y absorber la confusión y el caos imperantes para poder desde ahí ayudar a los demás a purificar todo ello en sí mismos. Su enfoque era permitir que todo el mundo consintiera sus impulsos, para que, cuando se hubiera bebido hasta hartarse de la copa del deseo y se hubiera comprobado que no hay límite que lo satisfaga, dar un giro a su enfoque e introducir la necesidad de incorporar la disciplina a la práctica. Pedía a sus discípulos que hicieran mucha meditación *shiné* (permanecer en calma), para aquietar sus mentes. Entonces, cuando sus mentes habían logrado estabilidad, insistía en más y más rigor y disciplina. Trungpa siempre recordaba que no era aceptable hacer el camino del Dharma de una forma egótica y despreocupada. Si llegábamos al punto en que nos sentíamos orgullosos de nuestra disciplina espiritual, nuestra virtud o nuestros logros en la meditación, entonces es que habíamos caído en la trampa del materialismo espiritual, tan destructivo como cualquier otro tipo de materialismo. Trungpa no toleraba ningún tipo de pose espiritual.

Yo estaba fascinado por todo ello, aunque *a posteriori,* y especialmente ahora que vivimos tiempos totalmente distintos, puedo observar cómo muchas cosas se prestaban al malentendido. Sin duda, Trungpa era una paradoja. ¿Cómo era posible que alguien que no observaba el precepto de abstenerse de sustancias intoxicantes, alguien cuya conducta sexual parecía cuestionable, fuera a la vez un maestro con dotes excepcionales?

En aquel momento, yo estaba convencido de que la llamada «loca sabiduría» de Trungpa era una forma válida de conectar con la población de Estados Unidos, que estaba siendo transformada por el movimiento contracultural de los años sesenta y setenta. La «loca sabiduría» es un concepto complejo que tiene sus orígenes en los textos budistas primitivos, y puede ser definido como un estado de conciencia inocente que rechaza las convenciones sociales. Algunos maestros altamente realizados que han practicado la loca sabiduría han hecho uso de conductas en apariencia erróneas con la finalidad de abrir los ojos de la gente a su propia conducta. Muchos de sus seguidores dijeron que Trungpa encarnaba esta noción de la loca sabiduría, aunque es un término que yo prefiero no aplicarle, dado que, en otras circunstancias, podría ser empleado para justificar malas conductas.

Sostengo que el legado de Trungpa de hacer el Dharma accesible en Occidente habla por sí mismo. El enfoque tibetano tradicional no hubiera funcionado en Estados Unidos en aquella época. Y es también capital decir que no creo que Trungpa se comportara nunca de manera que rompiera el precepto de abstenerse de mala conducta sexual. Es cierto que tenía muchas relaciones, pero eso estaba en línea con la promiscuidad general de la época. Diana gozaba de la misma libertad. El sexo coercitivo ya es un asunto diferente, pero jamás hubo indicios de que se ejercitara ninguna coerción. Trungpa vivía su vida desde la posición de querer ayudar a los demás. Era una persona sincera. Aunque ciertamente pudo haber sufrido a veces de confusión.

Por entonces, yo me sentía feliz de unirme a su visión de la satisfacción de los deseos, aunque era aún demasiado inmaduro para darme cuenta de que se trataba de una etapa en el camino de su purificación. Cuando estaba de fiesta con él, no había ningún otro pensamiento en mi mente. En cierta ocasión, Tenzin y yo fuimos a hacerle una visita a su centro de Vermont. En ese momento, Tenzin ya no era monje, y tanto él como yo estábamos encantados de descubrir que Trungpa tenía una bodega llena de ese licor de arroz japonés llamado sake. Nos pidió a Tenzin y a mí que hiciéramos *momos*, una especie de empanadillas al vapor, que son una exquisitez tibetana. Yo había ido aprendiendo con nuestro cocinero a hacer algunas cosas, así que traté de complacerle, pero había bebido tanto sake que me caí y me llevé por delante uno de sus carísimos juegos de platos de porcelana. Él solo dijo: «No te preocupes, ¡tomemos otra copa!».

Era un hombre realmente complejo, pero sigo creyendo que era una de las personas más altamente realizadas que jamás he conocido. A pesar de su loca conducta, era capaz de comunicar la esencia del Dharma de modo que llegara a la gente, y sus libros, como *Más allá del materialismo espiritual*, fueron contribuciones poderosas y únicas para difundir el Dharma en Occidente. Trungpa consiguió encontrar un estilo de enseñanza que conectaba directamente con la mente y las situaciones vitales de la gente, y por eso se volvió tan popular.

No todo el mundo estaba de su parte, por supuesto. Recuerdo una ocasión, en Boulder, en que Trungpa y yo llevábamos horas bebiendo, aunque él tenía una charla programada. Finalmente, cuatro horas más tarde de la hora anunciada, decidió presentarse, no solo con retraso, sino además bien borracho. Un estudiante americano se encaró con él muy enfadado: «¡Señor Trungpa, me parece que es usted una persona llena de mierda!». A lo que Trungpa replicó: «¡Cierto, pero la mayor parte de esa mierda es vuestra!».

Un día vino a dar una conferencia en Nueva York. La sala estaba llena a reventar y, como de costumbre, él iba bebido y llegaba tarde. Yo estaba sentado a su lado en el estrado. Cuando acabó la charla, salimos a la calle y alguien se le acercó por detrás y le dijo: «Fui a ver a Dudjom Rinpoche, necesitaba oro y se lo ofrecí. ¿Usted qué necesita, maestro?». Trungpa se volvió hacia él y le respondió: «¿De verdad, es eso cierto?», y se sacó el pene y se meó en los zapatos de aquel hombre. Trungpa estaba loco, era completamente impredecible y extravagante, y a la vez era brillante, ese tipo de gran maestro.

Pasé dos años y medio, después de la fundación de KTD, dándome todos los gustos y placeres que la ciudad de Nueva York podía ofrecer a un joven en los años setenta. Lo único que no toqué fueron las drogas. Me había desanimado ser testigo de cómo la gente abusaba de ellas en Samye Ling. Pero fui a clubs nocturnos en Manhattan, me acosté con mujeres y las deseché sin pensar en sus sentimientos, bebí whisky hasta que me desmayé. Era el conductor de los lamas visitantes e iba de acá para allá corriendo con el coche oficial, un Cadillac rojo, sin importarme si me metía en líos en la carretera o chocaba con otros vehículos. Me volví un conductor despreciable. Llevaba dos lamas fornidos sentados a mi lado cuando iba a recoger a maestros y dignatarios tibetanos. Si chocaba con otro coche, le decía al conductor que mis acompañantes eran expertos en kung-fu, así que mejor que tuviera cuidado. Había recaído en el libertinaje total y había cerrado mi corazón a los grandes maestros que estaban a mi alrededor, que me insinuaban que no iba por buen camino y que necesitaba con urgencia hacerme con el control de mi mente.

¿Era feliz así? No. A ratos me divertía, pero cada vez me sentía más atormentado por los recuerdos, el resentimiento y la ira. Llevaba años sufriendo pesadillas, que se volvieron cada vez peores. En ellas siempre me veía cruzando el río Brahmaputra. En el sueño, nadaba para escapar de las balas que llovían a mi alrededor y el agua estaba llena de cadáveres. Solía despertarme con el corazón latiéndome violentamente, en estado de pánico.

Cada vez estaba más fuera de control. Muchas mañanas me despertaba avergonzado de mí mismo. Abría los ojos y trataba de recordar qué había sucedido la noche anterior. ¿Estaba solo o había alguna mujer conmigo? Si la había, ¿quién era? ¿Me había peleado con alguien por la noche? ¿A quién había ofendido?

Llegado a este punto, mi reputación dentro de la comunidad tibetana estaba arruinada. Los tibetanos son muy conservadores respecto a su conducta moral, debido a su creencia en el karma. La gente solía decir: «¡Hagas lo que hagas, no acabes como Jamdrak!». Yo sabía que a Akong le tenían informado de todas mis fechorías, y eso acrecentaba mi vergüenza y mi furia. Para mí el hecho de que

Su Santidad el Karmapa nunca me hubiera retirado su apoyo lo era todo. Yo sentía que él me veía no solo como un canalla, sino como alguien con un gran potencial, si bien enterrado en lo más profundo. Hacía tiempo que él había reconocido algo en mí, alguna semilla de bondad, que yo mismo no era capaz de ver. Y, gracias a que él había mantenido la fe en esa parte mía, finalmente yo mismo fui capaz de encontrarla.

Una noche estaba tan borracho que me vomité por encima y tuve que ser atendido por los estudiantes de Trungpa. Me desperté en mi habitación del centro de Trungpa en Boulder con una terrible resaca. El lugar era un basurero lleno de botellas vacías de vino y de cerveza, y mis ropas sucias estaban desperdigadas por el suelo. La cabeza me estallaba. Me sentía completamente vacío. En el fondo de mi corazón sentía una carencia importante, y como consecuencia mi vida no iba hacia ninguna parte. Ese fue el momento en que me di cuenta de que tenía que cambiar.

He hablado con muchas personas sobre sus experiencias de «tocar fondo» y todas son diferentes. Algunas son muy dramáticas. Otras son una serie gradual de tomas de conciencia. Algunas personas vienen a mí sintiéndose sin energía y sin dirección; otras apenas necesitan un empujón cómplice. Sean quienes sean, hayan hecho o dejado de hacer lo que sea, a todas les digo lo mismo. Todo cambio comienza con el propósito de apartarse de las acciones y pensamientos negativos y dirigirse hacia los positivos. Comienza con el compromiso de sentarse inmóvil y observarse a sí mismo, observar los hábitos negativos que nos tienen esclavizados y sentir arrepentimiento por el sufrimiento que ello ha causado, tanto a nosotros mismos como a los demás. Si persistimos en la observación, el hondo manantial del potencial positivo que existe en cada uno de nosotros comienza a manar en abundancia hacia la superficie. Hemos de repetir este proceso una y otra vez; de hecho, hemos de hacerlo muchas veces, pero podemos hacerlo. Podéis hacerlo.

Esa mañana en Colorado yo ya estaba listo. Fue un momento crucial en una larga serie de muchos momentos similares. Las semillas que habían sido plantadas en Rumtek, en Escocia y en Estados Unidos brotaron finalmente hacia el exterior, alimentadas por el lodo que atascaba mi mente. Mi ira, mi miedo, mi vergüenza, mi autodesprecio fueron el material que sirvió para que las semillas del Dharma estuvieran preparadas para germinar. Solo tuve que encontrar la humildad necesaria para permitir que el proceso siguiera su curso, sin rebelarme contra él ni echarme a correr. Mi orgullo siempre me lo había impedido en el pasado. Estuve años bailando a su son. Pensaba que había demostrado ser inestimable para Su Santidad el Karmapa cuando, en realidad, él lo había sido para mí. Solamente cuando apuré la copa del materialismo y el egocentrismo hasta los posos, pude ver con claridad qué era lo que quedaba en el fondo. Por fin mi orgullo se relajó lo suficiente para permitir que las bendiciones florecieran en mí.

10. La transformación

El punto de giro de nuestras vidas unas veces es llamativo y otras silencioso. En ocasiones nos pasa desapercibidso en su momento que un día concreto *es* significativo. Si durante años hemos estado rodando por el mismo surco de pensamiento negativo, es difícil de creer que un día cualquiera vaya a ser distinto a los demás. Sé por experiencia que el cambio es un proceso, no un aconte-cimiento, y siempre le insisto en ello a la gente que vive a la es-pera de que ocurra un milagro en su vida. Fuera de las películas de Hollywood, el cambio suele llegar tras años de dar bandazos, no mediante grandes gestos que lo alteren todo en diez segundos. También he observado que el cambio raramente se presenta como una suave curva ascendente. Es desordenado y circular; debemos sufrir un resbalón hacia atrás antes de tirar hacia delante, o nos estancamos y vamos a la deriva durante unos años, como fue mi caso. De modo que es justo que reconozca que no tengo mucha fe en las epifanías, aunque, a pesar de ello, recuerdo vívidamente el impacto de aquella mañana de resaca en Colorado en la primavera de 1980. Sentí indignación. Vi que había perdido el control y mi propia dignidad. Y tuve la certeza de que ya no quería llevar más esa vida en absoluto. Volví a Nueva York cabizbajo y preocupado. ¿Qué podía hacer con ese sentimiento de que no era posible con-tinuar así? ¿Qué tenía que cambiar?

Estaba muy ocupado para seguir concentrado en el tema mucho tiempo. Su Santidad el Karmapa iba a venir en unos meses para inaugurar KTD y tenía trabajo que hacer. Pero mi mente estaba inquieta. Todos los ratos libres que tenía los pasaba en Central Park, que era mi lugar favorito de la ciudad. Me sentía allí en medio de un oasis de la naturaleza. Me sentaba en un banco y trataba de calmar mi mente, para averiguar cuál era el siguiente paso que quería dar. Akong me había escrito diciendo que tras la inauguración quería que volviera a Samye Ling para ayudarle con la dirección del centro. Ahora que había demostrado mi valía, me quería a su lado. Tal vez estaba también preocupado por mi vida descarriada en la gran ciudad, con Trungpa tan cerca. Creo que lo que quería era tenerme de nuevo bajo sus alas.

El problema era que yo no tenía ningunas ganas de seguir haciendo trabajo administrativo. Volver a Escocia y al mundo regido por Akong me habría hecho sentir como si mi vida estuviera yendo hacia atrás. Pero ¿cuál era la alternativa? El tiempo parecía estar agotándoseme. ¿Dónde quedaban el sentido y el propósito que había estado buscando? Había pensado que los encontraría en Estados Unidos, pero ahí seguía, con treinta y siete años, cinco después de mi llegada, todavía confuso.

Trataba de ordenar mis pensamientos mientras veía a la gente ir y venir. Central Park podía ser hermoso en una tarde soleada, aunque por aquellos días se consideraba un lugar peligroso y había mucha policía a todas horas, la mayoría blancos, que paraba y registraba a la gente, la mayoría jóvenes negros y puertorriqueños. Si no tenían los papeles en regla, la norma tácita era que había que untar a los polis. A mí me ignoraban. Yo era un asiático con traje y chaleco. Creo que no sabían en qué categoría clasificarme.

La ciudad en general era un lugar mucho más tenso en aquellos días que ahora. Había mucho crimen, violencia, tensión racial y pobreza. Yo estaba empezando a ser consciente de ese aspecto de Nueva York cada vez con más claridad. Un día, camino de Broadway, vi a un tipo gigante golpear en la cara a una pobre mujer. Ella acabó en el suelo pidiendo ayuda a gritos, pero nadie la socorría. Yo no podía entenderlo. Corrí a su lado y pregunté a los que pasaban por qué nadie se paraba a ayudar. Alguien me dijo que, si me implicaba, la policía estaría interrogándome durante horas. Sentí que mis mejores instintos, y los de todo el mundo, estaban empezando a marchitarse. Éramos todos –negros, blancos, asiáticos, latinos– prisioneros de una mentalidad en la que la compasión se había sacrificado al interés personal. Estábamos vivos solo a medias.

Había pasado años viviendo entre las élites de Manhattan, Long Island, Washington, Boulder y Los Ángeles. Durante mucho tiempo había creído en la idea de una América optimista y equitativa, construida sobre las aspiraciones a una vida mejor. Ahora sentía que mis ojos se habían abierto a la pobreza de esa ideología materialista. Para millones de personas en el corazón de Occidente, la vida era dura. Incluso entre las clases medias blancas, con quienes yo me relacionaba en nuestro centro y en el de Trungpa, podía ver lo infeliz que era la gente. Vivían completamente apegados a lo que habían adquirido, aunque en cierto nivel sabían que carecía de valor. Yo estaba perdido, e iba camino de darme cuenta de que casi todo el mundo que me rodeaba estaba tan perdido como yo.

La excepción obvia eran todos aquellos que se habían comprometido con una vida espiritual. Muchos de ellos eran tibetanos compañeros míos, otros eran budistas de nuevo cuño, pero todos eran sinceros y humildes. Yo nunca había tenido ninguna de esas dos cualidades, especialmente en mi relación con el Dharma, pero sentado ahí ahora en Central Park sentí que mi mente se aquietaba.

Sus aguas se aclaraban y yo comenzaba a creer que podía atisbar el paso siguiente.

Su Santidad el Karmapa llegó a Nueva York y, como de costumbre, yo fui su conductor oficial. Jamgön Kongtrül, uno de sus cuatro hijos del corazón, venía con él. Un día, estando los dos solos en el coche, Jamgön Kongtrül me dijo: «Tú no eres consciente de lo bien que te trata Su Santidad. Ni siquiera a otros lamas de rango elevado los trata como a ti. Pero tú careces de gratitud. Lo das todo por sentado». Me afectó que me dijera eso. Me tocó el corazón. Me hizo reflexionar sobre que ya no era joven y que estaba desperdiciando mi vida. Y tomé una decisión. Era el momento de renunciar a mis viejas costumbres.

Al cabo de pocos días de esa conversación, tomé la decisión de pedirle al Karmapa que me ordenara monje budista. No quería tomar la ordenación de *getsul*, de novicio, que es el paso previo tradicional antes de tomar los votos completos. Estaba determinado a hacerme directamente *gelong*, la ordenación de por vida, que conlleva la toma de más de doscientos cincuenta preceptos provenientes de los tiempos del Buda histórico. Tenía la absoluta certeza de que necesitaba convertirme en monje, hacer un retiro largo y dedicarme a fondo a la meditación y la contemplación para adiestrar mi mente y acabar siendo de ayuda a los demás. Esta certeza fue floreciendo en mí a lo largo de unos pocos años. Fue como si este gozoso compromiso hubiera estado esperando el momento auspicioso para estallar en plena floración.

Fui a ver a Su Santidad y le pedí que me concediera la ordenación completa. Le prometí que, si me daba esos votos, jamás los rompería. Él se alegró mucho. Me miró con esa radiante expresión que él tenía y que parecía abarcar el mundo entero.

Sentí un gran alivio cuando Su Santidad aceptó mi petición. Una vez que hube decidido que quería ser ordenado, jamás titubeé. Tenía la serena convicción de que ni un solo instante de mi tiempo había sido desperdiciado. Todos aquellos años pasados a la deriva en una nube de pensamiento confuso y de rencor me habían permitido acumular las experiencias vitales que necesitaba, en la medida justa, para estar preparado para ese momento.

Mucha gente, por entonces, se mostró totalmente escéptica. Algunos de los miembros de mi comunidad tibetana, incluyendo a Akong, estaban horrorizados. Mi hermano me dijo: «¿Cómo esperas poder mantener los votos monásticos cuando ni Trungpa ni yo mismo (que eran *tulkus* reconocidos) hemos podido hacerlo aquí en Occidente? Si rompes tus votos, irás de cabeza al infierno en tu próximo renacimiento».

No me molestó, porque me había ganado a pulso esa reacción. Jamás había mostrado yo ningún interés serio ni ninguna devoción sincera por las Tres Joyas: el Buda, el Dharma y el *Sangha*. Ciertamente, era un devoto total de Su Santidad el Karmapa y respetaba sobremanera a Trungpa, pero creo que muchos testigos lo atribuían al hecho de que ambos me habían dado siempre su apoyo personal. Y, en efecto, así era, pero a la vez había aprendido mucho de Trungpa y me había sentido profundamente tocado por el Karmapa. Ellos me habían estado preparando, casi sin yo darme cuenta. Cuando me conciencié de que tenía que abandonar la vida que llevaba, solo hubo un lugar al que ir.

Aun así, la transición de vago egoísta a monje era demasiado radical, y puedo entender que a algunos les pareciera misteriosamente apresurada. Incluso ahora, cuando cuento mi vida y llego a esta parte, algunas personas me miran inquisitivamente, como si dijeran: «¿Cómo cambiaste tan rápido? ¿Cuál fue el proceso?».

Creo que hay varias explicaciones. La primera es que me había estado preparando para ello durante toda mi vida. Solo era cuestión de elegir el momento oportuno para hacerlo bien.

En segundo lugar, soy una persona de extremos. En eso soy un khampa típico, un nativo de Kham, cuya gente tiene la mentalidad de que, si vas a hacer algo, debes hacerlo a lo grande o no hacerlo en absoluto. Por ejemplo, nunca he vuelto a beber alcohol desde aquella mañana en Boulder, Colorado. La moderación, sencillamente, no es mi camino. Soy una persona de todo-o-nada. Por eso nunca consumí drogas. Me temo que si hubiera tomado ese camino habría acabado siendo un yonqui. Estoy agradecido de haber tenido suficiente auto-conocimiento para darme cuenta de esta cualidad mía y finalmente, tras años de arranques fallidos, hacer buen uso de ella.

La tercera explicación es que tales transformaciones son en última instancia un poco misteriosas. ¿Puede alguno de nosotros decir con honestidad que sabe por qué hace lo que hace? ¿Por qué nos enamoramos? ¿Por qué elegimos a la persona con la que nos casamos? En cada caso habrá muchas razones, pero también algo de misterio. Lo que quiero decir es que mi decisión de hacerme monje fue a la vez fácil y correcta. No quiero decir que fuera fácil aprender a vivir como monje o purificar mi mente. El proceso fue arduo; lo cierto es que fue la cosa más laboriosa que jamás haya emprendido. Soy afortunado, sin embargo, de que a pesar de los desafíos nunca he flaqueado en mi compromiso. En su momento, el hecho de que Su Santidad el Karmapa me apoyara fue la con-firmación definitiva de que estaba haciendo lo correcto. Estaba tremendamente en deuda con él. Sentía que podía ver dentro de mi mente. Si él estaba contento ordenándome, es que debía ser la decisión acertada. Poco a poco, todo el mundo empezó a verlo de la misma forma: Su Santidad había accedido, y ese era el sello definitivo de aprobación.

El respaldo más significativo fue, con mucho, el de mi hermano. Desde el momento en que Su Santidad accedió a mi petición, Akong me apoyó. Vino a Estados Unidos para estar en la ceremonia de mi ordenación, y yo sentí que la dinámica de nuestra relación había cambiado. La vieja desconfianza y el resentimiento se habían suavizado. Creo que él todavía era algo escéptico, y yo aún no había pasado años en retiro purificando mis pensamientos negativos, así que seguían coleando, pero ambos nos sentimos contentos de volver a vernos tras más de cinco años de separación.

La ceremonia de mi ordenación era solo una pequeña parte de un asunto mucho mayor: la visita del Karmapa para ver su recientemente acabada nueva sede de KTD. Nunca me había sentido tan orgulloso como el día en que, codo con codo con Akong, Trungpa, Khenpo Karthar Rinpoche, que era el abad de KTD, y muchos otros reverendos maestros de budismo tibetano, asistimos a la bendición de Su Santidad del centro en cuyo establecimiento mi participación había sido decisiva. Yo estaba dejando atrás ese rol de laico y dando un paso adelante hacia una esfera más sagrada. Mi plan era hacer un retiro solitario de cinco años tan pronto como acabara la visita de Su Santidad. El Karmapa me había recomendado pasar veinte años en retiro, pero pensé que sería demasiado. De momento, yo era un practicante budista novato a punto de embarcarme en años de práctica solitaria. A veces creo que debía de estar un poco loco. Sin embargo tenía el sentimiento, que pronto demostraría ser correcto, de que necesitaba pasar tiempo en retiro antes de estar listo para vivir como monje en el mundo.

La ceremonia de ordenación tuvo lugar en la *gompa* principal, que originalmente había sido el salón de baile de la casa. Había sido pintado y guarnecido de *thangkas* (pinturas religiosas), estatuas y otras hermosas obras de arte. Éramos dos recibiendo la ordenación: otro hombre europeo y yo. No estaba nervioso en absoluto. La ceremonia duró todo el día y requirió de la colaboración de diez maestros del linaje Kagyu para ser oficiada; yo fui guiado en todo momento, y me embargó un profundo sentimiento de paz y de estar dando el paso correcto. El calor de la comunidad era envolvente. Sentí el apoyo incondicional de todos los presentes. Y, por encima de todo, estaba mi inmensa gratitud hacia Su Santidad. Me sentí infinitamente privilegiado. Tras la ceremonia dejé de ser Jamdrak, el hermano pequeño de Akong, el vago y el sinvergüenza. Ahora era Yeshe Losal. Y eso me colmaba de felicidad.

La noche de la ceremonia la pasé en una tienda de campaña en los terrenos de KTD. Le había cedido a Akong mi bungaló, donde planeaba hacer mi retiro, para que estuviera más cómodo. Justo cuando me disponía a irme a dormir, oí que alguien abría la cremallera de mi tienda. Una mujer muy atractiva de la comunidad asomó su cabeza a través de la abertura y se metió dentro. Llevaba días flirteando conmigo, pero no me podía creer que hubiera venido a verme.

«¿Qué estás haciendo?», le pregunté, y en respuesta trató de besarme. Yo estaba totalmente en shock. Ahora era monje. Era una persona diferente. Aunque por lo visto no tan diferente, porque sentí el familiar impulso del deseo.

No lo dudé. Salí a gatas de la tienda y me alejé de ella a todo correr. Es difícil convertirse en una persona distinta de la noche a la mañana, en este caso en un solo día, aunque sea el día de tu ordenación. Llevaba años dándome todos los gustos sin pensar en las consecuencias. Y aquellos hábitos aún no habían sido depurados a través de la práctica vigilante.

No le eché la culpa a ella. Vi sus acciones como una expresión de los *maras*, una palabra sánscrita que significa «obstáculos». El budismo enseña que cuando uno inicia una empresa positiva atrae a las fuerzas negativas opuestas, que pueden adoptar formas distintas. No quiero decir que las mujeres atractivas sean *maras* en sí mismas, pero esa lo era, en este caso, por el contexto. Si eres un hombre con un fuerte impulso sexual a cuya actividad has renunciado y una mujer atractiva va detrás de ti, entonces eso es un *mara*. Las enseñanzas sugieren que lo mejor es evitar cualquier situación que pueda dar lugar al surgimiento de los *maras*, tanto como esté en nuestro poder, hasta que tengamos suficiente fuerza interior y estabilidad para no sentirnos afectados por ellos. Entonces podremos llevarlos al camino, que quiere decir trabajar con ellos sin rechazarlos ni complacerlos. Este incidente me confirmó que debía entrar en retiro lo antes posible, de lo contrario corría el riesgo de romper mi voto de castidad. Y no estaba preparado para que eso sucediera. De hecho, había formulado la promesa interior de que si rompía mis votos de ordenación me mataría. Seguía siendo el mismo tipo radical de siempre.

El Karmapa tenía programada una visita a Washington D.C. antes de volver a la India y me pidió que lo acompañara, junto con Trungpa y otros monjes. El tiempo que compartí con Su Santidad durante ese viaje fue precioso para mí, pues era obvio que él ya no gozaba de buena salud. Era probable que, una vez que él estuviera en la India y yo en retiro, no volviera a verlo más en su actual encarnación.

Este viaje me dio también la oportunidad de participar en los rituales budistas como monje, para lo cual carecía de toda preparación. En cierta ocasión, Su Santidad estaba dirigiendo una *puja*, que es un ritual compuesto de cantos, mantras y visualizaciones para invocar a una deidad tántrica. La idea es que aprendamos a ver la realidad a través de los ojos de la deidad, dejando atrás nuestro mundano modo dualista de ver las cosas. En vez de creer que somos un individuo separado del resto de la gente y de los objetos externos, aprendemos a verlo todo y a todos los seres interconectados y sagrados. Es una forma de entrar en contacto con nuestra propia innata naturaleza de buda.

Allí estaba yo en primera fila, cantando en tibetano, haciendo con las manos esos gestos llamados *mudras* e invocando elaboradas visualizaciones, mientras cientos de personas nos observaban, cuando de pronto me di cuenta de lo poco que sabía sobre las actividades cotidianas de un monje. Hasta donde me alcanzaba la memoria, yo siempre había estado en rebeldía contra la forma de vida monástica. ¡No tenía ni idea de lo que estaba haciendo! Jamgön Kongtrül tenía que pasarme las páginas del texto, porque yo era incapaz de seguirlo. Me quedaba todo por aprender.

Tras finalizar la gira por Washington D.C., Su Santidad se fue al centro de Trungpa en Vermont. Al despedirnos me dijo: «Ahora vuelve a Woodstock y comienza tu retiro». Le confesé que no me sentía capaz de sentarme sencillamente en meditación durante años, como él mismo me había recomendado en alguna ocasión. Me sugirió que hiciera la práctica de Karma Pakshi, que combina en una sola las prácticas de Gurú Yoga, del Protector y de la Deidad. Gurú Yoga nos abre el corazón a la gracia del maestro y del linaje, a través de la ferviente plegaria. La práctica del Protector invoca la bendición de un protector del Dharma, que nos ayuda a limpiar los obstáculos de la práctica espiritual. La práctica de la Deidad despierta nuestro potencial innato, nuestra naturaleza de buda. Su Santidad sabía que yo no estaba muy versado en las prácticas tibetanas más elaboradas, y pensó que esta podría cubrir todos los frentes.

A mi vuelta a Woodstock, me puse a construir una pequeña extensión para mi bungaló. Akong y yo trabajamos juntos durante una semana, pasándonos herramientas, comentando los asuntos prácticos y colaborando en silencio. Yo estaba muy agradecido por su ayuda. La tarea era muy apaciguadora, y creo que esos días contribuyeron a preparar mi mente para desechar el viejo resentimiento que sentía hacia él. Luego me despedí de mi hermano y del grupito que se había reunido para desearme un buen retiro, y me metí en la cabaña, que iba a ser mi casa durante los próximos cinco años.

La cabaña era muy básica. Constaba de un altar y mi caja de meditación, que era donde dormía en posición sedente, como era tradicional en el Tíbet para quienes hacían un retiro. La caja era medio lecho, medio asiento de meditación, con una repisa para apoyar los textos de las plegarias. Estaba hermosamente decorada y era una de mis posesiones más valiosas. La pieza principal de la cabaña era un espacio cuadrado con una pequeña cocina, un aseo y una bañera, además de un altillo. En invierno era fría, pero tenía mucha luz y vistas al bosque. Había otra monja occidental en retiro no muy lejos, y la cabaña de Khenpo Karthar Rinpoche también estaba próxima, aunque como había optado por hacer el retiro en solitario no veía a nadie, excepto a los maestros que vinieran a darme instrucciones. Khenpo Karthar Rinpoche comprobaba mi estado una vez al mes, y se me proporcionaba una sustanciosa comida una vez al día, sin que yo interactuara con la persona que me la traía. Así que estaba bastante solo, si descontamos el tejón y las culebras que anidaban debajo de la cabaña, las ardillas en los huecos de las paredes y el ciervo que aparecía por la ventana en busca de las sobras de comida que a veces le lanzaba.

Había trocado mi confortable y distinguida vida social por esta de confinamiento y soledad. En vez de viajes, flirteos, buena comida, gente nueva en los centros de meditación y en los clubs nocturnos, deambulando a mi aire, me iba a pasar años en este reducido espacio, sin más compañía que mis propios pensamientos. No estaba lo que se dice ansioso, pero sabía que iba a necesitar ser disciplinado al principio. Traté de seguir las indicaciones de Su Santidad el Karmapa de hacer la práctica de Karma Pakshi, pero pronto me di cuenta de que, aunque mi cuerpo estaba conforme con permanecer recluido en la cabaña, mi mente deseaba estar en cualquier otro lugar del mundo menos allí. Se pasaba el día brincando como un mono salvaje. Hablé sobre ello con Khenpo Karthar y me aconsejó hacer miles de postraciones al día. Volví a la práctica de las postraciones, como en los viejos días de Rumtek, pero ahora ponía en ello hasta la última pulgada de mi ser.

La práctica de las postraciones es ardua y rigurosa. Consiste en extender completamente el cuerpo en el suelo mientras se recita una plegaria devocional y se visualiza que se toma refugio en todos los maestros de nuestro linaje espiritual. Uno no puede entregarse a las ensoñaciones o a los pensamientos mientras hace las postraciones, porque la práctica implica al cuerpo, al habla y a la mente por completo. Resultaba agotador, pero efectivo. Gradualmente, al cabo de semanas y meses, me ayudó a domesticar mi mente y a estar en el momento presente. A pesar de ello, mi mente seguía haciendo piruetas a todas horas. Entonces Khenpo Karthar me puso a hacer *shiné*, meditación para establecer la calma, junto a las postraciones. El moderno mindfulness deriva de la meditación *shiné*. La idea es atar la mente a un foco de atención en el presente, que puede ser la respiración o un mantra, y cada vez que la mente se desvía, la volvemos a traer al foco de atención, una vez y otra vez y otra vez.

Al principio del retiro dormía un montón. Pienso que era una forma de evasión. Pero no se puede dormir durante cinco años, así que no me quedaba otra que encontrar el modo de ocuparme de mi mente. Persistí alternando las postraciones y el *shiné* lo mejor que pude, día tras día. Me mantenía inquebrantable en ello. Incluso cuando llegaron a salirme llagas en las rodillas de lanzarme sobre la tabla de las postraciones, seguí adelante. Tras un tiempo, ya no necesité el *mala* y piedrecillas para llevar la cuenta de cuántas iba haciendo. La llevaba en la cabeza. Perdí un montón de peso a causa de tomar solo un sobrio desayuno y una comida al día, ya que las postraciones son una práctica vigorosa que consume mucha energía. Todo era muy duro, pero el malestar físico era el menor de mis males. Me había pasado la vida huyendo de cualquier situación aburrida o desagradable, rehusando enfrentarme a mí mismo. Ahora tenía que pelear cuesta arriba por superar esos arraigados hábitos.

Para hacer las cosas todavía más desafiantes, unos seis meses después de empezar mi retiro, comenzaron las obras de construcción del templo. El lugar preciso estaba junto a mi cabaña. Todos los días, al iniciar una determinada plegaria, las hormigoneras se ponían a zumbar. El ruido de las máquinas taladradoras y las conversaciones a gritos de los trabajadores eran permanentes, y llegué a estar tan irritado que lo comenté con Khenpo Karthar. Estaba convencido de que los obreros saboteaban adrede mi práctica de meditación. Pero Khenpo Karthar me respondió que me equivocaba, que los trabajadores sabían que yo seguía un estricto horario y que, por ejemplo, aprovechaban cuando yo hacía los vigorosos cantos en voz alta acompañados de gritos yóguicos llamados *beps*, que se acompañan con saltos para caer sentado con las piernas cruzadas en loto sobre la esterilla, para poner en marcha las hormigoneras.

Además del ruido, me cortaron la electricidad y el agua corriente. Aunque en realidad esto no me importaba mucho. Decidí aprovechar el agua de la lluvia para lavar la ropa y llenar el depósito del inodoro. Para beber, me bastaba con la pequeña cantidad de agua que me traían del centro junto con la comida. La monja occidental de la cabaña cercana, sin embargo, exigía que la gente cargara grandes bidones de agua fresca hasta su cabaña para todas sus necesidades. También escribía y recibía un montón de cartas. Yo decidí no escribir a nadie. Observé que el estilo de vida occidental hacía difícil encontrar la simplicidad y la renuncia.

A lo largo del primer año de mi retiro, me estuvieron persiguiendo las imágenes de la huida del Tíbet. Pensaba obsesivamente en la pérdida de mi familia. Las pesadillas que llevaba años sufriendo volvieron con mayor frecuencia, y me pasaba las horas de la vigilia atormentado por dolorosos recuerdos y por las imaginaciones de lo que podía haberles pasado a mis seres queridos. Estaba de duelo. Estaba procesando la pérdida y el trauma que llevaba años evitando. Es lo que sucede cuando nos sentamos a meditar, en especial a medida que ahondamos en la práctica. La meditación prolongada puede sacar a la luz pensamientos y emociones profundamente enterrados. Eso era justo lo que me estaba sucediendo a mí.

Sabía que tenía que abordar el problema, porque si no lo hacía se convertiría en un gran obstáculo para mi progreso. De manera que me dediqué a cultivar el pensamiento de que aquellos soldados chinos que nos habían disparado y que me seguían persiguiendo en sueños no eran el enemigo. Ellos no eran los responsables de mi sufrimiento. De hecho, ellos también habían sufrido por lo sucedido. Los únicos verdaderos responsables eran los líderes de la República Popular China, Mao y Zhou Enlai. Pero ellos también eran seres sensibles viviendo bajo el dictado de la ignorancia y la confusión. Llegué a un punto en que, yendo hacia la raíz de mi odio y de mi miedo, fui capaz de purificar esos sentimientos. Y decidí incorporar a Mao y a Chou a mi práctica de postraciones. En general, hacemos las postraciones mientras visualizamos a nuestro padre y a todos los seres de género masculino a nuestra derecha, y a nuestra madre y a todos los seres de género femenino a nuestra izquierda. Visualizaba a Mao y a Chou pegados a mí, y visualizaba que se postraban conmigo. Y hacía esto constantemente.

Entonces, una noche, tuve un sueño sin duda auspicioso. Soñé que había abierto una tienda de comestibles en Nueva York. (¡Así que había progresado de una tienda de ropa en Dumfries a una tienda de alimentación en Nueva York!). Mao y Chou eran mis empleados. En el sueño, se afanaban con sus mandilones puestos, reponiendo las estanterías y atendiendo a los clientes. Después de eso no volví a tener pesadillas, y fue mucho más fácil dejar pasar mis pensamientos sobre recuerdos e imaginaciones perturbadores. Mi mente comenzó a estabilizarse y yo a sentirme mucho más en paz.

A menudo les cuento esta historia a mis estudiantes cuando vienen a mí con sentimientos de desánimo sobre su práctica. No es inusual toparse con obstáculos una vez que superamos la inicial luna de miel de la meditación. Algunas personas pierden el impulso y se plantean abandonar. Yo les aconsejo que perseveren, que sean pacientes y que sigan teniendo fe en su práctica, porque hasta nuestros obstáculos más enraizados pueden encontrar la llave para su liberación. Esto es lo que yo descubrí con la historia de Mao y Chou.

Así que iba progresando, aunque seguía siendo muy duro. Algunos días me sentía al borde de dejarlo. Entonces, en 1981, se presentó por sí sola la oportunidad de largarme del retiro, y estuve a punto de aceptarla. Akong me escribió que los chinos habían relajado las restricciones para viajar al Tíbet. Él había conseguido los permisos para regresar por primera vez desde nuestra huida, y además había descubierto que nuestros padres todavía vivían en casa. Yo podía hacer lo mismo.

Me llenó de alegría enterarme de que mi madre y mi padre seguían vivos, e inmediatamente comencé a tramar un plan para ir a verlos. Tenía algo de dinero en el banco. Estaba decidido a ir. Me parecía perfectamente justificable, porque no sabía cuánto más podrían vivir, y en el budismo es importante reverenciar y respetar a los propios padres. Sin embargo, tenía que admitir ante mí mismo que parte de mi motivación, una gran parte en realidad, era dejar el retiro, ya que estaba siendo mucho más duro de lo que había imaginado.

Le comuniqué a Khenpo Karthar mi intención en su siguiente visita. Pensé que estaría de acuerdo en que me diera una vuelta por el Tíbet y luego volviera y continuara con lo que estaba haciendo. En cambio, me miró con una expresión severa y dijo con toda su calma: «Si tratas de irte de esta cabaña de retiros, te romperé las dos piernas». Me lo quedé mirando estupefacto. Él ni siquiera parpadeó.

En ese momento me di cuenta de que Khenpo Karthar era tan inflexible como los grandes maestros tibetanos del pasado. Sus palabras cortaron de raíz cualquier pensamiento de huida, y resolví no volver a plantear el asunto nunca más. Él ni siquiera me dio la oportunidad. Estuvo seis meses sin pasar a verme después de esa conversación. Simplemente me dejó que me cociera en mi propio jugo.

Me sentí muy avergonzado tras esta escena, porque me había quedado claro que, aunque anhelaba por supuesto ver a mi familia, el viaje habría sido un pretexto para escapar del retiro, como había estado escapando siempre de cualquier desafío al que hubiera debido hacer frente. Me había pasado la vida satifaciendo los antojos de mi mente, y esa era la fuente de mis dificultades. El problema no era el retiro. El problema era que aún no había domado mi mente. Esta toma de conciencia fue una auténtica bendición, porque las cosas empezaron a estar más claras. Existía un vínculo directo entre cómo me relacionaba con mi mente y cuánta felicidad o infelicidad experimentaba. Si hubiera seguido con mis viejos hábitos –si hubiera salido del retiro, por ejemplo–, habría sido gratificante a corto plazo, pero a la larga no me habría hecho feliz, ni habría contribuido a que encontrara el sentido auténtico de mi vida.

Este fue un momento enormemente significativo para mí. Sentí que había entendido la causa de mi infelicidad por primera vez. Y lo que era incluso más crucial: podía ver la salida. Esa misma fue la toma de conciencia del Buda cuando abandonó su lujosa vida de príncipe y comenzó a caminar solo hasta adentrarse en la naturaleza para meditar. Cuando alcanzó la iluminación, sintetizó su profunda realización en su primera enseñanza, la enseñanza de las Cuatro Nobles Verdades. A la primera verdad la llamó la verdad del sufrimiento. La segunda es la verdad de la causa del sufrimiento. La tercera es la verdad de la extinción de sufrimiento. Y la cuarta es la verdad del camino que conduce a la extinción del sufrimiento. Para explicarlo con sencillez, los sucesos dolorosos son inevitables en la vida. Caemos enfermos, perdemos el amor, sufrimos heridas, herimos a los demás y finalmente morimos. El sufrimiento que experimentamos como resultado de esos sucesos, generalmente, está compuesto por el tratamiento que nuestra mente da a dichos sucesos. Es doloroso ser traicionado en el amor, de acuerdo, pero superado el shock inicial, nuestra reacción a los acontecimientos es lo que va a determinar cuánto suframos. Nuestra mente es la verdadera fuente de nuestro sufrimiento, y si podemos girar hacia ella nuestro foco de atención y observar lo esclavizada que está por sus hábitos de apego y rechazo, tendremos la oportunidad de liberarnos del sufrimiento. No se trata de una operación instantánea para nadie, pero es perfectamente factible. Lo lograremos completando los puntos esenciales del entrenamiento budista: conducta ética, práctica de la meditación y sabiduría, todo lo cual ya está contenido en la primitiva enseñanza budista del Noble Óctuple Sendero.

El núcleo de las enseñanzas del Buda aterrizó como un soplo en mi corazón. Me sentí hondamente tocado y mi compromiso con el retiro se redobló. Era el momento de empezar a tomarse las cosas en serio y a hacer un uso apropiado de la preciosa vida humana. Le pedí a Akong que transmitiera mi sincero afecto a nuestros padres, y volví a concentrarme al cien por cien en mi práctica. Ya no había tiempo para seguir haciendo el tonto. Todavía hoy, siento un infinito agradecimiento hacia Khenpo Karthar por su intervención, y por todas las instrucciones ulteriores que me dio. Mi primer retiro largo fue la clave del éxito. No me cabe duda de que mi vida habría sido muy diferente si no hubiera completado el retiro.

Por aquel tiempo, Su Santidad el XVI Karmapa volvió a Estados Unidos a recibir tratamiento para el cáncer, que había hecho metástasis por todo su cuerpo. Como gesto de renuncia, le hice llegar 15.000 dólares, que era todo el dinero que tenía en mi cuenta bancaria; el dinero que había ahorrado pensando en mi viaje al Tíbet. Y también le mandé algunos valiosos boles de ofrendas de plata y una gran *thangka* (pintura), que eran algunas de mis posesiones que yo más apreciaba. Cuando recibió el dinero y los regalos, no me dio las gracias. El mensaje de respuesta fue: «¿Si estás tan resuelto a renunciar a la riqueza y las posesiones, ¿por qué no me has enviado tu preciosa cama?».

Me quedé atónito. ¿Cómo podía saber Su Santidad que el único objeto valioso que yo retenía era la tradicional caja de meditación que me hacía las veces de cama? Sus poderes de clarividencia eran legendarios y siempre sirvieron para acrecentar mi fe en él.

Su Santidad murió al cabo de poco. Sentí una tristeza pasajera, mi sentimiento más avasallador era el de gratitud, por haber conocido a una persona tan notable y por la benevolencia que siempre me mostró. Nunca dejé de sentir que veía a través de mí. Por supuesto, he vuelto a tener el privilegio de reunirme de nuevo con él en su siguiente renacimiento como Su Santidad el XVII Gyalwa Karmapa, cuyo descubrimiento y entronización fueron dos de los momentos más gozosos de mi vida.

Durante los meses que siguieron a mi comprensión profunda de la naturaleza del sufrimiento, seguí batallando. Kalu Rinpoche, el venerable maestro de meditación que había sido uno de los principales discípulos del XVI Karmapa, pasó por KTD y vino a visitarme a mi cabaña de retiro. Yo ya lo conocía de Samye Ling. Él solía decir de mí en aquellos años que yo era el peor tibetano que había conocido nunca. Ahora me fue de inmensa ayuda. Un día me puse a quejarme con él del ruido de las obras al otro lado de mi ventana, y me contestó con brusquedad: «¡¿Cuál es el problema?! Haz del ruido parte de tu práctica». Me dijo que debería estar preparado para morir en el retiro si fuera necesario. Esa era la actitud que yo necesitaba para superar los obstáculos en el camino.

Al cabo de unos dos años más o menos, conseguí estabilizar mi mente lo suficiente como para sentir que estaba preparado para hacer prácticas más avanzadas. Tenía la suerte de poder recibir enseñanzas de los muchos grandes maestros que visitaban KTD. Me levantaba a las tres de la madrugada y hacía mil postraciones antes del sobrio desayuno, y luego continuaba hasta la hora de la comida. Por la tarde hacía algunas prácticas tántricas, entre ellas Powa, Tara Blanca (que me había enseñado Jamgön Kongtrül), los seis yogas de Naropa y Vajrayogini. Como muchas de las deidades, Vajrayogini está relacionada con acabar con el egocentrismo y liberar la energía de la sabiduría contenida en las emociones, que normalmente está bloqueada por las aflicciones o venenos mentales. También volví sobre la práctica de los Cuatro Preliminares. Estuve un año entero practicando únicamente Dorje Sempa, la práctica de purificación, que creo que es el mejor disolvente para el pegamento del apego y el aferramiento. Necesitaba hacer esa práctica a tope. Se trata de una práctica preliminar, pero a la vez profunda y fundamental. Y al anochecer volvía a hacer más postraciones, y cuando ya estaba cansado cambiaba a la meditación *shiné*, que era un buen método para calmar la mente y prepararme para dormir. A las ocho de la noche me iba a la cama.

Encontré especialmente poderosa la práctica de los seis yogas de Naropa. Es una práctica intensa y profunda que comporta la purificación de las energías del cuerpo sutil. Consiste en ejercicios de respiración, visualizaciones elaboradas y fuertes maniobras yóguicas. Mi hermano Akong le pidió a Lama Ganga, cuando se encontraron en Samye Ling, que me los enseñara. Lama Ganga era un maestro experto en retiros y autorizado para transmitir las antiguas prácticas tántricas a los estudiantes en retiros de larga duración. Le prometió a Akong que vendría a verme, y yo estuve encantado de recibirle. Hallé una gran inspiración en el yoga de los sueños, práctica relacionada con los sueños lúcidos, pero mucho más especializada.

A través del yoga de los sueños, nos entrenamos en mantener una consciencia despierta durante el sueño. Esto nos habilita para ver que el estado onírico es una ilusión, a pesar de que se sienta totalmente real mientras se está soñando. La idea es aplicar esta misma consciencia a la actividad cotidiana, para comprender que la vigilia es también ilusoria. Durante la vida diaria normalmente sentimos como si estuviéramos implicados de forma activa en la «realidad», pero de hecho vamos sonámbulos por un mundo que es creación de nuestra mente. Si somos capaces de mantener este estado de consciencia, poco a poco sentiremos menos apego hacia los sucesos y las emociones. He oído a algunas personas expresar el temor de que esto pueda llevarnos a sentir nuestra experiencia como vacía y alarmantemente irreal, pero para mí lo que sucede es lo contrario. La vida se experimenta como más vívida y auténtica.

Cuando nos hacemos diestros en esta práctica, podemos dirigir nuestros sueños para viajar a lugares tanto de la Tierra como de los Cielos. En el lenguaje moderno de la calle a esto se le llama viajes astrales. Practiqué el yoga de los sueños con gran diligencia, y un día decidí ir a la tierra pura, o morada espiritual, de la deidad Vajrayogini. Cuando estuve en su presencia, se me mostró bajo la apariencia de una mujer alta y negra, y me abrazó con tanta fuerza que casi extinguió la vida que había en mí. En otra ocasión en que volví a visitarla, me rebanó la cabeza con su daga curva y me dijo que yo tenía mucho ego. Después de eso, ya no sentí ganas de volver a visitarla.

Una de las experiencias más memorables que he tenido con el yoga de los sueños resultó ser profética, aunque no lo supe hasta mucho después. En el sueño, que tuve hacia el final de mi retiro, sobrevolaba por encima de un lugar en el que nunca antes había estado. Era una isla que estaba cercana a otra isla, y era al atardecer.

Recuerdo vívidamente que la isla mayor tenía una bahía iluminada por las luces de las casas, los bares y los restaurantes. Al otro lado de la bahía, estaba la isla menor, que tenía forma de león con sus poderosas zarpas hundidas en el mar. Estaba escasamente habitada y apenas había unas pocas luces. Recuerdo haber aterrizado allí y haber mirado enfrente hacia la bahía iluminada. No tenía ni idea de dónde había llegado, y poco después me desperté en mi caja de meditación en la cabaña de Woodstock. En el momento en que tuve ese sueño, me pareció muy auspicioso, y así resultó ser más tarde, cuando visité la isla Holy, junto a la isla de Arran, en mi cuerpo de carne y hueso. La reconocí inmediatamente como el lugar que había visitado en mi sueño años antes. En su momento, cuando le conté el sueño a Khenpo Karthar, me contestó que no debía darle importancia y que lo olvidara. Es la forma tradicional en la que los maestros de retiro guían a sus retirantes, para asegurar que no se apegan a lo que podrían tomar erróneamente como su propia realización.

Estoy en deuda para siempre con muchos grandes maestros que me dieron tan buenas enseñanzas. Aquellos cinco años de mi primer retiro largo me permitieron integrar los cambios que habían ido surgiendo de forma gradual en el proceso de transformación de mi mente. Tengo una deuda particular con Kalu Rinpoche, que en una de sus visitas me sugirió leer *La vida de Milarepa*, el gran santo tibetano del siglo XI. Él sentía que yo necesitaba una inspiración radical, y la encontré en la historia de Milarepa. Desde aquel día hasta el presente no he vuelto a sentirme atraído por ninguno de los placeres mundanos de la vida. Fui capaz de comprometerme con el Dharma desde el fondo de mi corazón.

Milarepa es una figura muy querida en el Tíbet, así que yo ya estaba familiarizado con las líneas generales de su biografía. Había nacido en una familia próspera y tuvo una infancia idílica hasta la muerte de su padre, tras la cual su tío y su tía se hicieron responsables de la familia y tomaron el control de sus bienes. Milarepa, la madre y los hermanos fueron obligados a trabajar como esclavos, y pusieron sus esperanzas en que todo les fuera devuelto cuando Milarepa cumpliera la mayoría de edad. Llegado ese día, el tío y la tía se negaron a cumplir el acuerdo y dejaron a la familia desheredada, tras lo cual la madre de Milarepa pidió a su hijo que buscara venganza. Le instó a visitar a un famoso maestro de magia negra, aprender todo lo que pudiera y luego regresar para destruir a su tío, a su tía y a todos sus hijos. Y eso fue exactamente lo que sucedió. Pero Milarepa no se detuvo ahí y causó la muerte de otras treinta y cinco personas; y cuando los vecinos amenazaron con matarlos a él y a su familia, convocó un pedrisco que arruinó todas las cosechas, excepto las de los campos de su madre. El maestro de magia se entristeció mucho por lo sucedido, y fue a ver a Milarepa para rogarle que estudiara el Dharma, y así poder reparar el mal karma que había generado para ambos. De ese modo Milarepa se acercó a un maestro cuyos métodos se decía que garantizaban la liberación del samsara en una sola vida. Pero ni siquiera los practicó. Era demasiado perezoso. Su maestro le dijo que no podía ayudarle, porque sus pecados eran enormes y su esfuerzo mínimo. «Solo Marpa el Traductor puede ayudarte», le dijo. Cuando Milarepa oyó ese nombre, su corazón se llenó de gozo. Pero iba a costarle innumerables años de esfuerzo y penitencia antes de que, finalmente y tras innumerables pruebas, incluida la construcción y la demolición de tres altas torres, Marpa consintiera en otorgarle las enseñanzas que le permitirían purificar sus acciones negativas. Marpa envió a Milarepa a meditar durante años a una cueva en las montañas, y a partir de ahí vino su compromiso con el camino de la iluminación. Cuando se le acabaron las provisiones, se alimentó de ortigas. Llegó a estar tan delgado como un esqueleto y su cuerpo se volvió de color verde a causa de su dieta, pero él no le tenía miedo a la muerte; y finalmente alcanzó la iluminación en una sola vida.

Aunque ya había oído esta historia montones de veces, cuando la leí por mí mismo estando en retiro conecté con ella de una manera intensa. Me recordaba con fuerza muchos incidentes de mi propia vida. Por fortuna, yo no había matado a treinta y cinco personas, pero había sido perezoso, orgulloso, resentido y autoindulgente. Había echado la culpa de mis problemas a los demás y no me había esforzado en deshacerme del rencor, el miedo y los agravios. Ahora veía que siempre existe una buena oportunidad, incluso aunque se haya generado muchísimo mal karma, pero no se puede seguir siendo perezoso ni indulgente ni autocompasivo. Estaba claro que hasta que uno no se compromete con una práctica sincera, nunca alcanza la verdadera felicidad, la realización. Yo, por supuesto, durante la primera mitad de mi vida había estado empantanado en el círculo vicioso del egocentrismo. No me había podido comprometer porque la sabiduría innata de mi mente búdica había estado oscurecida por la negatividad. A partir de que floreciera en mi corazón la intención de cambiar las emociones y los pensamientos negativos en positivos, la espiral descendente revirtió. Fue muy difícil darles la vuelta a las cosas, pero, una vez hecho, mi vida comenzó a circular en una espiral ascendente. Todos podemos hacerlo. He sido testigo de ello una y otra vez. Al principio se requiere un esfuerzo significativo, pero el proceso se va volviendo más fácil y la recompensa es enorme.

Tardé cinco años, pero, habiéndome hecho fuerte en el camino hacia la iluminación, nada deseaba más que seguir en retiro el resto de mi existencia. Sin embargo, estaba a punto de ser lanzado a una nueva etapa de la vida. Y, como en tantas ocasiones previas, el agente de este cambio fue mi hermano Akong.

11. Maestro

Cuando la segunda posibilidad de abandonar el retiro surgió, en 1985, yo tenía la absoluta certeza de que no deseaba irme. ¡Menudo cambio en mí, desde los días en que, en 1981, daba saltos de alegría ante la sugerencia de Akong de irme con él al Tíbet a visitar a nuestros padres!

De nuevo se presentaba la oportunidad de ver a la familia, y Akong se apresuró a escribirme. Quería que volviera a Escocia para encontrarme con nuestro hermano mayor, Palden, y con nuestra hermana pequeña Zimey. Él había regresado a la región autónoma del Tíbet en 1983 por vez primera y se había encontrado con que, en el intervalo que iba desde 1981, nuestro padre y nuestra madre habían muerto. Fue un golpe. La oportunidad de volver a verlos en esta vida se había esfumado. Pero había descubierto que nuestro hermano y nuestras dos hermanas seguían vivos, e inició todos los complicados trámites para que Palden Drakpa y Zimey pudieran viajar. Yangchen Lhamo había declinado la oferta de ir a Inglaterra.

Mi primera idea, nada más leer la carta, fue que me convendría más que ellos vinieran a Estados Unidos. Pero, como Akong me explicó, ambos viajaban con pasaportes chinos, y en aquellos días Estados Unidos, como norma, no admitía pasaportes de titularidad china. Si quería verlos, tendría que volver a Escocia.

Me sentía realmente desgarrado por este asunto. Tenía cuarenta y dos años y, finalmente, había encontrado el propósito de mi vida. Lo que más deseaba era continuar en retiro, sobre todo porque notaba que iba progresando en el camino hacia una realización más completa. Me quedaba todavía mucho por hacer. No me sentía preparado para el paso siguiente en mi vida; de hecho, ni siquiera podía ver aún cuál sería. Por otra parte, me entristecía la perspectiva de perderme otra reunión familiar, especialmente tras la noticia de que ya no volvería a ver a mis padres. Esta podría ser mi única oportunidad de ver a mis hermanos, y de reconectar con un pasado que me había sido arrancado del corazón.

Estuve varios días en meditación, tratando de obtener claridad. Luego hablé con Khenpo Karthar. Le dije que estaba contemplando hacer un viaje a Escocia. Si iba, estaría fuera tres semanas y luego volvería a KTD para seguir en retiro. Yo pensaba que mi práctica de meditación era ya lo bastante sólida como para encajar esta pequeña salida, ¿qué pensaba él?

Esta vez no hubo amenazas de romperme las piernas. Para mi alivio, me dio su bendición, así que hice los preparativos para el viaje. Dejé mi altar, mi cojín de meditación y mi cama limpios y ordenados para mi vuelta. Imaginaba que solo sería una breve pausa, como si saliera a dar un paseo por el bosque.

Encaraba el viaje con tranquilidad. Me había estado preguntando si recordaría las rutinas del mundo, tras años de tener mínima interrelación con él, y, aunque los aeropuertos eran ruidosos y ajetreados, mi mente fue muy capaz de soportar el ataque de la sobreestimulación. Conversé y sonreí a todos aquellos con quienes coincidí en las colas y en los aviones.

Por enésima vez Akong acudió a recibirme al aeropuerto de Glasgow, con el mismo aspecto que tenía exactamente la última vez que lo había visto, cinco años antes. Estaba tan saludable y robusto como siempre. Por su parte, si mi aspecto le causó extrañeza, no dio muestras de ello. Mis rizos negros habían desaparecido desde el momento en que me ordené monje y vestía ropas monásticas del clásico rojo oscuro, en vez de los trajes de moda que siempre me gustaron. Ya me había visto así en Estados Unidos, por supuesto, pero ahora estaba muy delgado tras años de práctica vigorosa y dieta sobria. Sobre todo, sentía que mi mente era diferente.

Fuimos en coche hasta Samye Ling. Me quedé asombrado por lo que vi. La última vez que había estado allí, hacía diez años, solo había un edificio y unas cuantas cabañas. Ahora había un templo grande y hermoso en plena construcción detrás de Johnstone House y un bloque de apartamentos para huéspedes al lado. Se había adquirido una propiedad colindante para convertirla en centro de retiros, y un grupo de occidentales –nueve mujeres y siete hombres– llevaban ya un año y medio haciendo el retiro de cuatro años bajo la guía de Lama Ganga, el mismo que me había enseñado a mí los seis yogas de Naropa.

Akong me había hablado de los cambios, pero verlos por mí mismo me tenía maravillado. Me sentía conmovido por este florecimiento de la fe en el Dharma y muy orgulloso de mi hermano. Había conseguido ilusionar a un grupo de patrocinadores y voluntarios para construir el templo, y él mismo había trabajado de forma incansable en el proyecto. El lugar había sido consagrado en 1979 por Lama Gendun, un venerable maestro que era director de la sede de Su Santidad el Karmapa en Francia. Sherab Palden, a quien estuve encantado de volver a ver, había creado una serie de bellísimas pinturas y obras de arte para la *gompa* del altar principal, en colaboración con muchos voluntarios y con otros artistas tibetanos. Samye Ling había dejado de ser una colonia para hippies. Estaba en camino de ser un complejo monástico y centro cultural de gran trascendencia.

Mi encuentro con mi otro hermano, Palden Drakpa, y con mi hermana Zimey fue hermoso y a la vez desalentador. Apenas era capaz de creer que podía estar abrazándolos y hablando con ellos de nuevo tras treinta años de separación. Zimey, con quien yo había chapoteado en las orillas del río en Darak, era ahora toda una mujer. Estaba casada y era madre de seis hijos. Una vida entera cargada de experiencias había dejado sus huellas en su rostro, igual que en el mío, pero su sonrisa seguía siendo la misma.

Yo tenía pocos recuerdos del Palden del pasado. Apenas estuvimos juntos en Darak durante unos meses, tras su regreso de la población donde había crecido para asumir su rol de heredero familiar. Yo salí hacia Dolma Lhakang poco después de su llegada. Él estaba en Darak con el resto de la familia cuando el área fue tomada por los comunistas. Ahora parecía mucho más mayor de los escasos cincuenta años que tenía. Era un hombre demacrado y vencido. La historia que nos contó era devastadora. Había sido torturado sistemáticamente y su salud mental era frágil. Relató cómo, tras nuestra huida, los chinos reunieron a la familia y se cobraron venganza por el hecho de que uno de los hijos, el *tulku*, hubiera escapado. Fueron obligados todos a participar en sesiones de adoctrinamiento. Mi padre fue torturado cada tarde durante quince años en lo que ellos llamaban «asambleas de denuncia». Consistían en la humillación pública, con abuso verbal y físico, mientras era paseado por todo el pueblo con la lista de los crímenes de los que se le acusaba escrita en una hoja de papel y colgada al cuello. Además de ser el padre de un *tulku*, mi padre, que era un hombre relativamente rico y próspero, fue acusado de ser un enemigo del proletariado. Palden sentía que era su responsabilidad, como heredero de la familia, ocupar el lugar de nuestro padre tarde sí tarde no, para que él sufriera menos agresiones. Al cabo de un tiempo, mi hermano fue enviado a un campo de trabajos forzados en un programa de construcción de carreteras. Los trabajadores ni siquiera recibían una comida adecuada. Palden se vio obligado a matar animales por pura supervivencia. Realmente era un hombre roto.

Escuché su historia con una inmensa compasión. Me sentía contento de haber sido capaz de estabilizar mi mente antes de escucharla, porque de lo contrario no tengo dudas de que habría suscitado en mí sentimientos de ira y de odio hacia los chinos. Ahora, sin embargo, me sentí profundamente entristecido por mi familia y por los soldados y los oficiales que los habían atormentado. Todos los implicados habían sufrido muchísimo. Este fue otro punto de giro en mi largo proceso por dejar de culpar a Akong de todas las pérdidas sufridas en mi vida. Había dejado ya atrás la mayor parte de mi resentimiento durante mis años de retiro, y ahora estaba recibiendo otra importante lección. Si me hubiera quedado en Darak, en vez de haber ido a Dolma Lhakang, yo también habría sido torturado y enviado a hacer trabajos forzados. Habría acabado, casi con certeza, tan abatido como mi pobre hermano, si no más. Sentí una inmensa gratitud hacia Akong por haber sido el agente de mi escapada de ese destino y a cambio haberme concedido la oportunidad de embarcarme en un viaje espiritual.

Desgraciadamente, la historia de mi hermano no acabó bien. Él y mi hermana se quedaron a vivir unos meses en la casa de Akong en Dumfries, pero Palden fue incapaz de adaptarse al modo de vida local. Se tumbaba en los jardines de los vecinos y se revolcaba, y se negaba a irse cuando se lo pedían. No sabía inglés y solía hablar en tibetano de forma violenta. Un día, los vecinos tuvieron que llamar a la policía. Akong consiguió suavizar la situación, pero tuvo que aceptar que Palden estaba tan mal que la vida en Gran Bretaña sería para él siempre difícil, y que seguramente se encontraría más feliz en el Tíbet. Así que Zimey se quedó en Dumfries, pero Palden regresó y quedó al cuidado de nuestra otra hermana, Yangchen Lhamo, con el apoyo de Akong.

Estaba a punto de dárseme otra oportunidad para practicar el adiestramiento mental que había estado cultivando durante los cinco años previos. A los pocos días de mi llegada a Samye Ling, Akong declaró que no estaba dispuesto a permitir que regresara a Woodstock. Me quedé estupefacto. De hecho, he de admitir que me puse furioso. Le había dejado palmariamente claro cuando acepté volver a Samye que mi visita sería corta. Mi primera respuesta fue negarme en redondo. Le había prometido a Khenpo Karthar que regresaría. Pero Akong insistía sin tregua. Me echó en cara que había estado terriblemente preocupado por mí, porque nunca le escribí ni obtuvo respuesta a sus cartas durante mis años de retiro. Era cierto que consideraba las cartas una distracción, pero había enviado un mensaje a Akong y a nuestros padres a través de Khenpo Karthar en 1981. Yo sabía que Akong y Khenpo estaban en contacto, así que mi hermano tenía que haber recibido noticias mías.

Tuve que echar mano de toda mi capacidad de autocontrol y ecuanimidad para soportar el asunto y no dejarme llevar de nuevo por el resentimiento. Fue un desafío brutal. Finalmente, Akong me acabó convenciendo, con la promesa de que podría continuar con mi retiro. No esperaba que me uniera al equipo de administración de Samye Ling. Esa promesa, junto a mi recién descubierta gratitud hacia él, hicieron que me resignara a la situación. Informé a Khenpo Rinpoche de que continuaría mi retiro solitario en Purelands, el nuevo centro de retiros de Samye Ling.

Dediqué las semanas siguientes a instalarme en mi nueva casa. Tenía mi propio alojamiento, separado de las grandes casas de retiro en las que los retirantes, hombres y mujeres, continuaban con su programa. La casa era sencilla, pero confortable. Estaba dotada de una pequeña cocina, un baño y un cuarto de estar, donde instalé el altar y mi caja de meditación. Mis días eran exactamente iguales a como habían sido en Woodstock, aunque la vista a través de la ventana volvía a ser las suaves y verdes colinas, en vez de los bosques del estado de Nueva York.

En abril de 1987, cuando llevaba ya más de un año y medio en retiro solitario, tuve un sueño muy vívido con Trungpa Rinpoche, al que no veía desde 1980. Me decía que fuera a visitarlo a Karma Choling, en Vermont, su primer centro en Estados Unidos. Días más tarde, me llegó la noticia de su muerte, en Karma Choling, el 4 de abril. El sueño me había hecho sentirme muy bien, y más cuando me enteré de su muerte. Estaba convencido entonces, y sigo creyéndolo, de que nuestra relación es muy estrecha, de que Trungpa y yo hemos vivido juntos muchas vidas.

Durante el siguiente año estuve haciendo mucha práctica del calor interno, conocida con el *tummo*, cuyo propósito principal es transformar los venenos mentales. Estos venenos son llamados en sánscrito *kleshas*, y se refieren a las emociones conflictivas del odio, el deseo, los celos, el orgullo y la ignorancia. Hay diversos métodos para trabajar con estos venenos. Uno de ellos es evitar ser su presa practicando ciertos medios hábiles, cuya base es el mindfulness –poniendo plena atención a nuestra mente y no transigiendo con las emociones negativas–. Otro método es tomar esas emociones negativas como nuestro camino, de modo que no se las evite, sino que se transforme su energía tal como vayan surgiendo. Esta es una práctica avanzada, y se realiza trabajando con las energías sutiles que se mueven en nuestro cuerpo energético, a través de los canales y los chakras. Las purificamos desde su propia fuente, trabajando hábilmente con la postura, la respiración y la visualización. Este es el método del *tummo*. Como un subproducto de este trabajo con las energías, nuestro cuerpo se calienta, lo cual es muy útil si uno vive en climas fríos como el de Escocia o el Tíbet.

Estaba totalmente concentrado en mi práctica y sentía que era capaz de generar cierto calor. Cuando le hablé de ello a Lama Ganga, me dijo que mi logro no era gran cosa; muchos practicantes del antiguo Tíbet eran capaces de fundir la nieve cuando meditaban a la intemperie en los fríos inviernos. Sentí como si hubiera arrojado un jarro agua fría sobre mi inspiración. Durante un instante me desanimé, y pensé que podía limitarme a encender la calefacción si lo que quería era tener calor.

Esto era típico de Lama Ganga, que era un completo tradicionalista y muy duro con todo el mundo, sin importar sus circunstancias. Era un gran maestro, pero tenía una limitada comprensión de la mentalidad de los retirantes occidentales a su cargo, y de cómo eso afectaba a su práctica. Observé que no se daba cuenta de lo complicada y frágil que era la gente occidental en comparación con los tibetanos, cuyo enfoque de la vida es mucho más simple y estable, y no suelen entregarse a la preocupación por sí mismos. Lama Ganga no creía necesario hablar sobre problemas personales, por ejemplo, de manera que no estaba preparado para comprender toda la angustia que aparecía en las mentes de sus retirantes a medida que profundizaban en la práctica. Ni tenía en cuenta el hecho de que, a diferencia de los tibetanos, nacidos en una cultura budista, es difícil para muchos occidentales confiar verdaderamente en el poder de las enseñanzas y en los maestros que se las transmiten. Cuando los retirantes occidentales tenían preguntas o temores, no tenían fe en dejarse guiar por alguien, al menos al principio. Eso los hacía vulnerables. Lama Ganga no parecía preparado para hacer concesiones por todas estas diferencias. Su régimen era riguroso, y aunque algunas personas tenían éxito, otras acababan con problemas.

Lama Ganga no residía en Samye Ling. Era el representante de Su Santidad el Karmapa en varios centros de Estados Unidos, tenía su propio centro en California e impartía enseñanzas en los centros Samye Dzong (filiales de Samye Ling), de manera que estaba fuera a menudo. Tras un tiempo, me vi cada vez más implicado en echar una mano a los retirantes, que por entonces estaban casi a punto de acabar su retiro. Aunque estaba dedicado a mi propia práctica, no quería ser egoísta al respecto. Me sentía cada vez más preparado y motivado para ayudar a los demás, así que pensé que debía entregarme a ello. En definitiva, podían encontrar útil mi perspectiva, ya que, a diferencia de Lama Ganga, yo no había tenido una preparación tradicional, había pasado años inmerso en la cultura occidental y hablaba inglés con fluidez.

Sentía mucho interés por ellos. A su vez, ellos eran muy receptivos a la forma en que yo les hablaba sobre mi experiencia y sobre la suya, y cada vez iba más a verlos. Trataba de hacerles llevadero el tiempo que les quedaba. Les preguntaba si todo estaba bien, si tenían alguna preocupación. Bromeaba con ellos y acabábamos riéndonos.

Me acuerdo de una conversación que tuve con una mujer que iba a recibir la ordenación de monja. Lo estaba pasando realmente mal. Había estado haciendo miles de postraciones, demasiadas, y había desarrollado una hernia de hiato. Le dije que se lo tomara con calma y que parara de hacer postraciones durante seis semanas, para recuperarse. Ella me miró dubitativa, pero yo le dije: «No vas a iluminarte por ir corriendo, tómatelo de forma más relajada». Además, necesitaba hacer una consulta importante sobre su práctica, y le concerté una entrevista con Lama Ganga para abordar el tema y yo poder hacerles a ambos de traductor.

Este rol extraoficial de ayudante no era lo que yo había tenido en mente cuando acepté quedarme en Samye Ling, pero me gustaba poder ayudar a los retirantes. Mi presentimiento de que encontrarían útil comunicarse con alguien a quien no le había resultado fácil purificar sus aflicciones mentales y comprometerse con el camino espiritual resultó acertado. Cuando yo bromeaba sobre mis errores, sentía que ellos se relajaban con sus propias dificultades. Era estupendo verlos darse cuenta de que la vulnerabilidad y el humor eran igual de útiles que el estudio y el análisis, y por supuesto mucho más que el autocastigo.

En la primavera de 1988 acabó el retiro. Nadie, aparte de Lama Ganga y yo mismo, había entrado en sus casas de retiros, y ninguno de los retirantes había salido desde que se hizo la ceremonia de cierre, cuatro años antes. Akong vino a hacer la apertura ceremonial y recibir a los retirantes de vuelta al mundo. Parecían algo abrumados en su paseo hasta Samye Ling, mientras yo les iba haciendo gestos de adiós y ellos iban a reunirse con familiares y amigos. Yo me seguí quedando en Purelands y volví a concentrarme en mi práctica. La vida recuperó su ritmo tranquilo durante una semana, y entonces vinieron los obreros. De nuevo me tocaba meditar en medio de obras. Debería haberme acostumbrado, después de la experiencia de Woodstock, pero, al menos al principio, no me resultó nada fácil. Los planes para el siguiente retiro de cuatro años, que comenzaría en marzo del año siguiente, ya estaban en marcha. Esta vez habría cuarenta y cuatro participantes, y por tanto se requería mayor espacio. El equipo de obreros voluntarios que había estado trabajando intensamente para acabar el templo, puso su atención ahora en demoler una de las casas de retiros y levantar otra mucho mayor. Eran setenta y cinco personas, trabajando siete días a la semana para llegar a tiempo, ahí enfrente de mi puerta. Además del ruido, estaba el detallito del polvo. Almacenaban los sacos de cemento en el porche de mi casa, y el pulmón que me quedaba respiraba con dificultad. Y entonces, para colmo, me cortaron el suministro de agua.

Yo estaba muy enfadado. ¿No había pasado ya por esto? ¿Era necesario volver a pasarlo? Pero entonces resolví cambiar mi forma de pensar. Todo en la vida procede de la mente, esto ya lo sabía, así que me resultaba fácil decidir que lo único que tenía que hacer era meditar en las condiciones que hubiera. Y me concentré en la idea positiva de que todo esto estaba pasando porque había mucha gente que quería venir a hacer el retiro. Eso me hacía feliz. Cuando fui capaz de cultivar la perspectiva correcta de los acontecimientos –«Esa gente está trabajando con tanta dedicación para posibilitar que otros entren en retiro, no para fastidiarme a mí»–, me ahorré los muchos meses de sufrimiento que me habría causado el irritarme por algo que yo no podía cambiar. Desde entonces soy un partidario acérrimo de los beneficios de mantener el punto de vista correcto y de tener la correcta motivación.

El 8 de agosto de 1988 se inauguró nuestro precioso nuevo templo. En esa auspiciosa fecha, más de mil quinientas personas se reunieron para presenciar la ceremonia. Estuvo presidida por Tai Situpa Rinpoche, normalmente conocido como Situ Rinpoche, uno de los cuatro hijos del corazón de Su Santidad el XVI Karmapa. Cuando Su Santidad murió, en el año 1981, los hijos del corazón se convirtieron en regentes y quedaron encargados de actuar en su nombre hasta que el XVII Karmapa fuera hallado. Tras descubrir la placa de mármol conmemorativa colocada a la entrada del templo, hubo actuaciones de bailes religiosos tradicionales, y luego se ofreció tarta y té a todo el mundo. Akong aparecía tranquilo y modesto, elegante con su *chuba* de seda amarilla, el traje de fiesta tradicional. Me sentí muy emocionado por él. Era un proyecto enteramente suyo. Le había llevado nueve años y lo había logrado gracias a su serena determinación y su extraordinaria habilidad para motivar a los demás a dar lo mejor de sí mismos. Al final, una construcción que hubiera costado al precio de mercado normal un millón y medio de libras se consiguió por menos de una cuarta parte de esa cantidad, gracias a la entrega total y a la devoción de todos los implicados en el proyecto.

Me tomé un día libre del retiro para participar en la inauguración del templo y luego volví a Purelands. Esperaba pasar los meses siguientes haciendo oídos sordos al ruido de las hormigoneras y clausurando mi mente a las irritaciones, sin que nada más perturbara mi práctica. Pero los acontecimientos estaban a punto de superarme.

En octubre de 1988, Lama Ganga, con quien se contaba para volver a dirigir el siguiente retiro de cuatro años, enfermó en el Tíbet y murió de forma repentina. La responsabilidad de dirigir el segundo retiro de cuatro años recayó entonces sobre Lama Thubten, un venerado maestro del monasterio de Palpung, en Kham, que tenía ahora un centro en Birmingham. La pintura todavía no estaba seca en la nueva casa de retiros cuando él oficio la ceremonia de encierro en marzo de 1989. Había cuarenta y cuatro participantes occidentales, incluidos nueve que habían hecho el primer retiro y deseaban repetir. Lama Thubten dio las instrucciones iniciales, a pesar de que, como Akong descubrió, ya se encontraba gravemente enfermo. Al cabo de pocos meses, también murió. Kalu Rinpoche, que había sido tan decisivo en mi propio retiro, falleció también en torno a las mismas fechas. De repente no había nadie que pudiera hacerse cargo de dirigir el retiro, que ya estaba en marcha y teniendo lugar, literalmente, a la puerta de mi casa. Akong vino y me pidió que diera un paso adelante. «No hay nadie más», me dijo.

Admito abiertamente que yo no quería. Una cosa era echar una mano y otra muy distinta ser el maestro del retiro, con toda la responsabilidad. Hubiera preferido mucho más seguir con mi propia práctica. Sentía que lo mejor que podía hacer por los demás practicantes era profundizar en mi propia realización. Comparado con Lama Ganga o Lama Thubten, que habían adquirido ambos un profundo conocimiento de las enseñanzas budistas y tenían una vasta experiencia en la realización de los rituales del retiro, yo era apenas un novato. Pero no pude decirle que no a Akong. Era imposible dejar a todas esas personas sin la guía que necesitaban. La situación era realmente chistosa. Me asignaron el trabajo porque, literalmente, todos los demás candidatos habían muerto.

Decidí que, si me encargaba yo, haría unos cuantos cambios. Sentí que era necesario tener en cuenta el hecho de que casi nadie entre los retirantes hablaba tibetano, y que la mayoría no había estudiado el budismo en serio. Muchos eran virtualmente principiantes, de manera que pedirles que hicieran muchas *pujas* (plegarias rituales que implican canto, mantras y visualizaciones) y leyeran textos en tibetano podía ser desalentador. A algunos de los participantes les sugerí que estaba bien con que simplemente meditaran. Traté de ajustar el programa a las necesidades y aptitudes individuales, lo cual puede sonar algo obvio, pero carecía de precedentes en la tradición tibetana. Quería que la gente se sintiera contenta y motivada, a la vez que comprometida con las dificultades que le esperaban más adelante en el retiro. Mi convicción era que debían tener confianza en su práctica, en vez de sentir el temor de no estar a la altura. La práctica de la meditación no es una asignatura escolar. No hay exámenes finales para los que empollar, ni competimos con los demás. Muchos de los occidentales que se acercan al budismo lo hacen fascinados por su lado esotérico, y también es cierto que posee un vasto y sofisticado sistema filosófico que puede tener ocupada a la mente analítica durante varias vidas. Pero yo suelo animar a la gente para que vea el budismo, en primer lugar y principalmente, como una práctica cotidiana. Un corazón abierto y una mentalidad positiva son más beneficiosos que cualquier capacidad de análisis intelectual.

Dado que yo continuaba con mi práctica justo en la puerta de al lado de los retirantes, estaba disponible para conceder entrevistas y dar consejos cuando cualquiera tenía un problema. Pero me negaba a enredarme en juegos. No era consentidor y rechazaba verlos si se comportaban de forma exigente. Durante ciertas partes del retiro en las que se requería silencio total, y hacia el final, cuando los retirantes ya debían haber madurado, dejé de dar entrevistas. Quería que ellos tuvieran confianza en sí mismos, lo cual es muy importante.

A pesar de haber sido un maestro de retiro reticente, pronto comencé a estar enamorado de la experiencia. Lejos de socavar mi propia práctica, como había temido, demostró ser complementaria. Aprendí mucho sobre la mente trabajando con los demás en superar sus bloqueos mentales. Todo confirmaba mi convicción de que mis propios obstáculos y dilaciones me habían ayudado a desarrollar la habilidad para ser un puente entre la mentalidad tibetana y la occidental. El hecho de no ser un *tulku* como Akong, como Trungpa y como muchos otros grandes lamas tibetanos, lejos de ser un problema, había sido una facilidad para ayudar a los demás. Me parecía el ejemplo perfecto de la necesidad de llevar los obstáculos al camino. Desde mi experiencia, los obstáculos *son* el camino.

Mi experiencia como maestro de retiros, entre marzo de 1989 y marzo de 1993, y de nuevo entre noviembre de 1993 y enero de 1997, me permitió ahondar en mi comprensión de cómo difundir el Dharma en las sociedades occidentales contemporáneas. Fue una especie de laboratorio para mi comprensión de lo que ayuda a la gente, lo que acerca a ellos y lo que no.

Enseguida entendí que era esencial advertir a los participantes de lo que les esperaba, pero no alarmarlos, simplemente prepararlos. Un retiro no es para todo el mundo, aunque creo que a todos nos beneficia un cierto período de reclusión, ya sean cuatro años o cuatro días. Es importante apartar tanto las esperanzas de los resultados ambicionados como los temores de no conseguir lo que se desea, y estar abiertos al inesperado viaje interior que se despliega en un retiro. Y ayuda a aceptar que parte de ello puede plantear dificultades. En el retiro no hay escape de nuestras mentes, de sus negatividades y de sus hábitos. La mayoría nos pasamos la vida negándonos a encarar nuestra mente, usando para ello cualquier método de distracción, ya sea el alcohol, las largas jornadas de trabajo o las maratones de series. Así que cuando comenzamos a hacer largos períodos de meditación (o incluso, al inicio, períodos breves), nos sobresaltamos al ver lo que aparece al prestar atención de verdad. Antiguos miedos, ansiedades y resentimientos. Cháchara mental inacabable del tipo más banal. Todo es ruido ahí dentro cuando empezamos a meditar, y es comprensible que uno quiera acallarlo. Comprensible, pero poco sabio, porque, por supuesto, no se irá a menos que lo escuchemos.

Una y otra vez los retirantes venían a mí sintiéndose mal consigo mismos y con su pasado: traumatizados, incapaces de olvidar, enfadados con ellos mismos por no ser capaces de meditar de forma «correcta». Muchos de ellos me decían que su mayor dificultad era la ira. No podían dejar de seguir escarbando en las heridas y las ofensas sufridas en el pasado, y eran incapaces de perdonar a aquellas personas que les habían hecho daño. Muy a menudo estaban enfadados con sus padres. Otras veces era con las parejas o exparejas. Y un elevado porcentaje de ellos estaban enfadados consigo mismos. Cuando yo les sugería que tal vez les resultara sanador perdonar, volvían a repetirme la lista de todas sus ofensas y esperaban mi gesto de asentimiento. Estaban completamente identificados con sus emociones negativas y tenían dificultad en verlas como meros fantasmas mentales. Dejar ir el apego a los traumas, en vez de continuar repitiéndonos cómo hemos sido heridos, es importante, porque, si no podemos dejarlo ir, el trauma distorsionará por completo nuestra forma de pensar y nos impondrá un modo de vida para siempre. Identificarse con las heridas del pasado entraña la falta de perdón, de los demás y de sí mismo. El problema es que, sin compasión por todos los seres vivos, nunca estaremos en paz. Cualquier alegría que tengamos será efímera.

No estoy diciendo que eso sea fácil. Todos llevamos una carga de sentimientos dolorosos, porque es inevitable que nos sucedan cosas difíciles en la vida. Durante años yo cargué con los recuerdos y los sueños de mi huida del Tíbet y de la pérdida de mi familia, de mi país y de mi forma de vida. Pero gradualmente aprendí a dejar de sentir que eran sólidos y reales, creyendo que ellos eran yo y que yo era esas heridas. Elegí sintonizarme con una realidad más profunda, la naturaleza búdica, esa base de sabiduría, amabilidad y bondad. Mi fe en esa parte de mí mismo, junto a las bendiciones de mis maestros y del linaje, abrieron la puerta a un cambio profundo. Con el tiempo y la práctica constante, fui capaz de ir más allá de todo ello. Conseguí la libertad.

También observaba que muchas personas que venían adolecían de baja autoestima, incluso cuando (especialmente cuando) aparentaban poseer una ostentosa confianza en sí mismos. Se les había dicho de niños o bien que eran unos genios o bien lo contrario, que no valían para nada. En ambos casos, habían acabado creyéndoselo, y eso les había causado dificultades. En el retiro, cuando las cosas no iban bien, se castigaban por fracasar. Olvidaban que el propósito principal del retiro era superar los obstáculos al comprender su falta de solidez. Yo urgía a la gente a recordar el hecho de que cualquier cosa que hubiera provocado su sufrimiento no estaba teniendo lugar en ese momento, excepto en su propia mente, que lo revivía. No se trataba de un hecho real, sino de una historia, una creación de la mente a partir de los recuerdos del pasado. Con una práctica sostenida podían comenzar a ir más allá de esas historias y tomar refugio en la simplicidad del momento presente. Pero es difícil. Se necesita un esfuerzo mantenido. En vez de perseverar en su práctica, muchas personas regresaban a los sentimientos de autocompasión o a castigarse por su incapacidad para superar los obstáculos tan rápido como juzgaban que debían ser capaces de hacerlo. Yo hacía todo lo que podía para ayudarles a desenredarse de todos esos patrones. Les afirmaba y requeteafirmaba su naturaleza búdica, hasta que eran capaces de creerlo por sí mismos, en cuyo instante podían comenzar a tener lugar cambios maravillosos. Era una gozada contemplar esos flashes de apertura y liberación.

El aprendizaje es una vía de dos sentidos. Una de las claves que intentaba transmitir era que, según el Dharma, no hay nunca la necesidad de sentirse no válido o inferior, porque nuestra verdadera naturaleza es pura, completa y libre. Pero esto es difícil de captar si no se tiene una experiencia directa de ello y no se da crédito al maestro, que nos asegura que nuestra verdadera naturaleza es esa. Además, comencé a darme cuenta de que los occidentales tienen una relación con sus emociones muy distinta a la que tenemos los tibetanos y otros practicantes asiáticos del budismo. En el Tíbet se nos enseña que las emociones, al igual que los pensamientos, no son reales y ni siquiera son útiles siempre. El budismo no sostiene que el odio, el deseo, el orgullo, los celos y la ignorancia (los cinco venenos de la mente) sean pecados, como se hace en el pensamiento tradicional cristiano, sino aflicciones de la mente que nos dificultan ver nuestra verdadera naturaleza. En la cultura occidental contemporánea, por otro lado, reinan las emociones y no el pensamiento. El modo en que sentís algo es de una importancia capital. La gente en Occidente se identifica en general con sus emociones, las buenas y las malas, y encuentra que es muy difícil observarlas sin más. Esto les conduce a problemas, porque quedan atrapados en la reactividad y el conflicto interno. Y para poner las cosas aún más difíciles, en Occidente existen dos venenos adicionales, que yo no tenía en el Tíbet en mi etapa de formación: la culpa y la vergüenza. Me di cuenta de que necesitaba hallar modos de ayudar a la gente a despegarse de sus emociones, en general, y de esas dos en particular.

Lo intenté proponiendo la identificación con un *yidam*, dado que el *yidam* es una figura impecable, libre y dotada de abundantes cualidades. Se puede entender, a grandes rasgos, que los *yidams* son deidades. Son expresiones radiantes de nuestra naturaleza búdica y están cargados de bendiciones. Hay muchas deidades diferentes, como Tara Verde o Chenresi, y cada una tiene su práctica, con su imagen específica, su liturgia y su mantra. Cuando hacemos la práctica de la deidad, meditamos como si nuestro cuerpo fuera un cuerpo de luz, semejante a un arcoíris, lleno de cualidades como el amor, la compasión y la sabiduría, en vez de ser de carne y sangre, que son fuente de tantos problemas. Las prácticas de *yidams* son una parte importante del programa del retiro largo. Yo esperaba que ayudaran a los retirantes a aflojar su fuerte identificación con los recuerdos dolorosos, las penas emocionales y la ilusión de un yo sólido.

A veces funcionaba, pero a veces resultaba contraproducente. Algunas personas usaban esas prácticas para exacerbar sus venenos mentales. Por ejemplo, las personas que tenían un fuerte instinto sexual malinterpretaban los *yidams* y utilizaban sus prácticas para entregarse a sus fantasías sexuales. Otras personas se perdían en ensoñaciones. Esto conducía al desinterés, la distracción y un retiro de fantasía.

Así que los retiros eran más que nada una experiencia de aprendizaje para todos nosotros, aunque no tengo dudas de que fueron altamente beneficiosos para mucha gente. Me incluyo a mí mismo en el grupo. Yo, como muchos otros, aprendí muchísimo sobre la mente. Puede que no alcanzáramos la cima del camino budista –la iluminación–, pero adquirimos una idea realista de la inmensidad de la tarea, maduramos y aprendimos prácticas inestimables que nos iban a servir para el resto de nuestras vidas.

En septiembre de 1992, seis meses antes del final del segundo retiro, salí de Purelands para atender un asunto absolutamente trascendental para mí a todos los niveles. Iba a regresar al Tíbet por vez primera desde mi fuga treinta y tres años atrás. Viajaría con Akong al monasterio de Tsurphu, cerca de Lhasa, para la entronización de Su Santidad el XVII Karmapa.

El XVII Karmapa era en ese momento un niño de siete años, que acaba de ser reconocido oficialmente a principios de ese año como el renacimiento del XVI Karmapa por Su Santidad el Dalái Lama, los regentes del linaje Kagyu y las autoridades chinas comunistas. Se trataba de un hecho altamente significativo, dado que era la primera vez que los comunistas reconocían el renacimiento de un lama de elevada jerarquía. La práctica del budismo en el Tíbet había quedado virtualmente proscrita desde la Revolución Cultural de 1966-1976, pero la política había dado un giro desde entonces y la actual dirección de Pekín deseaba mostrar que permitía la libertad de culto en el Tíbet.

El día que recibí la noticia de que el XVII Karmapa había sido hallado, me sentí en éxtasis. No podía esperar a reunirme con mi antiguo maestro en su nuevo cuerpo y reemprender nuestra relación. Así que, con una mezcla de agitación y de gozo efervescente, me preparé para viajar al Tíbet a su entronización, que tendría lugar unos meses más tarde. La perspectiva de volver a mi tierra natal se producía en un momento que no podía ser más feliz: ver al Karmapa y ser testigo del evento espiritual más significativo de nuestro linaje Kagyu. Había otro motivo adicional de entusiasmo y orgullo para mí, ya que había recaído en mi hermano la comisión de formar parte de uno de los dos grupos de búsqueda encargados de encontrar al niño. Estaba impaciente por hablar con Akong y escuchar su historia del hallazgo de Su Santidad.

12. Místico

El día de la entronización sentí que estaba participando en un flujo de pura energía espiritual. La atmósfera era electrizante. A Akong y a mí se nos concedió el privilegio de tener un sitio en la primera fila de la *gompa* del monasterio de Tsurphu, la sede principal de los Karmapas, que estaba llena a reventar. Fuera de las puertas del templo había miles de personas empujando para tratar de entrar. Incluso algunos lamas de elevado rango se quedaron sin poder acceder. El estado de ánimo era extático, aunque socavado por la desesperación. El pueblo tibetano había obtenido finalmente permiso para practicar su fe tras décadas de represión y ahora su devoción era desbordante.

Mientras estaba en medio de la multitud amontonada en el interior del templo, me di cuenta de que aquello se estaba volviendo peligroso. Si la muchedumbre no se echaba hacia atrás, iba a producirse una avalancha, con el consiguiente aplastamiento, y habría heridos e incluso muertos. Decenas de miles de tibetanos habían llegado de todas las partes para estar presentes en el evento más significativo del linaje Kagyu. Las autoridades chinas no estaban prevenidas. Habían cerrado las carreteras que conducían a Tsurphu, pero no habían conseguido impedir el avance de la gente; y ahora los soldados apostados a las puertas del templo habían perdido el control de la situación.

Entonces vi a Akong avanzando a grandes zancadas entre la multitud, que se apartaba a su paso. No pude ver lo que ocurrió fuera, pero más tarde oí contar que se había plantado en una plataforma a las puertas del templo, se había dirigido a la multitud e incluso había golpeado a algunas personas con una fusta, para impedir que entraran. En mi mente, él se estaba comportando como una manifestación de Mahakala, la principal deidad protectora del linaje Kagyu. Como quiera que fuera, lo logró. La multitud se aquietó, el peligro pasó y la ceremonia comenzó a desarrollarse.

Su Santidad el XVII Karmapa era todavía un niño, pero la paciencia y la gracia que exhibía asombraban a todos los que lo veían. El ritual duró varias horas. Una vez acabado, aún siguió sentado durante muchas más horas mientras decenas de miles de devotos desfilaban frente a él, para recibir su bendición. Permanecía impertérrito y tranquilo impartiendo su bendición a cada persona. Cuando me llegó el turno de hablar con él, le pregunté si podía volver ya a mi retiro. Era una pregunta significativa para mí, porque su predecesor me había dicho que, si pasaba veinte años en retiro y practicaba bien, alcanzaría un alto nivel de realización. Sonrió, me dio un ligero golpecito en la cabeza y, en el mismo tono que siempre había usado conmigo, me dijo: «Vuelve y ayuda a tu hermano». Fue como estar con Su Santidad el XVI Karmapa de nuevo. Desde ese día, acepto sin discusión que mi deber es servir a mi hermano en cualquier puesto que él decida.

Akong me hizo su relato del hallazgo de Su Santidad el XVII Karmapa, quien hasta su entronización se llamaba Apo Gaga, que significa «el que nos hace muy felices». El chico era hijo de unos nómadas de Bagor, en Kham. Su lugar de nacimiento y el nombre de los padres habían sido predichos por Su Santidad el XVI Karmapa en una carta que entregó a Tai Situpa Rinpoche, uno de sus cuatro hijos del corazón, escondida en un amuleto de protección, poco antes de morir. Es costumbre de los Karmapas dejar oculta una carta de predicción con los detalles de dónde se encontrará su siguiente renacimiento, pero ya habían pasado unos cuantos años y no se había encontrado nada. Entonces se le ocurrió a Tai Situpa mirar dentro del amuleto que Su Santidad le había entregado tan encarecidamente, y se sintió feliz de encontrar dentro la carta escondida.

Una vez autentificada la carta, se envió una partida de búsqueda compuesta por tres monjes del monasterio de Tsurphu para buscar al niño. El 21 de mayo de 1992 lo encontraron. Recibidas las indicaciones oportunas del responsable del monasterio local, llegaron hasta la tienda de la familia de Apo Gaga. La familia ya sabía que estaban en camino. El hijo mayor, Yeshe Rabsel, estaba en el monasterio local cuando la partida de búsqueda había llegado. Los monjes habían tenido buen cuidado de no divulgar el verdadero motivo de su presencia. La palabra «Karmapa» no fue mencionada. Habían dicho que buscaban a una mujer local llamada Loga, para la que traían una carta de la India. El responsable dedujo de manera correcta que la tal Loga era la madre de Yeshe Rabsel y lo llamó para que hablara con los visitantes. Cuando descubrieron que Yeshe Rabsel tenía un hermano pequeño de siete años y que su padre se llamaba Karma Dondrub, no pudieron contener su emoción. Los nombres de ambos padres coincidían con los de la carta de predicción de Su Santidad el Karmapa, así como el lugar de nacimiento. Los monjes le dijeron a Yeshe Rabsel que estaban buscando el renacimiento de un *tulku* de su monasterio, y se acordó una cita para ir a visitar a la familia dos días más tarde.

Cuando Yeshe Rabsel llegó a su casa por la tarde para informar a los padres de las emocionantes noticias, su hermano pequeño comenzó a dar saltos de alegría. Esa misma mañana, Apo Gaga había empacado sus cosas en un fardo listo para llevar consigo, y le había dicho a su madre que ya había llegado el momento de irse a su monasterio.

Una vez que los distinguidos invitados se hubieron sentado sobre las pieles de oveja puestas en el suelo de la tienda y se hubo servido la comida, comenzaron a hacerles preguntas a Loga y a Karma Dondrub. Apo Gaga permanecía allí sin moverse, mirando seriamente, mientras sus padres referían la historia de su vida y los presagios y auspiciosos acontecimientos. Tres días después de su nacimiento, las aproximadamente setenta familias de la comunidad habían oído un sonido de caracolas, habitualmente asociado con el Buda, pero no habían encontrado la fuente de esa música. Luego el aire se había llenado de música de címbalos y cornetas. Los otros hijos de Loga buscaron alrededor de la tienda, pero tampoco esta vez se pudo identificar de dónde venía esa música. Y entonces el bebé, de solo tres días, dejó de mamar, miró a su madre y se dirigió a ella llamándola *Ama*, que en tibetano significa «madre». Pronto confirmó por sí mismo ser un niño extraordinario. A los tres meses, el bebé emanaba luz. Tras la caída de la noche, sus hermanas mayores se sentaban a su vera mientras dormía y aprovechaban el resplandor de su rostro para acabar sus tareas domésticas. Había muchas más historias de esas. La partida de Tsurphu no tenía ninguna duda. Apo Gaga fue declarado el auténtico renacimiento.

Las cosas comenzaron a ir muy deprisa a partir de ese punto. Se había planeado que Jamgön Kongtrül dirigiera una segunda partida de búsqueda en representación de los cuatro hijos del corazón, pero murió trágicamente en un accidente de coche en abril, un mes antes. Entonces los regentes sobrevivientes les pidieron a Akong y a otro lama que asumieran la misión de volver a ver al niño para hacerle las últimas pruebas en nombre de ellos.

Akong llevada preparada una prueba muy personal, relativa a un hecho que solo él podía conocer. Cuando Su Santidad el XVI

Karmapa estaba a punto de morir, Akong había ido a visitarlo al hospital, en Chicago. Fue poco después de mi ordenación, justo cuando acababa de entrar en retiro. Su Santidad sabía que iba a morir pronto y pidió ver a sus discípulos más cercanos para tomar sus últimas decisiones. A Akong lo envió a realizar cierta misión, y antes de irse mi hermano le pidió algo: ¿podría dejarle Su Santidad uno de sus dientes, como reliquia personal, tras su cremación? Su Santidad se lo prometió sin dudar, pero como Akong estuvo fuera cuando se produjo la ceremonia de cremación, no pudo estar presente para recoger el diente.

Once años más tarde, mi hermano llegó a la tienda de la familia de Apo Gaga. Tras saludar a todos, se volvió hacia el pequeño de mejillas sonrosadas y le preguntó si tenía alguna cosa que darle. El niño, inmediatamente, buscó bajo la alfombra en la que estaba sentado y sacó algo. Cuando abrió la mano, en ella tenía uno de sus dientes de leche. Akong se sintió emocionado y se acercó a Su Santidad el XVII Karmapa para darle un abrazo. El Karmapa le sonrió y le revolvió el pelo, como si se conocieran de siempre. Podéis imaginar mi entusiasmo al escuchar esta historia.

Akong me habló también de la extraordinaria experiencia de viajar con Apo Gaga y su familia hasta el monasterio de Tsurphu, por carretas flanqueadas por miles de personas entusiasmadas que se habían desplazado para recibir al nuevo Karmapa. Nada más llegar, el niño comenzó toda la serie de preparativos para la entronización. Muchas de las cosas estaban altamente elaboradas y habían sido llevadas a cabo durante cientos de años, pero otras pertenecían a la rutina de la vida cotidiana familiar. Por ejemplo, le tocó a Akong darle a Apo Gaga el primer baño de su vida. Al pequeño no le apetecía en absoluto, y protestaba tal como lo haría cualquier niño de siete años. Akong era padre y, por supuesto, ya había pasado antes por eso con sus propios hijos.

Mi regreso al Tíbet fue breve y giró en torno al encuentro con Su Santidad el XVII Karmapa, que resultó ser una experiencia única en mi vida. El día de su entronización fue algo que nunca había esperado ver. Había oficiales de le República Popular China sentados en un lateral del templo, frente a los lamas y los *tulkus*, mientras el clamor de miles de tibetanos que trataban de acceder al interior llenaba el aire. En el centro de todo ello, estaba Su Santidad el XVII Karmapa, encarnación viviente de la continuidad de nuestro linaje Kagyu. La oleada de destrucción que yo había llegado a creer que había arrasado mi mundo hacía ya más de treinta años no lo había aniquilado por completo. El monasterio de Tsurphu todavía estaba allí. Los edificios del siglo XII podían haber sido derruidos durante la Revolución Cultural, pero el templo había sido reconstruido y estaba siendo utilizado para albergar la más feliz de las celebraciones. El valle seguía siendo hermoso. El lugar continuaba siendo sagrado.

No tenía nada de lo que ocuparme relativo a mi propio pasado. No volví a Darak. Mis padres ya habían muerto y mis hermanas, Zimey y Yangchen Lhamo, vivían ahora en Lhasa con sus familias, así que no había nadie a quien ir a ver. Deseaba dedicarme a lo que alimentara mi vida actual, en vez de volver al pasado; de modo que, tras una breve parada para ver a mis hermanas, inicié un viaje de peregrinación a la India, acompañando a un grupo del *Sangha* de Samye Ling de veinte personas. Nos dirigimos a Bodhgaya, el lugar de nacimiento del Buda, donde realicé cien mil postraciones junto al árbol de la Bodhi, bajo el cual el Buda estuvo sentado cuarenta y nueve días, en silenciosa meditación, hasta alcanzar la iluminación. Fue una experiencia conmovedora para mí estar en ese lugar tan especial. Me sentía lleno de devoción y de gratitud. De modo que me puse a hacer postraciones. Literalmente. Una vez más, acabé con las rodillas magulladas y despellejadas. No seguí mi propio consejo de tomarse las cosas con calma. Fue un problema, porque la siguiente etapa de mi camino iba a ser la práctica espiritual más desafiante que nunca hubiera intentado, y no me encontraba en la forma física idónea para ello.

Me dirigía a Nepal para recibir instrucciones del renombrado maestro *Tulku* Urgyen, que había pasado dos décadas en retiro en su ermita de las cumbres, y era uno de los pocos practicantes que aún quedaban en el mundo que ostentaba el linaje de los retiros en la oscuridad. Fue Akong quien sugirió que yo ya estaba preparado para esa enseñanza, y yo me ilusioné ante la posibilidad de recibirla. El retiro en la oscuridad es tenido por una de las prácticas de meditación más avanzadas. El retirante pasa cuarenta y nueve días en la total privación sensorial de la oscuridad y el silencio, en preparación para el *bardo*, el intervalo entre la muerte y el renacimiento.

El estado del *bardo* se caracteriza por las experiencias alucinatorias. Los budistas creen que cuando alguien muere su consciencia continúa en un estado *post mortem*, aunque aún vinculada con el cuerpo. A menudo, los seres que se encuentran en ese estado no se dan cuenta de que han muerto, y puede ser una experiencia aterradora para ellos. A medida que el instante del renacimiento se acerca, se empieza a tener premoniciones de la siguiente vida. El retiro en la oscuridad prepara al practicante para familiarizarse con las alucinaciones del *bardo* y evitar sentirse abrumado por ellas cuando llegue el momento. El objetivo es ser capaz de ver que no son reales, sino un poderoso encantamiento. Por medio de la meditación, podemos romper ese encantamiento, y el estado iluminado que siempre está presente brilla a través de ellas. Esto nos libera del ciclo de la muerte y el renacimiento. Además, adquirimos la habilidad de ver los acontecimientos cotidianos de nuestra vida actual como si fueran los acontecimientos inmateriales del estado onírico, en vez de una realidad sólida. Esto nos puede ayudar a enfocar la vida de un modo más ligero y gastar menos energía emocional aferrándonos a las cosas o tratando de rechazarlas.

Estaba muy emocionado cuando me encontré con *Tulku* Urgyen en el complejo monástico de Swayambhunath, a las afueras de Katmandú. Mi entusiasmo se aplacó algo cuando él me echó la vista encima y dictaminó que no me daría permiso para hacer el retiro antes de que pasara por el hospital y me hicieran un reconocimiento. Yo me había lesionado seriamente las rodillas haciendo postraciones y estaba algo indispuesto. Él sabía mejor que nadie que el retiro en la oscuridad es una experiencia intensa, para la que el practicante debe estar en la mejor forma física y mental posible. *Tulku* Urgyen me avisaba de que, incluso para los meditadores muy experimentados, el retiro en la oscuridad es un gran desafío, y para mucha gente es extremamente peligroso. Un período largo de total privación sensorial tiene todas las garantías de enloquecer a una persona normal. Cuando a alguien se le impone, es una forma de tortura.

La cabaña de retiros en la oscuridad era una pequeña habitación individual en el interior de una construcción más grande hecha de hormigón y sin ventanas. Había sido construida en la cima de Nagi Gompa, por un estudiante noruego de *Tulku* Urgyen que estaba desesperado por hacer el retiro en la oscuridad. Había una tubería para introducir el oxígeno en la estancia. Cuando soplaba el viento, este primitivo sistema de ventilación hacía un sonido áspero que me recordaba los *radong*, las trompas tibetanas usadas en las *pujas*. La cabaña tenía el suelo de tierra y ni una sola rendija por la que pudiera colarse un rayo de luz. No había forma de saber qué momento del día o de la noche era. No se veía nada en absoluto, ni siquiera la propia mano enfrente de las narices. El silencio era absoluto, aparte del inquietante ruido de la tubería de ventilación, que habría bastado por sí solo para desquiciar a muchas personas. El pobre noruego solo aguantó unos días antes de salir corriendo. *Tulku* Urgyen le había preparado a conciencia, pero aun así había sido demasiado para él. *Tulku* Urgyen se prometió ser más cuidadoso sobre a quién dar permiso para emprender la práctica a partir de entonces. Yo era el primer candidato al que había aprobado desde aquellos acontecimientos. Así que seguí sus consejos: me sometí a reconocimiento médico, recuperé fuerzas, recibí las instrucciones y acepté que empezaría solamente cuando él juzgara que yo estaba preparado.

Un discípulo italiano mío, llamado Renato Mazzonetto, que era una de las personas de Samye Ling con las que había estado de peregrinación, se quedó para ser mi asistente. Él y yo limpiamos la cabaña y luego, cuando *Tulku* Urgyen estuvo de acuerdo, hicimos los preparativos finales. Fuimos a un supermercado de Katmandú para comprar provisiones. Sentí la extrañeza de estar acumulando comida en la tienda brillantemente iluminada, sabiendo que me iba a meter de cabeza en la oscuridad total. El trabajo de Renato sería traerme la comida una vez al día y hacérmela llegar a través de una pequeña trampilla, como en un calabozo medieval. Renato también me pasaría un cubo y una bolsa de plástico para hacer mis necesidades. ¿Podéis imaginar la vulgaridad de tener que aliviarse en una bolsa de plástico en la oscuridad más absoluta? ¡Menuda prueba! Cada día tendría que devolverle a Renato el cubo y la bolsa del día anterior para que se deshiciera de ello.

Cuando acabó el retiro, me contó que había tirado las bolsas en el bosque. Algunos nepalíes sin hogar creyeron que habría dentro algo aprovechable, dado que el que las tiraba era un occidental, así que corrieron hambrientos a por ellas. Debieron de quedarse bien frustrados cuando no encontraron dentro sino excrementos malolientes. La historia me dio un buen pretexto para echar unas risas al acabar el retiro.

Me adentré en la casa de retiros de forma gradual. Durante tres días, fui pasando cada vez más tiempo en la oscuridad total, para ir acostumbrando tanto mi mente como mis ojos a la experiencia. Normalmente, el lama que da las instrucciones visita al retirante para ir explicándole la visualización correspondiente a cada día del retiro. Ambas cosas, tanto las visualizaciones como el contacto diario, ayudan al retirante a mantener su mente estable. *Tulku* Urgyen me informó de que no iba a actuar así conmigo. Me dio la instrucción más avanzada, que es sencillamente mantener la consciencia en el momento presente y observar cada pensamiento, sentimiento y experiencia que surgieran como vacíos. Así que nada de visualizaciones ni de mantras, solo meditación sedente.

Como ya dije, no soy una persona temerosa, pero no pude dejar de sentir cierto temblor cuando la oscuridad completa se cernió a mi alrededor y me dispuse a encarar mi mente sin ninguna distracción en absoluto. Confiaba por completo en *Tulku* Urgyen y sentía que mi fe era firme. A pesar de ello, sabía que iba a experimentar alucinaciones. Akong me había dicho que incluso los meditadores más experimentados las sufrían inevitablemente, debido a que los vientos internos, las energías, son muy difíciles de controlar. Ese es el motivo de que sea importante tomar alimentos que ayuden a reequilibrar las energías sutiles. Se dice que la carne es buena para ello, pero mi dieta era básica y vegetariana.

Como descubrí de forma inmediata por mí mismo, la privación sensorial estimula la actividad mental. No hay nada que la interrumpa, nadie con quien hablar, nada con lo que distraerse, excepto la propia mente. De manera que, si se comienza a ver algo y a pensar que es real, no hay nada que muestre lo contrario. Se cuentan historias de personas que estaban convencidas de que había un tigre con ellas en la habitación o de que parte de su propio cuerpo era carne para comer. Si se tiene algún temor oculto, se manifestará, y habrá que confrontarlo una y otra vez.

Me recordaba a mí mismo que no estaba prisionero, aunque la puerta estuviera cerrada. Renato venía una vez al día. Nos estaba prohibido hablar o vernos, pero, dado el caso de que estuviera perdiendo la cabeza, podría pedirle ayuda, por supuesto. Yo creía que las cosas no llegarían a ese punto, aunque había que tomar precauciones. Tenía la esperanza de ser capaz de distinguir lo que fueran alucinaciones. Ponía buen cuidado en escuchar su llegada con la comida y el cubo. Aparte de la funcionalidad, era mi única marca del paso del tiempo. Antes de no mucho, perdí la cuenta de los días que llevaba allí.

Los primeros días, mientras aún llevaba la cuenta, pasaron sin incidentes. Sentía que era capaz de mantener la consciencia en el momento presente. Dormía, aunque sospecho que cortos períodos. Y luego recomenzaban las imaginaciones. Empezaba a pensar que había arañas correteando por mi cuerpo. Estaba preparado para ello. En cuanto los temores surgían, los miraba de frente y entonces los reconocía como producto de mi mente y descartaba que fueran reales. Era esencial no entregarse a ellos ni siquiera por un segundo.

Cada vez más, tenía la sensación de estar rodeado de luz lunar. Si me ponía la mano delante de los ojos, seguía sin verla, pero toda la habitación estaba bañada en una suave luz. Mi sentimiento era que se trataba de la luz interior de la mente manifestándose a mi alrededor. Era una sensación rara, pero bienvenida.

En determinado momento, me di cuenta de que podía ver a través de las paredes. Era algo verdaderamente extraño. Podía ver las estrellas en el cielo nocturno encima del techo, igual que si estuviera fuera mirándolas. Me preguntaba si sería una alucinación, pero al acabar el retiro, contemplando el cielo una noche, localicé la misma constelación. Cuando se lo mencioné a *Tulku* Urgyen, me contestó que los textos sagrados decían que si el retiro iba bien se podían ver las estrellas a través de los muros.

Hacia el final del retiro, sentí una profunda calma. Me había acostumbrado a esas experiencias sobrenaturales, y a reconocer que también eran simplemente producto de mi mente. Creo que Renato en realidad lo pasó más mal que yo. Estuvo muy preocupado por mí y no estaba acostumbrado a las condiciones de vida de Nepal, así que estuvo batallando con todo ello. Era una persona muy amable, pero definitivamente del tipo sufridor.

Mi retiro acabó de forma abrupta. Lo ideal es ir saliendo despacio, a lo largo de tres días, para darles tiempo a la mente y al cuerpo a readaptarse a la vida normal. La luz del día hace daño a la vista tras cuarenta y nueve días en oscuridad total, y la desorientación es inevitable. Pero se acercaba el Año Nuevo tibetano, y salí a la carrera. Thrangu Rinpoche, a quien conocía desde mis días en Rumtek, donde me instruyó en los Cuatro Preliminares, envió un coche a recogerme para llevarme a las celebraciones de Thrangu Tashi Choling, su monasterio en las proximidades de Katmandú. Alguien me ofreció una Coca-Cola fría y me la bebí de un trago. Sabía muy rica. Pero la sensación duró poco. Mi cuerpo se sentía sobrepasado por su regreso instantáneo a la vida moderna y lo vomité todo de golpe.

Regresé a Samye Ling a principios de marzo de 1993, sintiéndome mentalmente revitalizado, pero físicamente exhausto por mis
experiencias. En una foto tomada para celebrar el final del segundo
retiro largo, que acabó el 6 de marzo, aparezco rodeado por los retirantes, al pie del altar, envuelto en gruesas ropas y con un gorro de
piel. No podía quitarme el frío de encima.

En 1993 hubo muchos cambios. Me sentía distinto después de
presenciar la entronización de Su Santidad el XVII Karmapa y de
completar el retiro en la oscuridad. Mi fe era ahora inamoviblemente
firme. En mayo dimos la bienvenida a Su Santidad el Dalái Lama,
en su segunda visita a Samye Ling. Fue un evento inmenso para
nuestra comunidad, sobre todo porque cerca de cinco mil personas
asistieron a la charla pública que dio Su Santidad. Muchas de ellas
se conmovieron hasta las lágrimas, y yo me sentí muy inspirado por
ese florecimiento de la devoción.

Hubo cambios también en la vida del día a día. En septiembre
celebré mi cincuenta cumpleaños. Para cuando comenzaba, en noviembre de ese año, el tercer retiro largo, yo estaba virtualmente
dirigiendo Samye Ling, además de ser el maestro de retiros. A nadie sorprenderá oírme decir que todavía mantenía una postura tibia
sobre esto, a pesar de mi compromiso de hacer lo que Su Santidad
el XVII Karmapa había ordenado respecto a ayudar a mi hermano.
Sin embargo, sabía que era el momento para mí de dar un paso adelante. Akong había estado pasando cada vez más tiempo en el Tíbet,
supervisando allí los proyectos humanitarios de Rokpa, la ONG que
había fundado junto a la señora Lea Wyler en 1981. Él veía que mi
fe y mi devoción habían madurado, y gradualmente fue delegando
en mí la actividad cotidiana de dirigir Samye Ling. Quería que yo
adquiriera confianza en que podía hacer lo que él quería que yo hi-

ciera. Siempre había sido incansable en su actividad compasiva, pero ahora además había ampliado su radio de acción. Sus proyectos con Rokpa proveían de alimentos y ayuda sanitaria a cientos de personas no solo en el Tíbet, sino también en Nepal, Sudáfrica y por todo el mundo. Era el momento ya de que yo encontrara la forma de ser un monje en el mundo, en vez de seguir en retiro.

Mis crecientes responsabilidades implicaron que me viera menos involucrado en el tercer retiro largo, que comenzó en noviembre de 1993 y duró hasta noviembre de 1997, aunque seguí dando charlas y algunas entrevistas. Todavía me gustaba ayudar, pero confieso que la parte administrativa de mis deberes se me hacía cada vez más pesada. Sentía intensamente la necesidad de garantizar que hubiera un serio compromiso de equilibrio entre mi ajetreada vida exterior y mi propio camino espiritual.

A veces, casualmente, parecía como si no existiera conflicto entre el camino espiritual y mi rol de líder de la comunidad. Comencé a sentir que, a través de la fuerza de mi propia actividad, algunas cosas me llegaban sin que las hubiera deseado y ni siquiera hubiera intentado que sucedieran. Era como si estuviera asistiendo al despliegue de las leyes del karma en tiempo real. Es como plantar semillas en un jardín. Si plantas semillas de tomate, crecen tomates, no calabazas. Si plantas semillas de ira y de resentimiento en la mente, entonces crece el odio. Si plantas semillas de bondad amorosa y tolerancia, crece la compasión. Ponemos en acción determinadas causas, creamos las condiciones adecuadas, y entonces los resultados se siguen de forma inevitable. Ese era exactamente el modo en que me sentía respecto al Proyecto de Holy Isle, que ha sido uno de los más gratificantes de mi vida.

Años atrás, en 1990, estando yo en retiro en Purelands, recibí una carta de una señora llamada Catherine Morris. Quería hablar conmigo con urgencia para proponerme que yo, o más concretamente Samye Ling, adquiriera la isla que ella y su marido poseían, que era un pequeño islote anexo a la isla de Arran. Me quedé desconcertado. Comprar una isla escocesa no entraba precisamente en mis planes. Lo que yo de verdad quería era seguir con mi retiro. Pero las siguientes líneas llamaron mi atención. Me hacía saber que la idea le había sido inspirada en una visión. Catherine era una católica practicante y había sido visitada en sueños por María, la madre de Cristo, quien le había dado instrucciones de dejar la isla en manos de un tal «Lama Yeshe». Al despertar, recordaba el nombre con claridad, aunque no le decía nada. Cuando empezó a investigar, sin embargo, no le costó mucho dar conmigo.

La telefoneé y hablamos. Catherine me explicó que ella y su familia habían estado viviendo en la isla durante un buen número de años, pero el lugar tenía una energía espiritual tan poderosa que, en sus propias palabras: «No podía con ello». No podía permitirse regalármela, pero estaba abierta a negociar un precio justo. Sentía con fuerza que la isla, que había sido lugar de peregrinación para los cristianos durante más de mil años, debía encontrar un dueño que fuera capaz de trabajar con su energía espiritual.

Me quedé muy intrigado y acepté ir a visitarla. Estábamos en diciembre, en medio del invierno. El tiempo y el océano estaban borrascosos y virulentos. No me hacía ninguna gracia la perspectiva de tener que tomar dos embarcaciones, primero el ferry hasta Arran y después un pequeño bote hasta la isla Holy. Nunca había llegado a superar mi horror al agua desde el cruce del río Brahmaputra. No tenía ni idea de lo que iba a ver, pero salí de Samye Ling acompañado por otras dos personas.

El hijo de Catherine vino a recogernos a Lamlash, en Arran, y nos llevó en su bote hasta la isla Holy. Allí estaba yo, alguien a quien no le gustaba navegar, camino de una isla tan remota que se encontraba detrás de otra isla, en Escocia, en diciembre. ¿Quién hubiera pensado que me iba a animar a ir hasta allí? Y, sin embargo, había algo en el lugar que me resultaba familiar. La imponente montaña central de Holy me miró como un león tumbado y sentí que me subía la emoción. Caminamos en dirección sur, sobre la cresta de la montaña del león; y luego, mientras atardecía, llegamos al extremo norte y encontramos la granja donde íbamos a pasar la noche.

A la hora del crepúsculo sucedió algo extraordinario. Salí al exterior y me puse a contemplar la inmensidad del cielo. El sol se acababa de poner y el único sonido era el retumbar de las olas en la orilla. Al mirar al otro lado de la bahía, hacia Lamlash, las luces titilantes de la población comenzaban a encenderse. Y de repente reconocí ese paisaje. Era la isla que había visitado años atrás haciendo el yoga de los sueños en mi retiro de Nueva York. En su momento, Khenpo Karthar me había aconsejado que no le diera importancia al sueño, pero ahora tenía la certeza de que estaba revisitando el lugar que había visto en mi sueño visionario. Todos los detalles de la isla en la que me encontraba, la bahía, la perspectiva de Lamlash, eran exactamente tal y como los había soñado. La emoción que había estado bullendo en mí desde que salimos de Arran se convirtió en gozo. ¡Qué augurio tan maravilloso!, sobre todo cuando Catherine Morris había tenido también una visión en un sueño en la que se le daba instrucciones para buscarme y entregarme la isla.

No dije nada a las personas con las que estaba entonces, pero ese momento fue la semilla de mi determinación de comprar la isla Holy y establecer un centro de retiros para personas de todas las creencias, y de ninguna. El problema era que yo no tenía el dinero. Akong sugirió que hipotecáramos Samye Ling, pero yo me negué a hacerlo.

Catherine y yo acordamos un precio de 350.000 libras, y yo fui muy claro respecto al hecho de que no las tenía en ese momento, pero ella accedió a esperar; y de hecho a continuación rechazó una oferta más alta. Yo no sabía de dónde saldría el dinero, pero confiaba en que llegaría. Tenía una fe inquebrantable en que era lo que tocaba hacer. Tenía, además, una visión muy clara de lo que haríamos en la isla. En el extremo sur construiríamos un centro budista de retiros para largas estancias, con habitáculos de retiro en la ladera de la montaña, y en el extremo norte, un centro interreligioso donde todo el mundo –de cualquier creencia, identidad o problemática– pudiera hacer retiros puntuales. Deseaba honrar la herencia cristiana de Holy y convertir el resto de la isla en una reserva donde las colonias de pájaros y la manada de ponis salvajes que la habitaban vivieran en libertad.

Muchos pensaron que me había vuelto loco. Dijeron que no era sino un trozo de roca en medio del mar, que no valía lo que había acordado pagar por ella, y que además ni siquiera tenía el dinero. Me mantuve firme en mi fe y en mi visión. Y entonces el dinero empezó a llegar con facilidad. En cuatro meses conseguimos reunir la suma completa, proveniente de donantes privados. Hubo una donación muy importante de una estudiante budista belga, que más tarde se hizo monja.

El 21 de abril de 1992 organizamos un acto interreligioso inaugural en la isla para celebrar su compra por parte de Samye Ling. Mi prioridad era renovar los edificios del faro del sur de la isla para convertirlos en dependencias de retiro. El plan consistía en trasladar los retiros largos de Purelands –en Samye Ling– a Holy, para las mujeres, y a Arran, para los hombres. Las obras de rehabilitación fueron llevadas a cabo por voluntarios. Se tardó varios años, pero cuando estuvieron acabadas constituyeron un hermoso testimonio sobre el poder de la fe y el trabajo. Adoro el simbolismo del faro, que es como una manifestación de nuestra resplandeciente naturaleza de buda. Contratamos a un recaudador de donaciones profesional, convocamos un concurso para arquitectos con el objeto de diseñar los habitáculos de retiro en la montaña y pusimos en marcha un programa de reforestación de la isla. El Proyecto Holy Isle comenzó a llamar la atención de los medios de comunicación de todo el mundo.

La siguiente fase fue el centro interreligioso para la paz del mundo en el norte de la isla, que construimos como una extensión de la granja original. Fue un desafío tremendo, porque todo tenía que ser traído de fuera, y no muchos contratistas estaban dispuestos a presupuestar trabajos para la isla de una isla. Los trabajadores de esta fase fueron profesionales, ya que se trataba de un proyecto grande, y se negaron a instalarse en Holy. Creo que querían comer carne y beber alcohol y, por supuesto, eso no entraba dentro de nuestra ética. Así que tuvimos que depender de una embarcación que los transportaba cada día desde Lamlash de ida y vuelta. Nos costó millones de libras, pero, una vez más, solo tuve que seguir confiando en que el dinero iba a llegar.

Durante todo ese tiempo, tenía el sentimiento gozoso de que todo fluía, de que mi fe atraía lo que se necesitara para realizar las visiones de Catherine y las mías. Mucha gente me decía que sería imposible reunir el dinero, que sería imposible construir un gran edificio en una isla tan remota, pero ambos objetivos se lograron. El Centro para la Paz y el Bienestar en el Mundo fue oficialmente inaugurado el 31 de mayo de 2003, y a la ceremonia acudieron líderes budistas, cristianos, musulmanes, hinduistas y sijs de diferentes comunidades de toda Escocia.

Recuerdo haber llevado al grupo a ver la cueva de san Molaise. San Molaise fue un monje y místico del siglo vi, una importante figura en la difusión del cristianismo desde Irlanda, a través de la Iglesia celta, por todo el territorio de las islas británicas. Tuvo una ermita en la isla Holy hacia finales del siglo VI, y se creía que era el lugar que íbamos a visitar. Naturalmente, yo sentía una profunda conexión con la idea de monjes en retiro silencioso en cuevas. Estaba emocionado por hallar estas similitudes entre las tradiciones místicas de mi tierra natal y las de mi residencia actual.

Mientras íbamos caminando por la costa hacia la cueva, me paré para recuperar el aliento, y un petirrojo vino y se posó en mi pie. El pájaro me fue siguiendo todo el tiempo hasta nuestro destino. Lo interpreté como la manifestación de una deidad local. El budismo tibetano respeta a las deidades locales, que son como espíritus de la naturaleza vinculados a áreas determinadas como guardianes y protectores de la integridad de la tierra. Tenerlas a favor es importante, si uno quiere que las cosas le vayan bien.

El petirrojo y yo nos reconocimos respetuosamente uno al otro. Sentí que se me había dado la bienvenida oficial a la isla Holy por parte de las deidades del lugar, al igual que yo había dado la bienvenida oficial a nuestros visitantes. Todo lo relativo al Proyecto de la Holy Isle confirmaba mi fe en que, cuando nuestras acciones están en línea con la visión altruista, nos toca la gracia y nos llega cualquier cosa que necesitemos, a la vez que los obstáculos se despejan con facilidad de nuestro camino.

A mediados de la década de los 1990, cuando empezamos a edificar el centro de retiros original en la isla Holy, un generoso donativo me permitió hacer una habitación en la cual llevar a cabo un nuevo retiro en la oscuridad. Mi primera experiencia en Nepal había sido tan beneficiosa que estaba deseoso de repetirla, ¡aunque con mejores condiciones sanitarias! En la isla Holy me sentía realmente en mi casa, y pensé que sería un buen emplazamiento para un segundo retiro en la oscuridad. En 1997, el lugar ya estaba preparado. De nuevo Renato vino para ser mi asistente. Bromeamos sobre el hecho de que, en comparación con las condiciones de Nepal, esto iba a ser un campamento de verano. Él me hacía la comida todos los días y para lo demás yo disponía de un aseo, porque había un pequeño baño dentro de la habitación oscura.

Tuve una experiencia maravillosa durante esta segunda estancia. Había aprendido unas cuantas cosas de orden práctico para estar más cómodo, y puse buen cuidado en entrar y salir de forma gradual para evitar a mi mente y a mi cuerpo los choques extremos. No tuve muchas alucinaciones ni pensamientos negativos durante todo el tiempo que permanecí en retiro. De nuevo volví a sentir que el espacio se llenaba de una suave luz, a pesar de lo cual no podía ver mi propio cuerpo. La iluminación parecía, igual que la vez pasada, ser la luz de mi propia mente. Sentía que apenas dormía y nunca tenía hambre. Fue una experiencia altamente positiva que restauró el equilibrio en mi vida, en la cual mi práctica espiritual había quedado en un segundo plano respecto a mi vida pública y a la gran cantidad de deberes que comportaba.

Cuando salí, lo hice convencido de que sería beneficioso para toda la gente que esperábamos que visitara la isla Holy que una de las condiciones de la visita fuera observar los cinco preceptos de la conducta ética budista. Que son: respetar la vida y abstenerse de matar; respetar la propiedad ajena y abstenerse de robar; decir la verdad y abstenerse de mentir; cuidar la salud y abstenerse de sustancias intoxicantes (incluidos el alcohol, el tabaco y las drogas); y respetar a los demás y abstenerse de malas conductas sexuales. Sentía que ello era una base sólida para el desarrollo espiritual de las personas. Y esas son las cinco reglas de oro que exigimos observar a cualquiera que desee visitar la isla Holy o Samye Ling. Creo que ha sido un acierto, y que los voluntarios, los visitantes y todas las personas con adicciones y problemas de salud mental que han encontrado paz en Holy lo agradecen. Es cierto que los costes se dispararon cuando construimos el Centro para la Paz Mundial. Los trabajadores rehusaban quedarse en una isla donde no había alcohol, de modo que tuvimos que ponerles transporte diario de ida y vuelta a Lamlash dos veces al día. Es posible que ellos no estuvieran completamente de acuerdo con nuestra visión, ¡pero sigo pensando que valió la pena!

Algunas personas sienten mucha curiosidad cuando les hablo sobre los aspectos más místicos de la vida espiritual que he llevado. Otras, por supuesto, son escépticas. Otras, aún, se muestran ansiosas de tener ellas mismas experiencias místicas intensas. Al cabo de los años he llegado a darme cuenta de que algunas de estas últimas personas carecen de la motivación correcta. Son como yonquis curtidos, excitados ante la idea de ir hasta el límite. Hay en ello un elemento egoico y una falta de autoconocimiento. Y eso siempre resulta mal. Un estudiante mío acabó dañando su salud mental por su insistencia en hacer el retiro en la oscuridad, a pesar de que ni siquiera se había acercado a mí para recibir enseñanzas ni guía. Sucedió que yo estaba lejos de Samye Ling por entonces, y siento no haber podido darle el consejo que necesitaba. Aguantó dos semanas. Tristemente no se ha recuperado desde entonces y ha renunciado al budismo.

Yo siempre digo que la mente es lo más poderoso del mundo, y que cuando aprendemos a prestar atención a sus idas y venidas, a adiestrarla y a nutrirla, nos recompensa de una forma inimaginable. No hay necesidad de forzar nada. Todo lo que tenemos que hacer, para que se produzca un cambio positivo, es permitir a nuestra sabiduría innata que ilumine nuestras vidas. Yo tuve la fortuna de ser capaz de utilizar la profunda visión que obtuve en mis retiros en la oscuridad para alimentar una visión expansiva y radiante de mi trabajo en Samye Ling y en Holy. Equilibrar el trabajo interior de la meditación con los intereses externos de la vida en el mundo es algo muy importante para todos nosotros. Sin este equilibrio, no podemos dar el cien por cien de nuestro potencial, ni estar en paz con los demás. No hay necesidad de ir a lugares exóticos, ni de prácticas autopunitivas. La práctica de le meditación diaria purifica los venenos de la mente, acrecienta nuestra compasión por nosotros mismos y por todos los seres vivos y nos pone en el camino de una forma de vida positiva.

13. Rinpoche

En 1995 fui designado formalmente abad de Samye Ling por mi hermano Akong y por Tai Situ Rinpoche. Me sentí honrado y algo asombrado de verme a mí mismo en esa posición. Si me hubieran dicho en 1980, mientras esperaba la bendición de ser ordenado por Su Santidad el XVI Karmapa, que en quince años sería el cabeza de Samye Ling, me habría reído. En ese momento era un novicio, en el puro inicio de mi camino espiritual. Sin embargo, en los años transcurridos, una total transformación se había producido en mi mente y en mi corazón.

Desde ese momento, Akong quedó libre para concentrarse en su trabajo humanitario internacional y yo volví a enfocar mi atención en la tarea de ayudar a la gran cantidad de personas que llegaba a Samye Ling en busca de consejo. Había oleadas constantes de gente perdida y desorientada que venía hasta nuestras puertas. Muchos de ellos sufrían de problemas de adicción y de salud mental. En algunos casos éramos su último recurso, después de que amigos y familiares les hubieran retirado su apoyo. Venían para prestar ayuda como voluntarios y resultaban tan tocados por la experiencia que querían quedarse para estabilizar sus mentes. A menudo me pedían una entrevista, y yo me sentaba y dejaba que vaciaran su corazón en mi presencia.

Yo siempre había sentido una conexión profunda con ese tipo de gente «perdida». Me recordaban mis años jóvenes. Sabía por experiencia que buscar la satisfacción fuera de uno mismo, a través de la carrera, la pareja, la familia, la posición social o el hedonismo, podía hacernos entrar en una espiral de insatisfacción y destrucción. Encontrar la paz, la sabiduría y la satisfacción en nosotros mismos es una gran fuente de libertad. La meditación había sido mi medicina, y no me cabía duda de que podía ayudar a muchísimas más personas. Empecé a pensar que un período extenso de reflexión y disciplina sería beneficioso para mucha de la gente con la que hablaba. La dificultad era que la ordenación como monje y monja no parecía una perspectiva realista. Era algo demasiado intimidante.

Yo sabía, de mis años de maestro de retiros en Samye Ling, que la mayoría de los occidentales, por muy sinceros que fueran, tenían dificultades para pasar directamente de ser un principiante curioso a hacer un retiro largo de tres o cuatro años. Son gente entusiasta, pero les hace falta madurar la experiencia de la meditación y de la fe que la sustenta. Algunos de nuestros retirantes de los retiros largos habían adquirido el compromiso de la ordenación de por vida, pero muchos otros se habían desanimado y habían abandonado el camino, ya antes o incluso después de la ordenación. Y ello conducía a sentimientos de fracaso, frustración, depresión y resentimiento. Seguramente había una forma mejor de hacer las cosas con ese tipo de gente.

El problema era que no existía una tradición en el budismo tibetano sobre esa especie de ordenación interina que yo estaba empezando a imaginar. En el Tíbet, la ordenación permanente es una forma de vida, y un porcentaje muy significativo de la población son monjes y monjas; sin embargo, ese no es el caso en la Europa moderna. ¿Qué pasaría si yo pudiera ofrecer a la gente una especie de noviciado por un año? Al final de ese período la gente podría colgar los hábitos o renovar el compromiso por dos o tres años más.

La perspectiva me pareció emocionante. También me di cuenta de que tendría que ponerla en marcha yo solo. Ningún *tulku* o lama de alto rango sería capaz de respaldar una iniciativa tan sin precedentes, que necesitaría la aprobación de Su Santidad el Dalái Lama y de otras autoridades. Pero yo era alguien sin importancia, y realmente deseaba ayudar. Tenía mi ámbito de influencia, y era el piloto de mi propia nave en Samye Ling. Así que decidí hacer la prueba, y desde mediados de los años noventa en adelante comencé a ofrecer la ordenación temporal para hombres y mujeres.

El grupo inicial fue de unas cien personas, y todos tomaron los votos: de entrada, por un año, y si la cosa funcionaba, se alargaría. Fueron tiempos enfebrecidos. Yo siempre estaba en movimiento, escuchando y aconsejando, tratando de ayudar a tantas mentes afligidas a aquietarse para que pudieran ayudarse a sí mismas. Me convertí un poco en una figura paternal para muchos. Los animaba a encarar sus hábitos negativos y a no engañarse a sí mismos: contemplar sus problemas con sinceridad y empezar a purificarlos utilizando las prácticas budistas. Cuando sus mentes dejaban de ser indómitas y se hacían más maleables, les hacía reflexionar sobre que no había nada intrínsecamente malo en ellos. Todas sus creencias negativas sencillamente eran falsas. En esencia, cada uno de ellos era un ser sin defectos y completo. A continuación, les enseñaba a practicar la compasión hacia sí mismos y hacia todos aquellos a los que culpaban de sus problemas, y, en definitiva, hacia todos los seres vivos. Y para mi total felicidad, la mayor parte de las veces funcionaba. En ese contexto protegido y seguro que habíamos creado, la gente se volvió más estable. Había menos gritos y más risas, menos quejas y más comprensión.

Mi otro objetivo, aparte de crear un marco para ofrecer ayuda regular, era reforzar el *Sangha*, que es la comunidad de los monjes budistas. Muchos practicantes budistas en todo el mundo son laicos y su rol es muy importante, pero en el budismo se considera que el *Sangha* es una de las Tres Joyas, una de las fuentes de inspiración y refugio. Sus miembros son los que mantienen vivo el espíritu de las enseñanzas del Buda: el Dharma. De manera que es de importancia capital tener un *Sangha* estable y floreciente.

Fue para mí una gran alegría que Samye Ling se llenara pronto de monjes y monjas que vivían, trabajaban, estudiaban y, sobre todo, practicaban en nuestra comunidad. Muchos de ellos decidían al cabo de un año, dos o tres que deseaban volver a la vida social normal. Regresaban al mundo como personas más maduras y positivas. Habiendo encontrado su propia paz y estabilidad interior, se habían vuelto capaces de ofrecer algo de bondad amorosa y compasión a los demás. Algunos decidieron que deseaban tomar la ordenación de por vida con un lama de elevado rango, como Tai Situpa o Thrangu Rinpoche, y esto también me llenó de satisfacción. Muchos de ellos han llegado a ser puntales de la comunidad de Samye Ling. Gelong Thubten, por ejemplo, que se convirtió en secretario personal de Akong, inicialmente tomó la ordenación de un año en uno de los primeros grupos.

La ordenación temporal ha sido ya adoptada por muchos lamas budistas tibetanos en todo el mundo. Cuando, más adelante, Su Santidad el XVII Karmapa la respaldó, mi innovación recibió la más alta bendición, y ahora forma parte de nuestro linaje en Occidente. La idea surgió de mi propia experiencia de sentirme miserable y desorientado, tentando por los placeres externos y superficiales. Mi falta de estatus como *tulku* me permitió, primero, llevar a cabo esas experiencias, y después tratar de crear algo nuevo a partir de ellas. Yo no era nadie en la jerarquía del budismo tibetano, y eso me dio una enorme libertad para experimentar cosas. Muchos *tulkus* me han dicho que envidiaban mis oportunidades. Admitían que les faltaba experiencia sobre la vida de la gente normal, a causa de su posición social privilegiada. Reconozco que yo he sido afortunado en este sentido. Para mí no existe mejor ejemplo de obstáculos llevados al camino.

Tras haber visto los resultados de la ordenación temporal, me atreví a meterme con otro asunto: el de la falta de ordenación completa para las mujeres en la tradición del budismo tibetano. Cada vez más mujeres occidentales estaban dedicando sus vidas a la práctica del Dharma en Samye Ling, y se sentían comprensiblemente frustradas e ignoradas, porque, a diferencia de sus colegas masculinos, no se les permitía tomar la ordenación completa de por vida.

Hay tres estadios en el proceso de ordenación en nuestra tradición tibetana: el primero es *genyen*, que consiste en el compromiso de observar los preceptos laicos por un período de tiempo variable, y que es el precursor del segundo estadio, *getsul*, la ordenación de novicio permanente; y finalmente *gelong*, que es la ordenación completa de por vida, solo disponible para los hombres. Por ejemplo, la mayoría de los miembros de nuestro *Sangha* de Samye Ling, tanto hombres como mujeres, tomaban los votos de *genyen* de uno a tres años, y luego ampliaban sus votos a los de *getsul*. Tras ello, los hombres podían optar por los votos completos de *gelong*, pero las mujeres no podían tomar los equivalentes de *gelongma*, porque, por alguna razón que desconozco, la ordenación completa para las mujeres no se preservó como tradición en el Tíbet. O bien se perdió, o bien nunca llegó desde la India al Tíbet, aunque sí que se implantó en otras tradiciones budistas, por ejemplo, en China.

Cualquiera que haya sido la razón histórica, yo era plenamente consciente de que la igualdad de oportunidades para las mujeres era extremadamente importante en nuestros días y nuestra época. Sospecho que nunca tuvimos ordenación de *gelongma* en el Tíbet porque el Tíbet era una sociedad patriarcal inusualmente cerrada a las influencias de las culturas foráneas. El budismo tibetano simplemente ha reflejado las normas de su sociedad. Pero uno de los rasgos del budismo es que siempre ha sido adaptable y se ha impregnado de los usos de la sociedad a la que ha llegado. Y yo creía que ya era el momento de que el budismo tibetano se adaptara al mundo contemporáneo.

El problema, al igual que con la ordenación temporal, estribaba en que era imposible que un lama de elevado rango tomara la iniciativa de ofrecer algo que carecía de precedente en la propia tradición. El linaje ininterrumpido es la piedra angular del Dharma, y es el deber de los lamas con responsabilidades mantenerlo. Ni siquiera Su Santidad el Karmapa, ni Su Santidad el Dalái Lama, podían promover un sistema de ordenación completa para las mujeres, aunque tal vez yo sí. Tal vez la ordenación de *gelongma* ganara una aceptación más amplia una vez que estuviera en marcha, como había sucedido con la ordenación temporal.

Así que, una vez más, tomé una decisión. Canalicé el poder de «ser nadie» y comencé a explorar la posibilidad de implantar la ordenación de *gelongma* en el budismo tibetano. Conecté con el venerable maestro Hsing Yun, un maestro mahayana de Taiwán que ostentaba el linaje de la ordenación completa para mujeres. Él y otro maestro de alta jerarquía de Hong Kong estaban organizando una ceremonia de ordenación de *bhikkhuni* en la India, en Bodhgaya, que tendría lugar en febrero de 1998. (*Bhikkhuni* es el término sánscrito equivalente al tibetano *gelongma*: mujer que ha tomado la ordenación completa.) Me invitaron a ser uno de los veintisiete preceptores de la ceremonia. Fui el primer lama tibetano en participar en una ordenación completa de mujeres. Más de cien mujeres y cincuenta hombres recibieron la ordenación en el curso de la ceremonia, incluyendo once monjas de Samye Ling.

Su Santidad el Dalái Lama no asistió, pero envió a un observador. Él no había conseguido el respaldo de su consejo de lamas, algunos de los cuales estaban preocupados por no tener la certeza de que la tradición Mahayana* fuera pura, un linaje ininterrumpido. Eran renuentes a unirse a un movimiento que se apartaba de manera tan significativa de nuestra propia tradición. A mí ni me sorprendió, ni me preocupó. Comprendía sus razonamientos y confiaba en que sería cuestión de un proceso de cambio gradual.

Yo estaba muy orgulloso de estar participando en la ordenación. Los preparativos tuvieron lugar a lo largo de nueve largas y rigurosas jornadas y una sesión nocturna. La tercera y última parte de la ceremonia, cuando se toman los votos de *bodhisattva*, se realizó bajo el árbol de la Bodhi, donde el Buda alcanzó la iluminación. Fue un acto de inmenso significado para mí.

En los años transcurridos desde entonces, los cambios se han consolidado en Samye Ling. En este momento hay más monjas que monjes en nuestra comunidad, y no existe en la organización una jerarquía de acuerdo con el género. Las monjas *gelongma* no tienen ya que sentarse detrás de los monjes en el templo. De las cuatro personas a las que, desde que yo soy abad, se ha conferido el título de lama (título que reconoce a quien ha probado ser un practican-

---

* El autor se refiere aquí a la «tradición Mahayana» concreta representada por el maestro Hsing Yun, dado que (como ya se ha afirmado con anterioridad) el budismo tibetano, en su conjunto, pertenece al desarrollo histórico del budismo conocido como tradición Mahayana. (*N. del T.*)

te estable y maduro a lo largo de muchos años de retiro), tres son mujeres. Lama Zangmo, por ejemplo, es una mujer danesa elegida como directora de Samye Dzong Londres, la delegación de Samye Ling en la capital, y es una de las personas de mayor rango en nuestra organización.

Y, lo que es más importante, la innovación se ha propagado a lo largo y ancho del mundo budista tibetano, como yo esperaba. Su Santidad el XVII Karmapa ha manifestado su aceptación de la ordenación de *gelongma*, recibiendo a todas las *gelongma* en pie de igualdad con los hombres. En la actualidad está trabajando para incorporar la ordenación de *gelongma* a nuestro linaje Kagyu. Me siento feliz de haber desempeñado un papel en la creación de esta oportunidad para tantas mujeres devotas y comprometidas cuyos méritos resultan así justamente reconocidos.

Mi principal objetivo ha sido siempre ofrecer a las personas las condiciones que necesiten para meditar y madurar sus mentes. Esto se aplica tanto a los laicos como a los monjes y monjas. Trato de proporcionar un entorno que sea suficientemente flexible para adaptarse a las necesidades de la gente y a la vez para marcar unos límites precisos. Desde mediados de los años noventa, comencé a sugerir a las personas que no deseaban hacerse monjes que podían beneficiarse de adoptar los preceptos como laicos, bien temporalmente, bien de por vida. La idea que sustenta la toma de preceptos es crear un marco ético que contenga nuestra práctica espiritual. Le doy a la gente la opción de adoptar una o más de las cinco reglas de oro. Muchas personas eligen tomar el voto de no consumir sustancias intoxicantes o de no involucrarse en relaciones sexuales tóxicas y destructivas. A quien tenga el hábito de usar drogas, incluyendo el alcohol, o mantener relaciones sexuales irrespetuosas, le animo a dejar esas actividades durante un año. Pueden tomar el voto en mi presencia, y yo reviso con ellos cada tanto cómo va la cosa. Trato de ser firme y a la vez justo. Le doy a todo el mundo tres oportunidades antes de decir «¡Basta!». Mucha gente se aprovecha de este entorno para romper sus malos hábitos, y se beneficia de nuestra relación de confianza y comunicación.

No es que me esté jactando de ser una especie de hacedor de milagros. La desgracia es un maleficio muy poderoso en la mente, del que mucha gente se cree incapaz de liberarse. Es difícil dejar de reforzar los pensamientos que siguen alimentando nuestra desgracia. He descubierto que la gente necesita mucho tiempo, mucha amabilidad y un montón de paciencia para cambiar los hábitos de toda una vida. Siempre he sido muy empático con los demás, porque yo he sido como ellos. Necesité años para fortalecer mi fe y tomar decisiones, y no hubiera podido hacerlo sin el respaldo incondicional de Su Santidad el Karmapa y sin los constantes desvelos de mi hermano Akong. Hay pocas cosas que me gusten más que volver a ver a las personas al cabo de unos años y escucharlas y que me cuenten cómo fueron capaces de darles la vuelta a sus vidas.

Un hombre que había tomado la ordenación temporal conmigo llevaba tiempo luchando a brazo partido con su adicción a las drogas. Lo encerré prácticamente en Holy, que era el lugar ideal para ayudar a las personas con problemas de adicción, ya que era muy difícil salir de la isla para ir a buscar drogas. Estuvo un tiempo y luego se marchó, regresó y se volvió a ir; finalmente volvió a consumir drogas y desapareció para siempre. Lo sentí por él, y deseé que acabara logrando cierta estabilidad para encontrar su camino a la sobriedad y a una vida en paz. Años después vino a Samye Ling para verme. Llevaba años sin consumir, se había casado con una mujer nepalí y estaban esperando su primer hijo. Se le veía bien y feliz. Me agradeció generosamente que le hubiera ayudado en aquel período crítico de su vida. Ser monje no era para él, pero el tiempo que pasó con nosotros le dio la claridad que necesitaba para darse cuenta de que debía buscar ayuda profesional para ocuparse de su adicción. Me sentí muy feliz por él. Era un hombre distinto del que yo había conocido.

He aprendido a no ser rígido en mis ideas sobre el cambio, ni cómo o cuándo este debe producirse. No me importa si alguien es monje, monja o laico. Lo único que importa es que sea amable consigo mismo y con los demás, y que domine su propia mente. Esa es la enseñanza del Buda, en resumidas cuentas. Mi enfoque, en su conjunto, se basa en la flexibilidad, porque la realidad no es tan sólida como parece, y es útil aproximarse a ella con las menos ideas fijas que se pueda. Siempre digo que nuestras mentes deberían ser tan flexibles como un sauce: el tronco es sólido y está bien enraizado, y el viento puede mover sus ramas en todas las direcciones. Cuando nuestras mentes son así, permanecemos saludables y podemos ayudar a cualquiera que nos encontremos, porque no insistimos en la corrección de determinada filosofía, ni en ningún consejo concreto. Mis intentos de ayudar a los demás se han basado siempre en tratar de identificar qué necesitan, más que en imponerles mis propias ideas.

En 2003 cumplí sesenta años. Estábamos llegando al final de la segunda fase de los trabajos de construcción en Samye Ling, añadiendo un ala de hospedaje para dignatarios visitantes y para monjes residentes, así como un gran comedor en la planta baja con capacidad para los cientos de personas que nos visitaban en los grandes eventos. Apenas podía creerlo cuando acudí a mi fiesta de cumpleaños y el comedor estaba lleno hasta los topes de amigos y simpatizantes que habían llegado de todo el mundo. No se me fue la sonrisa de la cara en todo el día, escuchando la música y los discursos y viendo el precioso baile tradicional de las *dakinis* preparado por un grupo de monjas. Su Santidad el XVII Karmapa me había honrado escribiéndome una oración de larga vida, que Akong leyó en público. Al final de su discurso, mi hermano me sorprendió con el anuncio de que en adelante la gente podía dirigirse a mí como Rinpoche, si así lo deseaba.

Es difícil transmitir a los que desconocen el término, cuyo significado literal es «precioso maestro», la razón de que me conmoviera tanto. No me importa el prestigio y nunca me he dejado tentar por los títulos, pero viniendo de mi respetado hermano mayor, se trataba de un gesto muy emotivo. En su discurso, Akong subrayó que el título se confería a maestros que habían logrado la realización a través de duras pruebas en esta vida, así como a *tulkus* que ya nacían con esa marca. Fue un hermoso regalo de cumpleaños.

14. La gran prueba

El 8 de octubre de 2013, yo estaba en Holy, trabajando en la oficina del Centro para la Paz Mundial, cuando sonó el teléfono. Era Thubten, el secretario personal de Akong, que me llamaba llorando: «Akong Rinpoche ha sido asesinado», dijo.

Me quedé helado, tratando de asimilar lo que estaba oyendo. Thubten, que acababa de recibir una llamada de China, me contó que mi hermano había sido atacado por tres hombres en su casa de Chengdu, en la provincia china de Sichuan, donde se albergaba en su viaje anual a China y a la Región Autónoma del Tíbet. Lo habían asesinado a él y también a Loga, nuestro sobrino, que le acompañaba en este viaje, y a un lama asistente de Dolma Lhakang.

Acabé la llamada en un estado de atontamiento. Por unos instantes, mientras permanecía sentado contemplando el hecho de que ya no volvería a ver a mi hermano vivo y respirando, no sentí nada. Momentáneamente tuve miedo de que la noticia me desbordara, pero segundos más tarde supe que no. Mi mente estaba relajada.

Salí fuera del edificio. Necesitaba estar al aire libre y solo. Cuando levanté la mirada, vi una inmensa columna de luz arcoíris viniendo desde el mar y proyectándose hacia el cielo justo encima de mi cabeza. Es habitual que tales fenómenos sucedan cuando un *bodhisattva* nace o muere, así que tomé la columna de luz como un signo auspicioso. Me dio fuerza y tranquilidad, mientras trataba de movilizar todo mi poder personal para mantenerme en calma en ese preciso instante. Mi hermano había dejado esta vida. A lo largo de toda mi existencia él había sido mi padre, mi madre, mi maestro, mi patrocinador, mi protector y, últimamente, mi mejor amigo. Había sido el pilar central de mi vida, la persona en la que yo me apoyaba y a la que más amaba en el mundo. Y ahora se acababa de ir. ¿Había aprendido lo suficiente de él para seguir trabajando sin él?

Recuerdo que de inmediato pensé que no podía flaquear, porque iba a haber un enorme montón de asuntos que atender. Akong Rinpoche era querido por muchísima gente de todo el mundo, en cuyas vidas había tenido influencia. Había sido una figura clave en la expansión del budismo tibetano en Occidente y, en los últimos tiempos, se había hecho famoso por su excepcional contribución a la vida espiritual y por su trabajo benéfico. Iba a haber un duelo de proporciones épicas. Estaba determinado a hacer todo lo que estuviera en mis manos para contener ese duelo, para estar con la gente y para comenzar a honrar el legado de mi hermano.

Pero, ni que decir tiene, yo personalmente estaba en shock. Mi primer pensamiento fue no contarle a nadie lo sucedido hasta que llegara a Samye Ling y tuviera tiempo para reflexionar. Volví a la oficina, le dije a la gente que tenía que irme, sin dar más explicaciones, y a continuación telefoneé a Ani Lhamo, mi secretaria personal desde hacía años. Le pedí que viniera en coche desde el monasterio para recogerme en la terminal de ferris de la bahía de Androssan. Cuando nos encontramos, me sugirió que comiéramos algo antes del viaje de vuelta y, sin prestar atención, accedí. No tenía apetito, lo cual es inédito en mí. Ya en el coche de nuevo, no pude seguir guardándome la noticia. La pobre Ani Lhamo se quedó absolutamente estupefacta cuando se lo conté, y el shock volvió a golpearme. Mi hermano, y otros dos inocentes, habían sido asesinados. ¿Cómo podía haber ocurrido algo tan inimaginable?

Nos llevó un tiempo reunir toda la información sobre la historia. Al parecer, un hombre llamado Thubten Kunsal, monje y maestro de arte, que había pasado cinco años en Samye Ling haciendo estatuas y otros trabajos, había ido varias veces a ver a Akong, en Chengdu, reclamándole dinero. Se quejaba de no haber recibido la paga justa por el trabajo que había llevado a cabo, lo cual era absolutamente falso. Sabiendo que Akong llevaba consigo dinero para sus distintos proyectos de Rokpa, le pedía una importante suma adicional.

La primera vez que fue, mi hermano le escuchó y le dio cerca de mil libras para tratamiento médico urgente, ya que Thubten Kunsal parecía muy angustiado. Akong le explicó que ese dinero era suyo, y que el resto de lo que llevaba pertenecía a Rokpa, de manera que no podía darle más porque no le pertenecía. Thubten Kunsal regresó al día siguiente con dos parientes y volvió a pedirle dinero, a lo que Akong se negó.

El día 8 de octubre los tres regresaron de nuevo, iban armados con cuchillos. En ese momento había cuatro personas en la casa: Akong, Loga, el asistente de Dolma Lhakang y una señora, a quien mi hermano le pidió que su fuera inmediatamente en cuanto los tres agitados hombres aparecieron. Estalló una discusión y Thubten Kunsal y uno de sus parientes atacaron a Akong, quien al parecer no ofreció resistencia. Loga y el otro monje se pusieron en medio para proteger a mi hermano y fueron también atacados fatalmente. Mi hermano recibió más de cuarenta puñaladas. Los tres asaltantes registraron la habitación buscando objetos de valor y echaron a correr cuando se vieron en peligro. Se avisó a la policía, que encontró y detuvo a los asesinos con rapidez. Los tres confesaron su participación en el crimen.

El día que me enteré de su muerte no sabía nada de todo esto, lo que sí sabía era que se trataba de una gran prueba y que tenía que estar a la altura del desafío. En cuanto Ani Lhamo y yo llegamos a Samye Ling, decidí convocar una reunión de toda la comunidad para esa misma tarde. Hablé con la esposa de Akong, Yangchen, que se había enterado de la noticia a través de un familiar de China. Prefirió quedarse en casa, en Dumfries, con sus hijos. Ani Lhamo y yo telefoneamos a todas las personas que pudimos, contándoles lo que había pasado y pidiéndoles que vinieran. Así que, a primera hora de la tarde, Samye Ling estaba lleno de gente, deambulando como en sueños, tratando de entender qué había pasado. Muchas personas lloraban. Otras eran incapaces de hablar. Para quienes creemos en el karma y el renacimiento, existe el gran consuelo de saber que la muerte no significa el fin de la consciencia individual, pero eso tampoco nos hace inmunes al shock, la tristeza y el dolor ante la desaparición de un ser querido.

Sentía que mi primera responsabilidad era ayudar a la gente a aplicar todo lo que habían aprendido a través de su práctica, para controlar su respuesta a esa situación. Dadas sus dimensiones, no iba a ser fácil. Un monje budista, un hombre a quien muchos de nosotros habíamos tratado y estimado, había roto el más universal de todos los preceptos: el de no matar a un semejante. ¿Cómo podíamos responder a eso? Mucha gente aún no se creía que hubiera sucedido. En ese punto, todo a lo que podía agarrarme era al gran ejemplo que Akong nos había dejado, de modo que cuando me puse en pie y empecé a hablar me concentré en ello: «Estamos –dije– en el lugar que representa la visión extraordinaria de Akong. Este edificio y todos nosotros estamos aquí gracias a él. Ahora nos ha dejado por un tiempo; pero volverá».

Mientras hablaba, en ese preciso instante, tuve el fuerte sentimiento de que cuando regresara ya no andaría caminando por ahí usando viejas ropas, echando una mano en las obras y limpiando desagües. Sería monje, tendría una educación selecta y sería un gran maestro. Esta perspectiva colmó de felicidad mi corazón.

Debíamos asegurarnos de que el siguiente Akong *Tulku* Rinpoche encontrara un Samye Ling floreciente, tan positivo como siempre, dije. Esa debía ser la idea fija de cada uno de nosotros.

A continuación, me senté, agotado por la emoción del discurso, pero sintiéndome tranquilo y resuelto.

Durante las semanas y meses siguientes no paró de haber mensajes de condolencia de todo el mundo para la esposa de Akong, sus hijos, sus familiares y sus amigos. Mucha gente se dejaba caer por Samye Ling, con la necesidad de volver al lugar en que lo habían conocido y estar entre quienes sentían lo mismo hacia él. Hubo un interés considerable de los medios de comunicación. Ani Lhamo y otras personas me ayudaron a atender todas las solicitudes y peticiones, a emitir nuestros comunicados y a cooperar con las autoridades chinas para que el cuerpo de Akong fuera trasladado a Dolma Lhakang para su incineración. Fue, como ya había previsto en Holy cuando vi la columna arcoíris en el cielo, un tiempo de tremenda actividad. Como cualquiera que haya pasado por ello sabe, la muerte de un ser querido es una extraña mezcla de emoción devastadora, normalidad surrealista, y montones y montones de papeles.

No quería que las rutinas normales del monasterio se vieran interrumpidas, de manera que continuamos con nuestro horario de *pujas* y enseñanzas. Hicimos, también, oraciones especiales, cada día durante cuarenta y nueve días, por la fácil travesía de Akong durante el período del *bardo*, el intervalo entre la muerte y el renacimiento. Le pedí a Tai Situ Rinpoche orientación con todo ello y me dio todo su apoyo. Creo que eso ayudó a la gente a procesar su dolor. A mí, desde luego que me ayudó. Una vez superados el primer shock y la tristeza inicial, me sentí con fuerzas para ser capaz de seguir adelante como Akong hubiera deseado. Sabía que alguna gente en el Tíbet estaba empezando a clamar venganza, pero yo en ningún momento sentí odio ni rencor hacia Thubten Kunsal. Yo le había conocido. Él había confiado en mí. No podía retribuir su confianza con odio; hubiera sido la peor de las respuestas posibles, para él y para mí. De hecho, me sentía muy apenado por él. Él y los otros dos asesinos habían cometido un acto atroz, y sufrirían por ello. Por otra parte, Akong era libre, y continuaría siéndolo. Así que me concentré en consolar a los demás, en mantenerlos juntos y en animarlos para apoyarse unos a otros, y en pagar la enorme deuda que tenía con mi hermano no permitiendo que su muerte desbaratase su trabajo.

Al cumplirse el día cuarenta y nueve de las plegarias, di una charla de clausura. Quería dejar claro públicamente mi compromiso absoluto con Samye Ling y con la organización Rokpa. Antes de la muerte de Akong, había estado considerando retirarme del funcionamiento diario de Samye Ling, volver a la vida de retiro y pasarle las responsabilidades a mi sobrino Lama Katen, uno de los hijos de mi hermana Zimey. Todo ello tendría que esperar. No era tiempo de apartarse, sino de continuidad y determinación. Así que le dije a la comunidad que, aunque sabía que no le llegaba a Akong ni a la suela de los zapatos, prometía en ese momento y lugar hacer todo lo que estuviera en mi poder para contribuir a su legado.

A lo largo de ese período continué meditando durante seis horas al día, y a finales de noviembre decidí hacer un retiro de tres meses, como solía hacer siempre a finales de año. Mientras meditaba, recordé algo interesante sobre los acontecimientos que precedieron a la marcha de Akong a China.

El mayo anterior a su muerte, celebramos mi setenta cumpleaños con un día de festejos en Samye Ling. Para mi sorpresa, el propio Akong ofició la ceremonia. Hizo colocar un trono en el estrado de la sala de conferencias y puso detrás un altar. Entonces me invitó a sentarme en el trono y él se sentó a mis pies, en el suelo, todo lo cual no solo era completamente extravagante, sino que era una infracción del protocolo. Durante la presentación de regalos, él mismo tomaba los regalos de manos de las personas y los grupos. Samye Dzong Londres había encargado, a través de Su Santidad el XVII Karmapa, la pintura de una *thangka* de la Tara Blanca para mí. Tara Blanca es una de las veintiuna manifestaciones de Tara, la *bodhisattva* femenina, y se la asocia de manera especial con la salud y la larga vida, así que es un objeto de concentración muy popular para la meditación.

Yo le ofrecí inmediatamente la *thangka* a Akong, pero me contestó en voz baja que no le iba a hacer falta cuando estuviera muerto, y me la devolvió. A continuación, se giró hacia la multitud y anunció que a partir de ese día ya no se celebraría en Samye Ling su cumpleaños, solo el mío. En ese momento no teníamos ni idea de que nunca volvería a cumplir años, por supuesto, pero cuanto más pienso en ello, más convencido me siento de que Akong sabía que iba a morir.

Hubo otros incidentes. Antes de salir hacia el Tíbet, nos reunió a todos y dijo: «Vamos todos a Dumfries [su casa familiar] a tomarnos una foto de familia». Allí le pidió a Kami, su hija, que cuidara de su madre cuando él no estuviera. Normalmente, se llevaba consigo muchos objetos sagrados cuando viajaba al Tíbet, pero en esta ocasión se dejó sus amuletos de protección. Y cuando yo salí de mi retiro en enero de 2014, fui directo a mi capilla personal para comprobar algo. Akong me había dejado un paquete antes de irse al viaje. Para mi asombro, cuando lo desenvolví, dentro estaba una de sus más preciadas posesiones, un *phurba* sagrado de Gurú Rinpoche, una daga ritual de excepcionales poderes de protección. La había dejado para mí. Estaba claro que las facultades de clarividencia de Akong le habían mostrado que el tiempo de morir se acercaba, de modo que no iba ya a necesitar el *phurba*.

Me senté frente al altar con la daga en las manos y sentí la bendición de los cuidados de mi hermano, que nunca me habían faltado. Me sentía lleno de amor, de gratitud y de admiración. Un *bodhisattva* usa su muerte para beneficiar a los demás seres humanos. Sabía que Akong no habría guardado rencor y que solo habría querido liberar a aquellos que lo habían herido. Si él podía hacerlo, ¿en qué podía colaborar yo?

Un año después de la muerte de mi hermano, los tres asesinos fueron a juicio. Los tres fueron declarados culpables y dos de ellos condenados a muerte. La familia inmediata de Akong y todos los miembros de Samye Ling solicitamos al juez no aplicar la pena de muerte, aunque ya no sé si se hizo o no. Un grupo de cinco observadores de Samye Ling estuvo presente en el juicio y nos informó a su regreso, pero una vez que declaramos nuestra postura ante las autoridades, ni yo ni la esposa de Akong ni sus hijos seguimos pendientes del resultado. Habíamos perdonado a Kunsal y a sus parientes, y era importante para nosotros que lo supieran. Más allá de eso, solo queríamos continuar con nuestras vidas.

Ha habido muchísimo interés en la cuestión del renacimiento de Akong, y varias personas en el Tíbet han presentado a sus hijos como el III Akong *Tulku*, pero hasta el momento no ha sido identificado. Mi hermano me habló brevemente sobre este tema y me dijo que solo Su Santidad el Karmapa o Tai Situ Rinpoche serían capaces de identificar su renacimiento. Yo he hecho el voto de esperar pacientemente hasta que el auténtico renacimiento aparezca y sea reconocido, para no correr el riesgo de traer a Samye Ling al niño equivocado. Espero con todo mi corazón volver a reunirme con mi hermano en esta vida.

Desde que Akong murió he dejado de estar apegado a preferencias personales. He llegado a un punto de aceptación, entrega y agradecimiento. Se lo debo a Akong. Mientras él estuvo vivo, yo seguía teniendo el sentimiento de que debía pasar más tiempo en retiro, pero al morir él abandoné ese deseo. Y lo veo en términos de karma. A veces hay un buen karma. Como sucedió con la isla Holy, que me la pusieron en las manos. Otras veces es un karma más difícil, pero en cualquier caso la única elección posible es aceptarlo. Cuando se cree en el karma, como yo creo, se vuelve más fácil trabajar con cualquier cosa que la vida te lance encima.

La disponibilidad es crucial, y hay que trabajar para conseguirla. Necesitamos prepararnos para no desperdiciar en los malos tiempos ninguna de las oportunidades de aprendizaje que nuestra vida humana nos proporciona. A diferencia de los animales, y mucho más de los espíritus hambrientos y del resto de los seres infortunados de los otros reinos, los seres humanos tenemos una capacidad inmensa de autoconsciencia, conocimiento y cambio de nuestra forma de pensar y de nuestros hábitos. El fruto perfecto de esto es la iluminación, que supone el completo florecimiento de nuestra capacidad innata de sabiduría y compasión. Es una gran tragedia que tantos de nosotros desaprovechemos las oportunidades de esta vida. En cuanto a mí mismo, no tengo ninguna duda de que, si no fuera por mis muchos años de práctica dedicada a la sabiduría del Buda y los caminos del Dharma, la muerte de mi hermano habría sido un golpe del que no me habría recuperado. Si él hubiera sido asesinado a mis treinta y cinco años, cuando yo estaba poseído por el orgullo y la arrogancia y empantanado en la confusión, sospecho que me habría sumergido en el dolor y la ira. Me habría quedado atrapado en reflexiones obsesivas sobre ese terrible día y habría sido incapaz de salir de mi propio dolor. Por el contrario, mi mente pudo absorber el impacto emocional y recuperarse por sí sola.

Cuento todo esto no para preciarme a mí mismo de ser alguien excepcional, sino para reiterar que nuestras mentes son capaces de logros extraordinarios. Las mentes de todos nosotros. Las vuestras tanto como la mía. Pero este resultado positivo es posible únicamente gracias a años de entrenamiento en meditación y en la práctica de la compasión. En mi caso, fue posible gracias a mi devoción en el camino del Dharma. De hecho, fue mi hermano quien lo hizo posible, quien me enseñó y me apoyó. Él supo, toda su vida, que debemos estar disponibles para lo que venga. Y como él encarnaba esa consciencia, no tengo dudas de que estuvo preparado para su final.

15. Lo que queda por hacer...

No esperaba que mi vida diera los giros que ha dado. En ninguna de sus etapas, cuando me fui del Tíbet a la India, luego a Escocia y a Estados Unidos, y de nuevo a Escocia, hubiera podido predecir qué vendría después. Realmente, en Dolma Lhakang o en los campamentos de refugiados de la India, ni imaginaba que llegaría a ser tan feliz, a sentirme tan en paz y tan contento. Me siento afortunado. El agradecimiento es la base de gran parte de mi felicidad. Tomarse las cosas con flexibilidad es otra parte importante. Abandonar la convicción de que la vida debe ser de determinada forma y aceptarla tal como es, aquí y ahora, me ha ayudado. Aprender a renunciar a mi apego a los resultados, a deshacerme de mis deseos y a purificar los estados negativos de mi mente, todo ello ha sido de gran beneficio. El instrumento para todos estos cambios ha sido la práctica de la meditación, que me ha hecho un gran servicio. Me ha habilitado para ayudar a los demás a caminar hacia la paz, la calma y la felicidad.

Hace no mucho cumplí los setenta y cinco. La gente de Samye Ling tuvo la gentileza de organizarme una fiesta. Para mostrar su agradecimiento por mi compromiso con ellos y su propio compromiso conmigo, me regalaron varios equipos de ropas monásticas. Yo, a mi vez, los regalé a otras personas. Hubo gente que hizo declaraciones muy generosas sobre mi papel en el éxito actual de Samye Ling. No deseo reclamar ningún mérito sobre nada, ya que sin los leales esfuerzos de tantos cientos de personas, especialmente de Akong, no estaríamos disfrutando del éxito que hemos logrado. Estoy convencido de que cualquier impacto positivo en el mundo es el resultado de la devoción, el trabajo y la correcta motivación, y me hace muy feliz ver que Samye Ling, y el amplio paraguas de la organización Rokpa de la que forma parte, se mueven en una dirección profundamente positiva.

Me sigue maravillando a veces, mientras paseo por los Jardines de la Paz o diviso el hermoso capitel dorado de la Estupa de la Victoria irradiando energía positiva a lo largo y a lo ancho, pensar que todo esto ha surgido a la existencia, en este lugar improbable, para el beneficio de todos los seres vivos. Ha pasado mucho tiempo desde que yo paseaba mi mal humor por Johnstone House, enfadado con el insípido y frío mundo en el que me encontraba, despotricando contra los malolientes hippies y contra mi hermano Akong por haberme traído aquí. Ahora Samye Ling es conocido en todo el mundo como un lugar de retiro, de estudio y de fe.

Mi parte en este gran trabajo de equipo ha sido pequeña, aunque espero que útil. Siempre he intentado entender las necesidades de la gente, escuchar lo que tenían que decir y reflexionar con flexibilidad para facilitarles vías de acceso a la sabiduría incomparable del Dharma. Ello ha implicado a menudo ejercer de figura paterna, de consejero y establecedor de límites. El término «gurú» lleva demasiada carga, y no me resulta cómodo, porque implica connotaciones de prestigio y poder. Prefiero un acercamiento más directo. Me veo a mí mismo como alguien que ha pasado por muchas cosas en la vida y que puede ofrecer a los demás la sabiduría destilada directamente de su propia experiencia. Parte de mi trabajo como maestro ha sido señalarles a mis estudiantes los problemas y debilidades que ellos mismos no pueden o no quieren ver. Algunos de mis estudiantes me llaman «el doctor verdad», porque me empeño en decirles la verdad en vez de irme por las ramas. Sin embargo, otra parte muy importante de ser un maestro es señalar la joya oculta de nuestra sabiduría –nuestra naturaleza de Buda–, que mucha gente es incapaz de reconocer, porque se ve a sí misma como pequeña y limitada. Esta ha sido una parte crucial de mi rol: empoderar a la gente. Nuestro maestro es la persona que cree en nosotros cuando nosotros aún no podemos hacerlo. En mi vida, ese papel lo ha desempeñado sobre todo Su Santidad el XVI Karmapa. Y yo aspiro a ser para los demás lo que él ha sido para mí, a pesar de que yo carezca de muchas de sus grandes cualidades.

Hace dos años me pidieron que escribiera unas palabras para la boda de unos amigos. Comencé a escribir parafraseando en broma los diez mandamientos cristianos, y lo llamé «los diez mandamientos para un matrimonio feliz». Me gustó ver que provocaba alguna sonrisa. Lo cierto es que yo nunca he estado casado y todas mis relaciones sentimentales del pasado estuvieron basadas en las necesidades de mi ego, así que soy la persona menos indicada para dar consejo sobre relaciones. Sin embargo, he pasado años en el laboratorio de la mente, hablando con personas de toda condición, y he hecho muchas observaciones y he aprendido algo. Así que he acabado haciendo una guía basada en los diez mandamientos para mis estudiantes casados. Mi primer precepto es dejar de buscar las faltas del otro. El segundo es estar atento a sus buenas cualidades. El amor se alimenta de enfocarse en lo positivo, en vez de quedarse con lo negativo, especialmente con el resentimiento. El tercero es dejar de imponerle las ideas propias. El cuarto es respetarlo siempre. El quinto es vivir según las cinco reglas de oro; y el sexto, poner constantemente consciencia en lo que se piensa, lo que se dice y lo que se hace, y asegurarse de que no es hiriente ni perjudicial o egoísta. El séptimo es ver más allá de la pareja y comprometerse con la comunidad. El octavo es tomar refugio en el Buda, el Dharma y el *Sangha*. El noveno es hacer que estos principios sean parte activa de la propia vida, meditando en ellos. Y, finalmente, el décimo es practicar de corazón la compasión incondicional, la bondad amorosa y el perdón. Si ambas partes de la pareja cumplen estos preceptos, tendrán una satisfactoria vida juntos.

A medida que me hago mayor veo con más claridad las cosas que está en mi mano poder ofrecer a los demás, así como aquellas otras en las que yo mismo tengo que seguir aprendiendo. He tenido el privilegio de representar a Samye Ling y a la más amplia comunidad budista inglesa en ciertos acontecimientos interreligiosos a lo largo de los años. Visité el Vaticano en 1989, como participante en la convención para el desarrollo del diálogo entre el budismo y el catolicismo. Asistí a dos congresos sobre religión y medioambiente, organizados por el WWFN (el Fondo Mundial para la Naturaleza) en el castillo de Windsor, así como a un evento organizado por el Consejo Interreligioso Escocés, que se puso en marcha tras los ataques terroristas del 11 de septiembre de 2001, para trabajar en pro de la eliminación de barreras entre grupos religiosos.

Creo que todo esto procede del karma. Refleja el hecho de que llevo en el Reino Unido ya tanto tiempo que he aprendido a comunicarme de verdad con la gente. Y no me refiero solo a la lengua, aunque eso ayuda. Me refiero a todos los años que he estado viviendo aquí como laico, y más todavía como monje, conociendo a personas de toda condición. Ser capaz de concebir el punto de vista ajeno subyace a todos los intentos de promover la comprensión. El budismo tiene mucho que decir sobre el principio de apartar las diferencias entre uno mismo y los demás, desarrollar la empatía y hacer que de ella surja la compasión activa. Me encanta debatir sobre estas ideas, ya sea con el arzobispo de Canterbury o con cualquiera que esté pasando por dificultades en nuestros retiros.

La práctica de la meditación sigue siendo la piedra angular de mi vida. En los últimos tiempos, Lama Katen, mi sobrino, ha tomado la responsabilidad del funcionamiento diario de Samye Ling, lo cual me hace muy feliz. Finalmente, he conseguido instalarme en mi casita de Purelands y dedicarme a meditar todo el día. Las palabras de Nelson Mandela sobre el valor de la meditación me inspiran constantemente. Mandela pasó años meditando todos los días en su celda de la prisión. Encontró que la meditación era una herramienta útil para provocar los cambios internos que son los verdaderos hitos de nuestro desarrollo como ser humano. En 1975, cuando llevaba ya casi doce años encarcelado, le escribió una carta a su esposa Winnie, que por entonces estaba también en la cárcel. En ella le decía que una celda era «el lugar ideal para conocerse a sí mismo, para investigar de forma realista y regular los procesos de la propia mente y los sentimientos propios, para dejar atrás todo lo negativo y desarrollar todo lo bueno que hay en uno mismo». Esto, le aseguraba a ella, le lleva a uno a mayores logros que cualquier hito de éxito mundano, como la riqueza, la posición social, la popularidad o los estudios. Mandela identificaba «la honradez, la sinceridad, la simplicidad, la humildad, la generosidad altruista, la ausencia de vanidad, la disponibilidad para servir a los demás –cualidades que están al alcance de cualquier alma– como los cimientos de la vida espiritual». A la vez, le explicaba de manera clara y sencilla cómo cultivar esas buenas cualidades: «Meditación regular, quince minutos al día antes de

acostarse, puede ser muy útil [...] Al principio te parecerá difícil
identificar los rasgos negativos en tu vida, pero al décimo intento
cosecharás una rica recompensa. Nunca olvides que un santo es un
pecador que lo sigue intentando».

Sospecho que no volveré a tener ocasión de hacer otro retiro en
la oscuridad, aunque nunca digas nunca. Hice el tercero en junio de
2009, en una cabaña construida exprofeso en Purelands. Fue una
época especialmente de mucho trabajo, y me fui a la carrera de la
oficina a la cabaña de retiro. Era a principios del verano, y me di
cuenta enseguida (aunque no antes de haber cerrado los postigos y
cortado la electricidad) de que no llevaba suficiente ropa conmigo.
El verano no es garantía de buen tiempo en Escocia, y ese año fue
muy húmedo y frío. Tenía tanto frío que a duras penas dormía. ¿Qué
podía hacer? Me acordé de Milarepa, que decía que no necesitaba
dormir, y decidí disfrutar de la falta de sueño. Cuando me sentía
cansado, me sentaba en el sillón de bambú, que era el único mueble,
aparte de mi caja de meditación.

Tal vez fuera la casi absoluta falta de sueño, pero me sentí desorientado en varios momentos, a pesar de las dos experiencias previas
de retiro en la oscuridad. Me sentía inseguro del espacio mientras me
movía a tientas en el baño, agarrándome a la barandilla. No era capaz
de distinguir la derecha de la izquierda. Y me golpeaba la cabeza
contra la pared cada vez que me levantaba del retrete. Perdí también
el sentido del tiempo. Un día, Tsering Tashi, que fue mi asistente
en este retiro, me trajo la comida como siempre, pero yo no me di
cuenta. Al día siguiente me sentí confuso al encontrarme con dos
bandejas. Me había perdido veinticuatro horas enteras.

Tuve también una experiencia de alucinación muy desagradable.
Miraba mi cuerpo y veía que una pierna y un brazo estaban com-

pletamente agusanados. Me sentía como si de verdad se estuvieran llevando mi brazo del cuerpo. Afortunadamente estaba preparado para ello. Fui capaz de palpar mi brazo y darme cuenta de que estaba bien y de que no iba a desaparecer, aunque lo que veía parecía de lo más real.

Pienso que este fue el mejor de mis tres retiros en la oscuridad, ya que perdí por completo el sentido del día y la noche, no tuve necesidad de dormir y fui capaz de gestionar la desagradable alucinación. Una vez más, completé los cuarenta y nueve días en total oscuridad y silencio sin el apoyo diario de un mentor. Soy la única persona en el mundo (hasta donde yo sé) que ha llevado a cabo algo similar, y estoy orgulloso de que mi hermano Akong me pidiera que asumiera el linaje de los retiros en la oscuridad en su nombre, lo cual implica que yo a mi vez puedo transmitir la enseñanza a otros.

Como ya dije, los retiros en la oscuridad no son para todo el mundo, pero a aquellas personas que han estabilizado su mente les ofrece una oportunidad sin parangón de experimentar la ausencia de entidad individual y la naturaleza ilusoria de la realidad. Es interesante que la neurociencia esté demostrando cada día más la base neuronal de la forma en que el cerebro crea nuestra propia realidad subjetiva. El cerebro filtra de manera constante la información que recibe de los órganos de los sentidos y la utiliza para construir un modelo coherente del mundo que hay ahí fuera, así como el sentido interior de un sí mismo. Se trata de un trabajo ingente, y para facilitar las cosas, el cerebro hace «suposiciones» sobre lo que los órganos de los sentidos están experimentando. Filtra la información a través de una batería de creencias sobre el mundo basada en las experiencias previas. Las últimas investigaciones sugieren que lo que experimentamos como realidad objetiva, junto con nuestro yo subjetivo, es de hecho el producto de los intentos de nuestro cerebro por imponer orden en la tormenta de señales entrantes. Cada uno de nosotros tiene que vérselas con un modelo ligeramente distinto de lo que percibe. Hace poco leí un interesante trabajo de Anil Seth, profesor de neurociencia cognitiva de la Universidad de Sussex, que explora este terreno. Su conclusión es que no observamos el mundo tanto como lo generamos. La realidad es el producto de una alucinación consciente. Lo cual no quiere decir que carezca de sentido, sino que no es tan sólida como tendemos a asumir, sino fluida, y muy moldeada por las proyecciones de nuestra propia mente.

Encuentro que esta descripción del modo en que creamos nuestra propia realidad es absolutamente convincente. Se parece a lo que he experimentado por mí mismo en los retiros en la oscuridad. Mi única discrepancia está en la insistencia sobre el cerebro, en vez de sobre la mente. Para nosotros los budistas, cerebro y mente no son sinónimos. ¡Pero eso es otro tema!

En junio de 2017 di la bienvenida a Su Santidad el XVII Karmapa a Samye Dzong Londres, nuestro centro en la capital. Era su primera visita al Reino Unido. Se había convertido en una persona mayor, pero seguía siendo igual de atento, tranquilo y generoso con su sabiduría como cuando lo conocí, allá en 1992.

Como siempre, iba acompañado por representantes del gobierno de la India, y sus movimientos eran controlados al milímetro. En una visita previa que le hice en la India, me sentí frustrado por la falta de tiempo para estar a solas con él y poder hablar en confianza. Echaba de menos la absoluta libertad de mi relación con su predecesor. Pudimos hablar con un poco más de intimidad a la hora de la comida, y Su Santidad me dijo que se sentía realmente atrapado por las restricciones de su modo de vida. Una vez había rechazado el regalo de un pájaro enjaulado, hecho por un simpatizante que sabía lo mucho que su predecesor amaba los pájaros, diciendo dolorosamente que nunca aceptaría pájaros enjaulados porque sabía por sí mismo lo que significa vivir en una jaula.

No podía contener mi gozo al verlo en mi país de adopción. Sentía la conexión ininterrumpida con su predecesor, que había transformado mi relación con mi propia mente y me había posibilitado cambiar de vida. Mi corazón estaba rebosante de gratitud. He visto que en todas las fotos que se tomaron aquel día salgo con una sonrisa de oreja a oreja, mientras estoy sentado a los pies de Su Santidad.

Cuando pienso en Su Santidad el Karmapa, me siento esperanzado respecto al futuro. Es un lama de elevada jerarquía, representante de los tiempos actuales, y por ello sé que está llamado a ejercer una gran influencia. Habla con fluidez mandarín e inglés. Es el primer lama de su rango en aceptar monjas en pie de igualdad con los monjes, y desde 2013 está trabajando para restaurar la ordenación completa para las mujeres en nuestra tradición tibetana. Su Santidad ha tomado la iniciativa de invitar a monjas chinas al Monlam, nuestro festival Kagyu anual de plegarias que se celebra en Bodhgaya (India), para que puedan transmitir el linaje a nuestras monjas budistas tibetanas. Un gesto típico de su enfoque no sectario. Está trabajando activamente para unir las distintas escuelas del budismo.

Es, además, ecologista. Es vegetariano, y en 2007 impuso que en las cocinas de todos los monasterios Kagyu del mundo dejara de cocinarse carne. Igual que ha animado a sus seguidores laicos a comer menos carne. Esto deriva en parte, obviamente, de la prohibición budista de matar seres vivos, pero Su Santidad el Karmapa, además, pone énfasis en llevar una dieta más sostenible para el medio ambiente. Ha pedido que todos los monasterios Kagyu pongan el cuidado medioambiental como una de sus prioridades, con particular atención a los programas de plantación de árboles y al uso de fuentes de energía limpias, así como la reducción del consumo energético. Todo lo cual me parece absolutamente necesario. El budismo enseña que todos los seres están íntimamente conectados entre sí. La vida moderna nos anima a pensar que los seres humanos somos distintos y superiores al resto del mundo natural, pero se trata de una ilusión egoísta y peligrosa. Desde los inicios del Proyecto Holy Isle he sentido que el budismo tiene una perspectiva muy útil que ofrecer sobre el cambio climático y la crisis de la biodiversidad, a causa de su profunda convicción de la sacralidad de la existencia en su totalidad. Como dijo Su Santidad en 2015, en una entrevista concedida a *Yale Environment 360*: «La crisis medioambiental que afrontamos no solo es un problema científico, ni solo político, es además un problema ético. Todos y cada uno de nosotros debemos asumir nuestra parte de responsabilidad para hallar y poner en marcha soluciones».

Me siento afortunado de haber conocido a dos encarnaciones de Su Santidad el Gyalwa Karmapa y de presenciar su influencia en el mundo. He aprendido mucho de ambos y estoy muy agradecido. Realmente necesitaba la guía que ellos y Akong me han dado. Yo no nací como un ser altamente realizado, como lo hicieron mi hermano o Trungpa, ni mucho menos como Su Santidad el Karmapa. Cada palmo de consciencia que he ido adquiriendo ha sido el resultado de esfuerzos hechos en esta misma vida con la ayuda de mis gurús.

Durante mis primeros años estuve rodeado de impresionantes maestros budistas, pero no fui capaz de apreciarlos ni de sentir nada hacia ellos. Los primeros treinta y siete años de mi vida los pasé dando tumbos. Necesité atravesar muchas dificultades para llegar a ver con claridad la abrumadora estupidez de mi mente. El proceso requirió paciencia, pero me permitió desarrollar una buena comprensión de las dificultades que afrontan los demás. En última instancia, me colocó en una buena posición para ayudarlos.

Cuando comencé a dirigir los retiros en Samye Ling, tomé conciencia del potencial de todo aquello por lo que había pasado. La transformación de mi propia mente, a pesar de ser un proceso arduo, largo y que no hubiera podido realizar sin la ayuda de mis maestros, me había formado para guiar a los demás en sus propios cambios. Esta consciencia me hizo sentirme orgulloso de no ser nadie, y agradecido por carecer de las restricciones con las que los lamas importantes tenían que trabajar. Poner la sabiduría del Buda al alcance de todo el mundo se convirtió en mi misión, y considero este libro como el último paso de ese proceso.

Siempre he intentado hacer accesibles las enseñanzas del Buda y presentarlas en un lenguaje sencillo que todo el mundo pudiera entender. Mi intención es que el Dharma toque el corazón de las personas, no que se instale en sus complicadas cabezas. He observado que hay un tipo de occidentales a los que les cuesta aceptar este enfoque. Ya sea porque viven identificados con su inteligencia, y por tanto se sienten muy cultos y encuentran ese acercamiento muy simplista, ya sea porque, aunque tengan un corazón sensible, no se percatan de la naturaleza de la mente. La compasión ha despertado en ellos, pero no tienen aún suficiente sabiduría para sustentarla.

Está, además, el hecho de que muchos occidentales sospechan de la religión en general, y cometen el error de pensar que el budismo es una religión en la que se rinde culto al Buda como si fuera un dios. Esto no puede estar más lejos de la verdad. El Buda no es sino una metáfora del estado de consciencia que podemos llegar a alcanzar por nosotros mismos.

El mío es un acercamiento al budismo radicalmente práctico. Tomamos refugio en el Buda porque le estamos agradecidos por habernos mostrado el camino a la libertad, sin perder de vista que el Buda es un potencial que está dentro de cada uno de nosotros. Tomamos refugio en el Dharma porque necesitamos métodos y técnicas para despertar ese potencial que hay en nosotros. Finalmente, tomamos refugio en el *Sangha* porque necesitamos la guía y el apoyo de aquellas personas que poseen el conocimiento del Buda, para mostrarnos el camino hacia ese potencial.

Siempre les digo a mis estudiantes que no necesitan identificarse con la etiqueta de «ser budista». Es mejor trabajar con la propia mente de forma directa que «ser budista». Practicar la meditación, cultivar la positividad y vivir de acuerdo con las cinco reglas de oro. Decidir ser una persona amorosa y compasiva. Toda la práctica budista se reduce a desactivar los venenos del apego, el rechazo y la ignorancia. Cuando uno mira dentro de sí mismo de verdad buscando su transformación, en vez de estar pendiente de las faltas de los demás, entonces se es un buen ser humano. Y solo entonces se puede «ser budista».

No soy psicólogo, ni he aspirado nunca a ser terapeuta, pero estoy absolutamente convencido, y esto está confirmado por décadas de trabajar con cientos de personas, de que el cambio positivo es posible para todo el mundo. Se trata de trabajar con la propia mente. La mente es la fuente tanto de nuestra felicidad como de nuestra confusión. La pregunta clave que debe uno hacerse a sí mismo, para poder salir de la confusión y dirigirse hacia la felicidad, es: «¿Qué estoy alimentando? ¿Estoy alimentando hábitos negativos o tendencias positivas?». Podemos estar cavando un hoyo en el jardín o dándole un baño al niño por la noche; estar haciendo el balance de cierre del ejercicio anual o cantando mantras; sea lo que sea, debemos hacernos esa pregunta. Es mucho mejor cavar un hoyo de manera plenamente consciente, disfrutando del esfuerzo físico y de estar removiendo la tierra, que cantar mantras de manera distraída, dándole vueltas a cualquier agravio del pasado. Tener la motivación correcta es un hábito mental. La consciencia y la compasión, lo son también. Si nos esforzamos, si tenemos fuerza de voluntad y determinación, podemos hacer cualquier cosa. El Dharma ha sido practicado y testado a lo largo de dos mil seiscientos años, desde tiempos del Buda, y nunca ha fallado. Os invito a descubrir sus méritos y los beneficios que os puede aportar, y a trabajar pacientemente con los obstáculos que surgirán de forma inevitable en este profundo camino de florecimiento de vuestro potencial como seres humanos.

Glosario

baa: tienda de estilo tipi india, hecha de pelo de yak.

bardo: período de cuarenta y nueve días entre la muerte y el renacimiento, en el que la consciencia del ser está en suspenso.

bep: movimiento de salto que se realiza durante la práctica de los seis yogas de Naropa, es un gesto en el que el practicante –que está sentado– se eleva y vuelve a caer sentado en postura de loto.

bhikkhuni: denominación sánscrita de la ordenación femenina completa de por vida.

bodhichita: profunda aspiración a alcanzar la iluminación para poder ayudar a todos los seres vivos a alcanzarla a su vez.

bodhisattva: persona que ha hecho el voto de trabajar por la iluminación de todos los seres vivos.

bon: (adj. *bönpo*) antigua religión panteísta que refleja la reverencia del pueblo tibetano por el mundo natural.

chakras: centros de energía psíquica en el cuerpo.

chang: cerveza de cebada suave, elaborada y bebida por los tibetanos.

chuba: vestido hasta los tobillos para uso laico, que se ata a la cintura con una faja.

dakini: expresión femenina de la energía de la sabiduría, similar a un ángel cristiano.

Dharma: la doctrina, o enseñanza, del Buda.

dogpa: ritual para proteger de las fuerzas malignas.

Dorje Sempa: práctica de purificación que implica recitar cien mil veces el mantra de las cien sílabas.

dri: yak hembra.

drog-khyi: perro nómada, conocido en Occidente como «mastín tibetano».

dukkha: sufrimiento.

dzo: animal macho cruce de yak y búfalo.

dzomo: animal hembra cruce de yak y búfalo.

estupa: edificio que contiene reliquias y textos sagrados, en particular, reliquias del Buda; su forma tradicional es la de una torre acabada en una cúpula coronada por un capitel de varios anillos; la estupa irradia energía positiva hacia el mundo y es un foco de devoción.

gelong: ordenación completa de por vida en el hombre.

gelongma: ordenación completa de por vida en la mujer.

genyen: votos de iniciación tomados por una persona laica como noviciado hacia la ordenación.

getsul: ordenación de novicio de por vida, tanto para hombre como para mujer.

Green Tara: *bodhisattva* femenina, asociada estrechamente con la compasión, la sanación y la protección.

gurú: es la traducción literal del sánscrito «maestro»; venerable maestro.

Kangyur: textos sagrados compuestos por las palabras del Buda.

karma: idea fundamental de la doctrina budista según la cual todos nuestros pensamientos, palabras y acciones, así como las emociones que los vehiculan, dan forma a esta vida y a las vidas por venir.

Karma Kagyu: escuela de budismo tibetano (uno de los cuatro linajes existentes) a la que pertenece el autor, Lama Yeshe Losal.

Karma Pakshi: el segundo Karmapa.

khampa: persona de Kham, región oriental del Tíbet.

khenpo: titulación equivalente a la de doctor en cualquier materia académica; se trata de alguien que ha completado estudios budistas especializados en alguna institución religiosa.

klesha: veneno mental, aflicción emocional. Los tres venenos raíz, que son la ignorancia, el apego y la aversión, originan el resto de las aflicciones mentales: el odio, el miedo, los celos y el orgullo.

krapse: galletas bien fritas que se consumen en el Año Nuevo tibetano.

labrang: institución que se establece para preservar los bienes y los objetos rituales de un maestro espiritual durante el lapso entre su muerte y el reconocimiento de su siguiente renacimiento; también, el edificio en el que un determinado maestro reside durante su vida, rodeado de los objetos y textos sagrados que pertenecen a su línea de transmisión.

lama: persona con autoridad en la jerarquía de los monjes y las monjas; venerable maestro o maestra. La traducción más ajustada sería «sacerdote».

Losar: Año Nuevo tibetano, que suele caer a finales de febrero del calendario occidental.

mala: sarta de ciento ocho cuentas, análogo a un rosario.

mantra: sonido, palabra o conjunto de palabras que se repite una y otra vez, y cuyo objetivo es la concentración mental y la invocación de bendiciones.

mara: palabra sánscrita que significa «obstáculo».

momo: especie de empanadillas hechas al vapor; comida tibetana tenida por exquisita.

mudras: gestos rituales realizados con las manos.

Ngöndro: práctica de los Cuatro Preliminares, se trata de las prácticas preliminares fundamentales del budismo tibetano.

Ofrenda del Mandala: práctica cuya finalidad es la acumulación de mérito y sabiduría.

Padmasambhava: maestro budista del siglo VIII que introdujo el budismo en el Tíbet, donde se le conoce también como Gurú Rinpoche, al que se considera un segundo Buda.

phurba: daga ritual dotada de poderes de protección.

pujas: plegarias rituales, similares al servicio regular de la Iglesia, que implican cantos, mantras y visualizaciones.

radong: instrumento musical, similar a una trompeta, de grandes dimensiones, que se usa en las *pujas*.

Rinpoche: título honorífico, que significa literalmente «precioso maestro», y confiere un profundo respeto y devoción hacia la persona notable a quien se le otorga.

samsara: el círculo vicioso de nacimiento, muerte y renacimiento, que solo se rompe al alcanzar la iluminación.

sang: ofrenda de humo fragante que se hace como bienvenida a algún invitado.

Sangha: comunidad de monjes y monjas budistas ordenados.

shiné: meditación para establecer la calma mental; similar a la moderna práctica del mindfulness, en la que se lleva la atención constantemente a un foco predeterminado, como puede ser la respiración, con el objetivo de apaciguar la mente y poner consciencia sobre nuestros pensamientos.

sutras: crónicas escritas de las enseñanzas orales del Buda.

tantra: último desarrollo histórico del budismo, y uno de los sellos distintivos de la tradición tibetana.

thangka: pintura religiosa, usualmente hecha sobre tela de seda o de algodón, que representa a alguna deidad, santo o mandala, como, por ejemplo, Tara Verde.

tra: adivinación por medio de un espejo, con la invocación de las deidades protectoras.

tsampa: alimento que provee la dieta básica de los tibetanos, elaborada a partir de harina tostada de cebada o de trigo mezclada con té y mantequilla salada, que se amasa en bolas.

tulku: lama que ha renacido.

tummo: práctica del calor interno; se trata de una práctica de purificación que genera calor en el cuerpo.

Vajrayana: es la tercera de las tres fases del desarrollo histórico de las enseñanzas y las prácticas budistas.

Vajrayogini: una de las principales deidades tántricas del linaje Kagyu; es femenina, de color rojo y su carácter es airado.

wangkur: rito de transmisión de poder oficiado por un maestro para iniciar a los practicantes en alguna práctica tántrica concreta.

yidam: deidad; expresión de nuestra naturaleza búdica innata.

Bibliografía

Libros sobre budismo y la práctica budista:
Chödrön, Pema, *When Things Fall Apart*, Boulder, Colorado: Shambhala Publications, Inc., 1997. [Versión en castellano: *Cuando todo se derrumba: palabras sabias para momentos difíciles*, Gaia Ediciones, Madrid, 2022.]
Dalái Lama, *An Introduction to Buddhism*, Boulder, Colorado: Shambhala Publications, Inc., 2004. [Versión en castellano: *Introducción al budismo tibetano*, Paidós, Barcelona, 2004.]
Nairn, Rob; Choden; y Regan-Addis, Heather, *From Mindfulness to Insight*, Boulder, Colorado: Shambhala Publications, Inc., 2019.
Rinpoche, Chöje Lama Yeshe Losal, *Living Dharma,* Karma Samye Ling Monastery: Dzalendara Publishing, 2008.
Thubten, Gelong, *A Monk's Guide to Happiness*, Londres: Hodder & Stoughton, 2019. [Versión en castellano: *Guía del monje para la felicidad*, EPub, 2021.].
Trungpa, Chögyam, *Cutting Through Spiritual Materialism*, Boston, Massachusetts: Shambhala Publications, Inc., 1973. [Versión en castellano: *Más allá del materialismo espiritual*, Edhasa, Barcelona, 1985.]
Trungpa, Chögyam, Shambhala: *The Sacred Path of the Warrior*, Boston, Massachusetts: Shambhala Publications, Inc., 1984. [Versión en castellano: *Shambhala: la senda sagrada del guerrero*, Kairós, Barcelona, 2021.]

Biografías y autobiografías de personajes mencionados en este libro:
Brown, Mick, *The Dance of 17 Lives: The Incredible True Story of Tibet's 17th Karmapa*, Londres: Bloomsbury, 2004.
Drodül, Lama Karma, *Amrita of Eloquence: A Biography of Khenpo Karthar Rinpoche*, Woodstock, Nueva York: KTD Publications, 2009.

Levine, Norma (ed.), *The Miraculous 16th Karmapa: Incredible Encounters with the Black Crown Buddha*, Merigar, Italia: Shang Shung Publications, 2013.

Lhalungpa, Lobsang P. (traducción), *The Life of Milarepa*, Katmandú: Pilgrims Book House, 1997.

Mackenzie, Vicki, *The Revolutionary Life of Freda Bedi: British Feminist, Indian Nationalist, Buddhist Nun*, Boulder, Colorado: Shambhala Publications, Inc., 2017.

MacLean, Grant, *From Lion's Jaws: Chögyam Trungpa's Epic Escape to the West*, Mountain, 2016.

Mukpo, Diana J., *Dragon Thunder: My Life with Chögyam Trungpa*, Boston, Massachusetts: Shambhala Publications, Inc., 2006.

Naher, Gaby, *Wrestling the Dragon: In Search of the Boy Lama Who Defied China*, Melbourne, Vic.: Random House Australia, 2004.

Trungpa, Chögyam, *Born in Tibet*, Londres: Allen & Unwin, 1966. [Versión en castellano: *Nacido en Tíbet*, Ed. Dharma, Alicante, 2003.]

Whitehead, Andrew, *The Lives of Freda: The Political, Spiritual and Personal Journeys of Freda Bedi*, Nueva Delhi: Speaking Tiger Publishing, 2019.

Agradecimientos

Muchas personas han ayudado a que este libro viera la luz, y quiero dar las gracias especialmente a dos de ellas. A Helen, que ha sido la colaboradora más maravillosa que he tenido; es una persona tranquila y empática, y ha sido un placer trabajar con ella. Y a Torey, que inició la escritura, y con su experiencia y seguridad creó el primer capítulo de manera tan perfecta que el éxito estaba asegurado. Gracias a ambas de todo corazón.

editorial **K**airós

Puede recibir información sobre nuestros
libros y colecciones o hacer comentarios
acerca de nuestras temáticas en:

www.editorialkairos.com

Numancia, 117-121 • 08029 Barcelona • España
tel +34 934 949 490 • info@editorialkairos.com